BERND SCHMID

SYSTEMISCHE PROFESSIONALITÄT
UND
TRANSAKTIONSANALYSE

EHP – HANDBUCH SYSTEMISCHE PROFESSIONALITÄT UND BERATUNG

Hg. Bernd Schmid

Der Autor:

Dr. phil. Bernd Schmid (Jg. 1946) leitet das INSTITUT FÜR SYSTEMISCHE BERATUNG, Wiesloch/Deutschland (seit 1984). Er studierte Wirtschaftswissenschaften und promovierte in Erziehungswissenschaften und Psychologie; seit 1979 Lehrtrainer der europäischen und der internationalen Gesellschaften für Transaktionsanalyse; langjähriger Vorsitzender des Weiterbildungs- und Prüfungsausschusses der Deutschen Gesellschaft für Transaktionsanalyse; Berufenes Mitglied der Systemischen Gesellschaft und Gründer der Gesellschaft für Weiterbildung und Supervision (GWS) und des NETZWERKES SYSTEMISCHE PROFESSIONALITÄT; Lehr- und Vortragstätigkeit im Bereich Psychotherapie, Coaching, Supervision, systemische Beratung sowie Organisations- und Personalentwicklung. Zahlreiche Veröffentlichungen in Schrift und Ton; Mitherausgeber der Zeitschrift *Profile;* gegenwärtiger Arbeitsschwerpunkt: seelische Entwicklung und berufliche Wirklichkeiten. www.systemische-professionalitaet.de

Bernd Schmid

SYSTEMISCHE PROFESSIONALITÄT
UND
TRANSAKTIONSANALYSE

mit einem
Gespräch mit Fanita English

E H P
– 2003 –

© 2003 EHP – Edition Humanistische Psychologie
Johannesstraße 22, 51465 Bergisch Gladbach

Redaktion: Ingeborg Weidner

Bibliografische Information der Deutschen Bibliothek
Die Deutsche Bibliothek verzeichnet diese Publikation in der
Deutschen Nationalbibliografie; detaillierte Daten sind im Internet
über http://dnb.ddb.de abrufbar

Umschlagentwurf: Gerd Struwe
- unter Verwendung eines Bildes von Peter Schmid (1984-2001): ›o.T. I.‹ -
Satz: MarktTransparenz Uwe Giese, Berlin
Druck und Verarbeitung: DD AG, Frensdorf

ISBN 3-89797-019-8

Inhalt

EINLEITUNG

Von Professionellen wird heute viel erwartet. Die Kenntnis der Inhaltskonzepte einzelner Schulen und ihrer Methoden reicht nur noch selten
aus. Es gibt zu viele und immer neue Methoden und Konzepte, Tätigkeits-
felder und berufliche Rollen, als dass man allein daraus ein nachhaltig
erfolgreiches Repertoire entwickeln könnte. Professionelle Identität und
persönliche Stimmigkeit sind durch Anhäufung von spezifischen Qualifikationen immer schwerer zu erreichen. Hierfür sind ergänzende überge-
ordnete Perspektiven erforderlich, die universelle Beweglichkeit ermöglichen und gleichzeitig helfen, im beruflichen Engagement zum eigenen
Wesen zu finden. Und dies wird jenseits der klassischen Schulen und der
beraterischen Modeerscheinungen zum stabilisierenden Faktor in von
Überangebot überschwemmten Märkten.

Die systemische Perspektive lädt dazu ein, sich in einem übergeordne-
ten Verständnis von Professionalität zu verankern. Inhaltskonzepte, Methoden, Rollen und berufliche Szenarien können als beispielhafte Konkre-
tisierungen von Prinzipien der Professionalität begriffen werden. Wirklichkeit und Beziehungen, professionelles Handeln und Sinnbezüge können so situativ, spezifisch und mit aktueller Lebendigkeit für jede Situation neu entworfen werden.

Aufbrechend aus meiner Identität als Psychotherapeut und Transaktionsanalytiker habe ich 1986 die Schrift »Systemische Transaktionsanalyse«
im Privatdruck innerhalb des TA-Verbandes vorgelegt. 1994 ist im Junfer-
mann Verlag eine neu bearbeitete Fassung unter dem Titel »Wo ist der
Wind, wenn er nicht weht?« erschienen. Dort wurden die Konzepte der
Transaktionsanalyse aus systemischer Sicht ausführlich diskutiert. Für eine
zweite Paper-Auflage war der Markt zu klein. Dieses Buch steht jedoch
dem interessierten Fachpublikum weiterhin unter www.systemische-
professionalitaet.de kostenlos zum Download zur Verfügung. Als die Edition Humanistische Psychologie – EHP jetzt eine neubearbeitete Fassung
als Buch herausbringen wollte, stellte sich bald heraus, dass nach Berücksichtigung der weiteren Entwicklung ein neues Buch entstanden war. Von
den Konzepten der systemischen Transaktionsanalyse sind nur die weiter-

entwickelten und für alle beraterischen Berufe verständlichen und interessanten Varianten geblieben.

Ansonsten sind viele neue Texte entstanden, von denen sich die meisten – veröffentlicht oder als Studienschriften des Instituts für systemische Beratung in der Beraterausbildung diskutiert – bewährt haben. Ein besonderes Augenmerk liegt hierbei auf Professionalität und Beratungskompetenz im Bereich der Wirtschafts- und Sozialorganisationen, in dem das Institut heute führend engagiert ist.

Das Buch ist so aufgebaut, dass die Leser auch nach Interesse darin »schmökern« können. Das ausführliche Inhaltsverzeichnis kann dabei hilfreich sein. Der Anfang 2004 erscheinende Band der Handbuchreihe mit dem Titel »Systemisches Coaching und Persönlichkeitsberatung« ist inhaltlich eng mit dem vorliegenden Band verbunden. Einen Ausblick und ersten thematischen Vorgeschmack möchte das Inhaltsverzeichnis dieses zweiten Bandes ermöglichen, das in den Anhang des vorliegenden Buches aufgenommen wurde.

Bedanken möchte ich mich bei Peter Fauser und Joachim Hipp, die als Koautoren bei früheren Veröffentlichungen einiger Texte mitwirkten, bei Fanita English, die so viele Jahre auf die Veröffentlichung unseres Dialogs warten musste, bei Ingeborg Weidner für die Redaktion des Textes und nicht zuletzt bei Andreas Kohlhage, der durch sein Interesse den Anstoß zu dieser Arbeit gegeben hat. Schließlich danke ich den Kolleginnen und Kollegen, allen voran Angelika Glöckner und den Lehrtrainerinnen und -trainern des Instituts, die mich mit ihrer Wertschätzung und ihren Inspirationen über die Jahre begleitet haben.

Bernd Schmid
Wiesloch im Februar 2003

I.

DER SYSTEMISCHE ANSATZ UND DIE TRANSAKTIONSANALYSE

1. DER SYSTEMISCHE ANSATZ
IN TRAINING UND BERATUNG

Systemische Denk- und Handlungsmodelle wurden nicht nur in der Psychotherapie, sondern auch in dem Bereich Personal- und Organisationsentwicklung (Training, Bildung und Beratung, Management und Führung) in den letzten Jahren aufgenommen und intensiv diskutiert. Von Psychotherapie wird noch die Rede sein. Zunächst soll das, was für uns in den anderen genannten Bereichen derzeit als systemisch gilt, dargestellt werden.

Ihre Wurzeln haben systemische Modelle in verschiedenen Wissenschaftsgebieten. Zu nennen wären hier etwa Physik, Biologie, Soziologie, Psychologie und insbesondere die systemische Familientherapie.

Zur systemischen Beratung gibt es, wie in anderen Bereichen auch, keine in sich geschlossene Theorie. Vielmehr werden unter der »systemischen Flagge« heterogene Denk- und Handlungsperspektiven diskutiert.

Wir werden hier einige zentrale Perspektiven vorstellen, die auch für unser professionelles Denken und Handeln in Training und Beratung relevant sind.

1.1 Die »Mobile-Perspektive«

Organisatorische Einheiten (Bereiche, Abteilungen, Teams, etc.) werden als Systeme betrachtet, die sich durch Wechselwirkungen gegenseitig in ihrer Eigenart begründen, stabilisieren und verändern. Individuelle Verhaltensweisen (z.B. Management- und Führungsverhalten) werden als Teil einer komplexen Interaktion konzipiert. Die Art der Vernetzung und die Regeln des Zusammenspiels entscheiden darüber, wie eine Einwirkung von außen oder eine Veränderung von innen auf das System wirken kann.

Im Training denkt man traditionell z.B. hinsichtlich »Low Performern« darüber nach, welche Bildungsstrategien Verbesserungen bringen könnten. Aus einer systemischen Perspektive würde man dagegen darüber nachdenken, wie ihr Interaktionssystem im Kontext insgesamt gestaltet werden sollte, damit sich das darin eingebettete Mitarbeiterverhalten verändern kann.

1.2 Die Perspektive der Wirklichkeitskonstruktion

Menschen und Organisationen werden als wirklichkeitserzeugende Systeme konzipiert. Die durch sie erzeugten Wirklichkeiten sind weniger Wahrheiten oder Sachzwänge als vielmehr zu Gewohnheiten gewordene Überzeugungen und deren materielle Ausdrucksformen. Sie scheinen geeignet, neue Geschehnisse zu interpretieren und darauf bezogene Reaktionen zu organisieren. Gesellschaftliche Wirklichkeiten sind Produkte gemeinschaftlicher Erfindung, die durch ihre Verbreitung und ihre »Verobjektivierung« (Straßennetze, gesetzliche Regelungen, Gehaltssysteme) stabilisiert werden und weitere Plausibilitäten erzeugen. Verbreitung und Plausibilität (Glaubwürdigkeit) sind allerdings nicht unbedingt mit Evolutionstauglichkeit gleichzusetzen.

1.3 Ressourcen- und Lösungsorientierung

In der systemischen Praxis ist der wirklichkeitskonstruktive Ansatz meist mit einer Ressourcen- und Lösungsorientierung verbunden. Man stellt Lösungen und die Nutzung von Potenzialen in den Vordergrund anstatt Defizite und Problembeseitigung zu fokussieren. Dazu müssen einerseits die Betrachtungen so angepasst werden, dass sie mit dem Selbst- und Weltverständnis des Klienten vereinbar sind. Andererseits müssen eingeschränkte oder einseitige Wirklichkeitsverständnisse relativiert (»aufgeweicht«) und ressourcen- und lösungsorientiert kreativ weiterentwickelt (»rekonstruiert«) werden.

1.4 Komplexität und Selbstorganisation

Lebendige Prozesse sind meist komplex. Komplex meint, dass auch gut kontrollierte Prozesse prinzipiell unbeherrschbar bleiben, weil sie von Wirkkräften und Wechselwirkungen mitbestimmt sind, über die keine sichere Kontrolle erlangt werden kann. Wären sie nicht komplex, sondern nur kompliziert, könnte man auf ihre Beherrschbarkeit setzen. Oft sind jedoch die wirkenden Kräfte nicht einmal hinreichend bekannt. Dennoch muss man mit ihnen umgehen. Dies gilt z.B. für das menschliche Verhalten, von dem jede lebendige Organisation abhängig ist.

Wirklichkeitskonstruktionen und Interaktionsmuster werden aus »klassischer« systemischer Sicht ausschließlich als Produkte der Selbstorganisation sozialer Systeme betrachtet. Deshalb auch der Begriff »Autopoiese« = (sich) selbst schaffen.

Veränderungen sind demgemäß nur in der Weise möglich, wie sie in der Eigengesetzlichkeit (im Wesen der Systeme) vorgesehen sind bzw. aus den angelegten Eigendynamiken hervorgehen können.

Externe Einwirkungen auf solche Systeme werden folglich eher als Anreize für neue Formen einer möglichen Selbstorganisation betrachtet. Die Ergebnisse evolutionärer Prozesse sind deshalb nicht vorrangig durch Einwirkungen von außen definiert (und damit vorhersagbar/steuerbar), sondern werden durch das Spektrum der potenziellen Reaktions- und Entwicklungsmöglichkeiten dieser »lebenden Systeme« selbst bestimmt.

GREGORY BATESON (1984) pflegte mit folgender Geschichte zu illustrieren, dass man lebende Systeme nicht »instruktiv« steuern kann: »Wenn man einen Stein, dessen Gewicht, Form und Größe bekannt ist, in einem bestimmten Winkel mit einer bestimmten Kraft tritt, dann kann man ziemlich genau vorhersagen, in welcher Flugbahn der Stein fliegen und wo er landen wird. Wenn man jedoch einen Hund tritt, ist das anders.«

Was die Steuerung sozialer Systeme und die Vorhersage bezüglich der Wirkung professionellen Handelns in Training und Beratung betrifft, werden Systemiker meist experimentierfreudig und bescheiden zugleich. Das Studium der sich selbst organisierenden Prozesse verbessert solche Interventionen, welche die Entwicklungsmöglichkeiten von Klienten spezifisch berücksichtigen.

1.5 Kybernetik zweiter Ordnung

Wirklichkeit ist immer die Wirklichkeit eines Beobachters. Sie wird folglich weniger objektiv herausgefunden, als vielmehr dem Erkenntnisraster und -interesse entsprechend »hineingefunden«. Gunther Schmidt (SCHMIDT 2000) spricht daher statt von Wahrnehmung von Wahrgebung.

(Klienten-)Systeme als wirklichkeitserzeugende und sich selbst organisierende Einheiten zu begreifen, führt konsequenter Weise zu der Haltung, auch Trainer und Berater(-Systeme) als Konstrukteure ihrer eigenen professionellen Wirklichkeiten zu betrachten. Sie berücksichtigen solche Zusammenhänge als Kybernetik zweiter Ordnung von einem Metastandpunkt aus. Obwohl mit erklärtem Bedarf in der Welt begründet, haben auch Berater Vorlieben, die Fragestellungen von Klienten unter einer bestimmten Perspektive zu betrachten. Und diese haben in erster Linie mit ihrer persönlichen Wirklichkeitserzeugung zu tun. Diese wiederum gründet auf eigenen Entwicklungsinteressen sowie auf beruflicher Sozialisation und Erfahrung. Beispielsweise »entdeckt« ein Experte für Ablauforganisation in einer Organisation zuerst die Probleme der Ablauforganisation. Für diese hat er dann auch Lösungen zu bieten. Im gleichen Kontext bringt ein psychologisch orientierter Berater Probleme eher mit persönlichen Eigenheiten und seelischen Dynamiken der jeweiligen Funktionsträger in Zusammenhang. Diese unterschiedlichen Perspektiven und die daraus resultierenden Fokussierungen sind im beraterischen Tun nicht per se einseitig oder falsch. Sie können es aber werden, wenn sie durch das Beratersystem unreflektiert benutzt, plausibel gemacht und verwirklicht werden. Hingegen können in der Beratung mit einer bewussten Perspektivenflexibilität kreativ vielschichtige Lösungsmöglichkeiten und Interventionsstrategien entwickelt werden. Aus dem Verständnis von Kybernetiken zweiter Ordnung leitet sich eine besondere ethische Verantwortung ab.

1.6 Evolution und Kulturbegegnung

Die wichtigsten Ziele aller lebenden Systeme sind das Überleben (Fortbestand über die Zeit) und Identität. Dies gilt auch für Trainer und Berater. Ihre Tätigkeit zielt natürlicher Weise auf die Evolution der eigenen Zunft ab, und sie versuchen durch Diagnosen und Dienstleistungen ihre Umwelt zu einer Abgabe von dafür geeigneten Gütern (Geld, Reputation etc.) zu bewegen. Daher ist für das Verständnis von Training und Beratung das Studium der eigenen Zunft und ihrer Evolution elementar. Kybernetik zweiter Ordnung bedeutet auch, einen Metastandpunkt gegenüber den eigenen Gewohnheitswirklichkeiten, der eigenen Professionskultur etablieren zu können. Systemische Berater sind sich bewusst, dass sie sich untereinander und im Umgang mit ihren Kunden permanent in einem Prozess der Kulturbegegnung befinden und machen sich die neugierige und respektvolle Haltung von Ethnologen zur Gewohnheit.

1.7 Systemlösungen

Welche Perspektiven müssen wie zusammen gefügt werden, damit für ein System (eine Organisation) verantwortliche, wirksame und alltagstaugliche Lösungen zustande kommen? Hierbei geht es um pflegbare Gesamtlösungen und nicht um die modisch wechselnde Optimierung von Teillösungen. Die Systemperspektive ist auch dann einzufordern, wenn man sich auf Teilperspektiven spezialisiert hat. Insofern leisten systemische Ansätze einen Beitrag zur Verantwortungskultur in Organisationen.

Ein Beispiel hierfür ist die integrierte Betrachtung von personen- und systemqualifizierenden Maßnahmen, damit nicht eine Seite hochgezüchtet wird um letztlich am Engpass der anderen zu scheitern.

1.8 Komplexität und Professionskultur

Aus systemischer Perspektive ist professionelles Handeln in Training und Beratung also immer komplex und bedarf hoher Komplexitätskompetenz. Hierzu gehören die Beachtung von zirkulären Wirkungszusammenhängen in vielfach vernetzten Systemen ebenso wie vielschichtige (und hoffentlich konstruktive) Ankoppelungen an sich selbstorganisierende, »eigen-sinnige« Systeme. Zu viel Komplexität bewusst-methodisch berücksichtigen zu wollen, führt zu Handlungsunfähigkeit oder Aktionismus. Zu wenig Komplexität ins Kalkül zu ziehen, führt zu oberflächlichen Vorgehensweisen, die dann eben nicht die erhofften Wirkungen und dazu noch unerwünschte Nebenwirkungen zeigen. Was wann wie angezeigt ist, kann nicht in Form von Regeln, sondern eher in der qualifizierten Auseinandersetzung mit der Vielfalt eigener Praxis, z.B. in der kollegialen Supervision gelernt werden. Hierzu braucht es ein Professionsverständnis, das selbstverständlich lebenslanges gemeinsames Lernen mit einschließt. Es bedarf auch der Beheimatung in einer professionellen Gemeinschaft mit systemischer Professionskultur, in der die notwendigen Kompetenzen erworben und gegenseitig zur Verfügung gestellt werden.

1.9 Systemische Lernkultur

Eine Professionalisierung aus systemischer Perspektive muss den oben dargestellten Perspektiven Rechnung tragen. Dies gilt für das »Was«, mehr noch aber für das »Wie« einer Weiterbildung. Die zu einer stabilen systemischen Lernkultur führende systemische Didaktik ist ein komplexes Netz von Vorgehensweisen, das systemische Erfahrungen, Reflexionen von einem Metastandpunkt aus und Einübung konkreter Interventionsfiguren integriert. Das »Systemische« liegt auch darin, Perspektivenflexibilität, Rollenvielfalt, aber auch Rollendisziplin zu üben. Im ständigen Dialog zwischen bewusst-methodischen und intuitiven Vorgehensweisen wird die

Kulturbegegnung der beteiligten Systeme und der gemeinsame Wirklich-keitsschöpfungs-Prozess reflektiert und steuerbar gemacht. Systemische Lernkultur heißt auch, eine zur persönlichen Wesensart und Lebensorien-tierung passende, professionelle Identität und Professionskultur zu ent-wickeln. Systemische Konzepte bleiben ohne Kulturbildung durch syste-mische Didaktik und ohne darauf ausgerichtete Persönlichkeitsentwick-lung aufgepfropfte Modeinhalte.

1.10 Klassische systemische Vorgehensweisen

Mit den bisherigen Beschreibungen wäre dargestellt, was systemisch heu-te und für uns bedeutet. Hier hat es in den letzten 20 Jahren einige Ent-wicklungen gegeben (s.u. Kap. 9: Fraktale Beratung). Unter dem system-ischen Dach hat sich eine große Vielfalt entwickelt. Nach anfänglicher Abgrenzung von allen am Individuum orientierten Ansätzen dürfen jetzt wieder persönlichkeitsorientierte Ansätze integriert werden. Die anfängli-chen Beratungsformen folgten einigen Schemata, die hauptsächlich von der Mailänder Schule der Familientherapie (PALLAZOLI et al. 1996) und deren damals spektakulärer Behandlung schizophrener Familiensysteme abgeleitet wurden. Systemische Therapie war zunächst Systemtherapie. Die Betonung des wirklichkeitskonstruktiven Ansatzes im Rahmen der Auseinandersetzung mit dem Erkenntnisbiologen HUMBERTO MATURANA (1987) und dem Soziologen NIKLAS LUHMANN (1982) kam erst später. Die Integration von Ansätzen des Hypnotherapeuten MILTON ERICKSON (1999) oder des Tiefenpsychologen CARL GUSTAV JUNG (1968; 1972) und vieler andere Strömungen ist wiederum zeitlich später einzuordnen.

Die klassische systemische Beratung bestand aus einem Interview, in dem die Kontextanalyse den Anfang bildete und in dessen Verlauf auf das Zusammenspiel der Akteure fokussiert wurde. Informationen wurden als Unterschiede erfragt oder erzeugt. Dabei spielte das zirkuläre Fragen eine zentrale Rolle. Außerdem wurden viele positive Konnotationen und Um-deutungen der systemischen Zusammenhänge eingeführt.

Die Beratung schloss gewöhnlich mit einer Beratungspause und einer nachfolgenden systemischen Intervention, die nicht weiter diskutiert wer-den durfte, damit sie ihre Wirkung im System entfalten konnte. Mit der Zeit nahm die hervorgehobene Bedeutung der Abschlussintervention ab und die vielen kleinen Vorgänge im Beratungsgespräch gewannen als das Agens der systemischen Beratung an Bedeutung. Um den Lesern einen Geschmack von dieser klassischen Vorgehensweise und den begeistern-

den Perspektiven, die sie eröffnete, zu geben, folgt ein fiktiver Beratungs-
bericht (SCHMID 1987) aus dieser Zeit. Schmunzeln ist erlaubt.

1.11 Klein-Bonum –
ein Beispiel für klassische Systeminterventionen

Angenommen, wir würden vom Häuptling des Asterix-Dorfes um eine
Konsultation gebeten, weil er den Eindruck hat, dass sein Dorf nicht mehr
so hochmotiviert und schlagkräftig sei, wie dies in der Vergangenheit der
Fall gewesen ist.

Schon am Telefon fragen wir, für wen dies ein Problem sei, und erfahren, dass die Frau des Häuptlings nach Rücksprache mit der Frau des Fischhändlers diesen Eindruck gewonnen und der Druide dazu geraten habe,
vorsichtshalber externe Organisationsberater hinzuzuziehen, da ein solches Problem möglicherweise mit seinen üblichen Heilmitteln nicht gelöst werden könne.

Zur ersten Beratung an unserem Institut erscheinen der Häuptling, Asterix, Obelix und der Druide. Nachdem wir die Klienten begrüßt haben,
schildern wir den bisherigen Überweisungskontakt mit dem Häuptling und
fragen diesen als nächstes, wie es zur Auswahl der heute am Gespräch
Beteiligten kam, und er erklärt, dass diese ausgewählt wurden, weil sie
üblicherweise mit zentralen Fragen der Dorfgemeinschaft beschäftigt
würden. Auf unsere Frage, wer von den Anwesenden am ehesten ein Beratungsgespräch für sinnvoll halte, und wer am skeptischsten einem solchen Unterfangen gegenüber stehe, schätzt der Häuptling sich selbst als
sehr besorgt, den Druiden als motiviert weil vorsichtig, Asterix und Obelix eher als desinteressiert ein. Durch Rückfragen bei den anderen bestätigt sich diese Einschätzung. Obelix – befragt, wer denn die Initiative zu
dem Gespräch ergriffen habe – verweist auf den Häuptling. Er und Asterix
seien mitgekommen, weil es zur Zeit ohnehin langweilig im Dorf sei und
dies eine willkommene Abwechslung böte. Außer dass er möchte, dass
wieder etwas los ist im Dorf, habe er keine Wünsche. Dass die Beratung
im Dorf für Action sorgen könne, kann er sich nicht vorstellen. Asterix
schließt sich der Äußerung von Obelix in etwa an. Auf unsere Frage, wer
sich denn nun am meisten Sorgen mache, hören wir, dass es die Frau des
Häuptlings und die des Fischhändlers seien, und dass der Häuptling und
der Druide die heutige Konsultation vereinbart hätten, weil sich auch aus
Sicht des Druiden psychosomatische Beschwerden aus unerklärlichen
Gründen im Dorf mehrten.

Nun fragen wir den Häuptling, was er denn glaube, was seine Frau und die des Fischhändlers damit meinen könnten, wenn sie sagen, die Schlagkraft und der Enthusiasmus hätten nachgelassen. Wir erfahren hier, dass diese beiden einerseits eine lahme und ungesunde Stimmung im Dorf wahrnähmen, andererseits sich Streitereien – etwa zwischen dem Fischhändler und seiner Kundschaft oder zwischen dem Häuptling und seiner Frau – in letzter Zeit auf unangenehme Weise häuften. Das konkrete Interesse des Häuptlings sei, weniger mit seiner Frau zu streiten, das des Druiden, weniger psychosomatische Beschwerden behandeln zu müssen, und das von Asterix und Obelix, dass das Leben im Dorf wieder interessanter würde. Bei näherem Nachfragen erfahren wir hier, dass die Lebendigkeit im Dorf aus der Sicht von Obelix etwas mit Auseinandersetzungen mit Römern zu tun habe, und dass nach seiner Vermutung alle Probleme gelöst wären, wenn die Römer, anstatt diese irritierende Friedensinitiative zu betreiben, wie üblich ein- bis zweimal im Monat das Dorf angriffen.

Auf unsere Frage an den Häuptling, was denn bisher in der Sache schon unternommen worden sei, erfahren wir, dass bezüglich der körperlichen Krankheiten der Druide schon selbst alles ausprobiert und eine ganze Reihe von Kollegen hinzugezogen habe, die aber die Probleme nicht hätten lösen können. Außerdem seien seit geraumer Zeit Obelix und Asterix als Schlichter zwischen dem Häuptling und seiner Frau, ebenso wie zwischen dem Fischhändler und seinen Kunden tätig. Trotz täglicher intensiver Überredungsversuche gäben die Beteiligten jedoch ihre Streitereien nicht auf. Dennoch wolle man von den externen Beratern gerne eine Einschätzung der umstrittenen Fragestellungen, die vielleicht für die beteiligten Streitparteien eine Klärung und für Asterix und Obelix eine Entlastung von ihrer internen Beratertätigkeit bringen könnte. Wir fragen den Druiden, was denn voraussichtlich passieren würde, wenn Asterix und Obelix in dieser Weise entlastet würden, und er meint, dass sich die beiden bald selbst in die Haare bekämen, wenn ihre Freundschaft nicht durch einen gemeinsamen Kampf gegen die Römer eine erneute Bestätigung erhalte. Asterix und Obelix stünden nämlich in einem engen Konkurrenzverhältnis, wer von ihnen denn der größere Held sei. Nun fragen wir den Häuptling, was denn im Dorf die größere Beunruhigung hervorrufen würde: wenn der Häuptling sich mit seiner Frau und der Fischhändler sich mit seinen Kunden streiten, oder wenn Asterix und Obelix sich in die Haare gerieten. Der Häuptling meint, dass das Letztere das Bedrohlichere sei. Wir fragen nun Asterix und Obelix, ob sie dem zustimmen, dass sie möglicherweise in Streitereien verfielen, wenn sie nicht als interne Berater zu täglichen Schlichtungen herangezogen würden, und sie bestätigen die Einschätzung der anderen. Auf die Frage, wie wir am ehesten dazu beitragen könnten, die gegenwärtigen Probleme zu verschlimmern, erfahren wir, dass dies dann der Fall sei, wenn wir tatsächlich die gegenwärtigen Streitereien beenden würden, ohne dass für Asterix und Obelix eine neue, kräftebindende Aufgabe geschaffen würde. Denn Asterix und Obelix seien nun mal Helden, die mit außergewöhnlichen, scheinbar unlösbaren Aufgaben betraut werden müssten.

Dann fragen wir den Häuptling:»Angenommen, im nächsten Monat könnten entgegen dem gegenwärtigen Anschein wieder Angriffe der Römer auf das Dorf beobachtet werden, vermutest Du, dass dann die Streitereien gleich bleiben, zunehmen oder abnehmen?« Der Häuptling meint, von allen durch Nicken unterstützt, dass sie dann drastisch abnähmen. Eine ähnliche Antwort erhalten wir bezüglich der psychosomatischen Beschwerden vom Druiden. Dann fragen wir Asterix, wer denn am ehesten ihm und Obelix zutraute, dass sie eine sinnvolle Verwendung ihrer Kräfte entwickeln könnten, auch wenn sie nicht durch Schiedsrichterrollen oder Kämpfe mit den Römern beschäftigt wären. Es zeigt sich, dass von den Anwesenden nur der Druide sich so etwas vorstellen kann. Dieser meint, Asterix und Obelix müssten sich dazu etwas von dem durch vielfältige Veröffentlichungen über sie und ihre Taten entstandene Heldenbild lösen, welches ihnen zum Lebenselixier geworden sei. Er sei nicht sicher, ob sie dies zustande brächten, wenngleich er es vom medizinischen Standpunkt und vom Standpunkt des friedlichen Zusammenlebens im Dorf her begrüßen würde. Wir fragen den Häuptling, ob es denn solche Entwicklungen im Leben der Dorfgemeinschaft schon einmal gegeben habe, und erfahren, dass während einer längeren Ruhepause mit den Römern Asterix und Obelix ein gemeinsames Hinkelstein-Handelsunternehmen gegründet hätten und wegen guten Geschäftserfolgs zunehmend außerhalb des Dorfes gewesen seien. Ein überraschender Angriff der Römer habe damals das Dorf in arge Bedrängnis gebracht. Kurz danach sei trotz guter Auftragslage dieses Unternehmen daran Konkurs gegangen, dass Asterix und Obelix sich auf Grund starken Heimwehs, das sie auf Handelsreisen befiel, nicht mehr lange außerhalb des Dorfes aufhalten konnten. Durch häufige Streitereien mit den Römern, die mehrmals auch von der Dorfgemeinschaft initiiert wurden, seien Asterix und Obelix dann ohnehin unabkömmlich gewesen. Und das Dorf habe eigentlich eine vergnügliche Zeit gehabt, bis jetzt die Friedensbewegung bei den Römern die politische Oberhand gewonnen habe.

Wir fragen den Häuptling, wer denn am überraschtesten wäre, wenn sich die Idee, dass Asterix und Obelix eigentlich unverträgliche Kontrahenten sind, als Seifenblase herausstellte, und man erführe, dass dies wohl er selbst sei. Wir fragen nun Asterix, was denn der Häuptling dazu beitragen könnte, damit er selbst und Obelix sich streiten, selbst wenn ihnen gar nicht danach zumute wäre. Und wir erfahren, dass die monatliche Preisverleihung für die beeindruckendsten Heldentaten, bei denen Asterix und Obelix sich immer ein Kopf-an-Kopf-Rennen lieferten, mit Sicherheit zu Streit führte, wenn aus der Sicht der Preisrichter (Häuptling plus Barde) einer von beiden zu häufig auf dem zweiten Platz erschiene. Wir fragen dann Obelix, ob er sich vorstellen könne, dass der Häuptling auf eine solche Preisverleihung ganz verzichte, und erfahren, dass dies schwierig sei, weil diese Preisverleihung einen wesentlichen Teil der Imagewerbung des Dorfes ausmache. Und weil der Häuptling außerdem sonst nicht viel Nennenswertes tue, als während des Monats Asterix und Obelix zu beäugen, wer denn diesmal die Liste anführen könne. Wir fragen dann den Druiden, was denn der Häuptling glaube, was auf ihn zukäme, wenn die Preisverleihung wegfiele, und sowohl Asterix als auch Obelix sich ganz neuen Tätigkeitsfeldern, wie etwa dem Umweltschutz o.ä., zuwendeten. Nach längerem Nachdenken meint der Druide zögernd, dass der Häuptling sich dann vermutlich sehr unsicher fühlte, ob er für eine solch neue Ära im Dorf überhaupt die passende Persönlichkeit und angemessene Kompetenzen mitbringe. Der Häuptling bestätigt solche Unsicherheiten und zeigt sich erleichtert, über diese geheimen Gedanken einmal offen reden zu können. Außerdem befürchte er massive politische Umwälzungen im Dorf, falls er dann nicht mehr das Dorfoberhaupt sein könne. Es gebe verschiedene politische Parteien, die in den Startlöchern stünden, um die politische Macht für sich zu erkämpfen. Da das Dorf für demokratische Prozesse dieser Art möglicherweise noch nicht reif sei, befürchtet er für alle Beteiligten ein Chaos. Die anderen bestätigen solche Befürchtungen, können aber wenige konkrete Anhaltspunkte nennen, die diesen Glauben bestätigen.

Als wir danach fragen, wann im Dorf denn demokratische Verfahren angewandt und welche Erfahrungen damit gemacht worden seien, scheint allen Beteiligten zunächst nichts einzufallen. Auf die Frage, wie denn das Schulwesen organisiert sei, erfahren wir, dass es dort Elternbeiräte gebe, und sowohl die Wahl der Lehrer als auch die Lehrpläne in einer breiten Diskussion, in der es durchaus kontrovers aber friedlich zugehe, ausgehandelt und abgesegnet würden. Ähnliches gäbe es auch im Bereich des Häuserbaues usw. In diesem Sektor würde im Dorf eigentlich auch Erstaunliches geleistet, doch hätten der Bürgermeister, Asterix und Obelix wenig Kontakt zu diesen Kreisen im Dorf, da in der dorfeigenen Presse öfter mal gegenseitige Anfeindungen wegen der einseitigen Imagepflege und Ausrichtung der Häuptlingspolitik die Gemüter erhitzten. Wir fragen nun den Druiden, wer von den Dreien denn am ehesten zu diesen anderen Kreisen im Dorf Kontakt habe, und erfahren, dass eigentlich alle drei irgendwie solche Kontakte hätten, doch würde darüber nicht viel untereinander geredet. Vermutlich seien Asterix' Kontakte die besten, was dieser bestätigt.

Wir fragen nun den Druiden weiter, ob Asterix und der Häuptling es als Beeinträchtigung ihrer besonderen Beziehung oder eher als freundschaftliche Initiative im Namen dieser Drei auffassen würden, wenn Asterix diese Kontakte intensiver und auch in aller Öffentlichkeit pflegte und die gegenseitigen Polarisierungen abbaute. Der Druide meint, dass dies sicher eine ungewöhnliche Herausforderung an die Beteiligten sei. Doch sei dies insofern politisch opportun, als ganz neue Wege gegangen werden müssten sich darauf vorzubereiten, mit den Römern und ihrer in vieler Hinsicht weiterentwickelten Kultur ein friedliches Zusammenleben zu ermöglichen. Hier könne man sicher Leute mit großer Kraft und Durchhaltevermögen und mit der Bereitschaft zu ungewöhnlichen Unternehmungen brauchen. Der Häuptling, daraufhin befragt, ob solche neuen Ideen für ihn selbst, sowie für Asterix und Obelix denn genügend spannend und gemeinschaftsbildend sein könnten, zeigt sich unschlüssig und meint, dass diese Fragen wegen der gegenwärtigen akuten Schwierigkeiten ja auch nicht zur Debatte stünden. Dies nehmen wir zur Kenntnis.

Zum Schluss fragen wir Asterix, wie er die Beratungssituation einschätze und ob das Interesse der Beteiligten an einer beraterischen Begleitung eher zu- oder eher abgenommen habe. Er schätzt, dass beim Druiden und beim Häuptling das Interesse eher zugenommen habe. Bei ihm selbst sei eine Menge neuer Fragen entstanden, über die er erst nachdenken müsse. Obelix betrachte die ganze Sache vielleicht als nicht genügend handfest und er rechne eher damit, dass Obelix zunächst auf dem Nachhauseweg mehrfach laut vor sich hin murmelt: »Die spinnen, die systemischen Berater.« Obelix grient an dieser Stelle vor sich hin, zeigt sich aber nicht feindselig. Die anderen bestätigen in etwa die Einschätzung von Asterix und der Häuptling würde am liebsten sofort einen Beratungstermin für die nächste Woche ausmachen, was wir zunächst als Information für unsere Pausenbesprechung zur Kenntnis nehmen.

Dann fragen wir den Häuptling: »Angenommen, Verleger, Texter und Zeichner der Asterix-Geschichten hätten das heutige Beratungsgespräch mitverfolgt, wie glaubst du, würden sie darauf reagieren?« Die Frage löst zunächst Erstaunen aus, doch bestätigt der Druide diese Frage als wichtig, da die Existenz des Dorfes und die Möglichkeit, auch Beratung in Anspruch zu nehmen, von diesen Instanzen doch ganz wesentlich mitbestimmt würden. Der Häuptling zeigt sich unschlüssig, ob die genannten Herren nicht Angst kriegten, dass Heldengeschichten in der bisherigen Machart rar würden. Gleichzeitig gibt er zu bedenken, dass in letzter Zeit hier ohnehin nicht sehr viel Überzeugendes auf den Markt gekommen sei. Von daher könne er sich auch denken, dass diese Herren an zwar noch nicht geklärten, aber in der Luft liegenden neuen Entwicklungen interessiert seien. Ob für solche zukünftigen, vielleicht ganz andersartigen Geschichten dann ein entsprechender Absatzmarkt gefunden werden könne, sei allerdings eine offene Frage.

Abschließend fragen wir noch den Druiden: »Angenommen, es gäbe keine externen Berater, was würdest du vermuten, wie die Situation im Dorf in einem Jahr sich darstellen würde?« Der Druide erwartet, dass es wesentliche Änderungen gäbe, die vielleicht zeitweilig erhebliche Unruhe brächten, dass aber dann doch die hier Anwesenden zusammen mit den genannten anderen Kreisen im Dorf gute Ansätze für ein neues Kapitel der Dorfgemeinschaft gefunden hätten. Er vermutet, dass sowohl Asterix als auch Obelix als auch der Häuptling dann zu neuen Rollen gefunden hätten, in denen ihre auch bisher hochgeschätzten Talente in neuer schöpferischer Weise zum Einsatz kämen. Wir fragen den Druiden weiter, ob dabei Entwicklung in diesem Sinne eher diskret geschehen solle, während die Beteiligten sich gegenseitig eher ihre üblichen Beziehungen und Anschauungen bestätigen, oder ob es sinnvoller sei, die ohnehin bestehenden Entwicklungen auf der Verhaltensebene im gegenseitigen Austausch deutlich zu machen. Auf diese Frage zeigt er sich etwas irritiert und unentschlossen.

Wir kündigen nun eine Pause an, in der wir uns über unsere Einschätzung der Lage austauschen und einen Abschlusskommentar vorbereiten könnten und mit dessen Verlesung nach der Pause die Sitzung dann beendet sei.

Abschlusskommentar

Wir bedanken uns bei den vier Herren für das freimütige Gespräch und benennen, dass sie durch die Bereitschaft zur Auseinandersetzung mit den hier aufgeworfenen Fragen zeigen, dass im Dorf Heldenmut und umsichtiges Prüfen in Form ganz neuer Möglichkeiten kombiniert werden können.

Wir möchten dem Häuptling eine besondere Anerkennung aussprechen und bitten ihn, dies in unserem Namen auch seiner Frau gegenüber zu tun. Wir respektieren sehr, dass sie als Ehepaar auf ihren häuslichen Frieden verzichteten, um Asterix und Obelix mit Beratungstätigkeit wenigstens so lange zu befassen, wie alle im Glauben verharrten, dass diese sonst ihre unbändigen Heldenkräfte gegeneinander richteten. Außerdem bitten wir, auch dem Fischhändler zu bestellen, dass wir zu würdigen wüssten, dass er auf einwandfreie Qualität seiner Fische verzichte und zu Lasten seines guten Namens die Kunden dazu einlade, mit ihm in heftige Streitereien zu verfallen, damit dann Asterix und Obelix als Spezialisten in Sachen Streit unabkömmlich seien.

Wir selbst hätten im heutigen Gespräch keine Anhaltspunkte dafür gefunden, dass Asterix und Obelix auf problematische Weise gegeneinander konkurrieren könnten, verstehen aber, dass diese Idee im Gesamtzusammenhang mit der bisherigen Politik der Imagebildung des Dorfes durchaus entstanden sein könnte. Wir hätten viel eher den Eindruck, dass Asterix und Obelix schon in der Vergangenheit durch sorgfältiges Zusammenspiel auf die Entfaltung ihrer Handelstalente zu Gunsten der Verfügbarkeit für die Dorfgemeinschaft verzichtet hätten. Auch heute hätten wir den Eindruck, dass sie in Abstimmung miteinander ihre Kräfte als Berater binden ließen und sich so eine Zeitlang in der Kultur des Dorfes im Hintergrund hielten, zumindest was tatkräftige Aktionen nach außen betreffe. Auch hätten sie durch eher zurückhaltende Schlichtung bei den Streitereien dem Druiden Argumentationshilfen für die Hinzuziehung externer Berater geleistet.

Im Moment erscheine es uns noch fast zu früh, die Streitereien und Schlichtungsversuche zu beenden, da wir nicht wüssten, ob es nicht hilfreich sei, die Aufmerksamkeit im Dorf zu binden, während die Anwesenden jeder für sich und gemeinsam die Möglichkeiten diskreter Demokratisierungsbestrebungen im Dorf eruieren und entsprechende Kontakte vertiefen könnten. Wir seien im Moment sogar unsicher, in welchem Maße die beobachtbaren Entwicklungstendenzen einander schon offen vor Augen geführt werden sollten. Oder ob es nicht sinnvoller wäre, auch hier deutlich die für andere gewohnten und verstehbaren Verhaltensweisen und Ansichten zu demonstrieren, während die neuen Entwicklungen im Schatten dieser Darstellungen dann ungestört heranreifen könnten.

Natürlich könnten wir uns vorstellen, dass es sowohl für den Häuptling als auch für unsere beiden Helden wichtig sein könnte, die Demokratiebereitschaft und Friedensfertigkeit von Lehrern, Elternbeiräten und ähnlichen gesellschaftlichen Kräften im Dorf dadurch auf die Probe zu stellen, dass sie sich bewähren müssten, obwohl sie mit deftigen und eher auf persönliches Heldentum bezogenen Verhaltensweisen der drei konfrontiert würden. Auch könnten speziell durch spektakuläre Aktionen von Asterix und Obelix die Römer doch noch einige Male daraufhin getestet werden, ob sie nicht doch für die alten Streitbarkeiten wiedergewonnen werden könnten, oder ob die Friedensinitiative bei den Römern ein Faktor geworden sei, mit dem man rechnen müsse und könne. Es könnten auf diese Weise auch durchaus noch einige Geschichten für die Imagewerbung des Dorfes bereitgestellt werden, bis der Häuptling sich mit dem Druiden und anderen im Dorf einerseits, wie auch mit der Abteilung für Imagewerbung und Absatz von Asterix-Heften andererseits soweit ins Benehmen gesetzt habe, dass man Ideen hätte, wie die sich abzeichnenden Kulturänderungen auch imagemäßig dargestellt werden könnten.

Da auf diese Weise im Dorf eine ganze Serie von untergründigen Klärungs- und Abstimmungsprozessen, von denen ein gewisser Anteil auch offensichtlich werden könne, bereits im Gange sei und noch anstehe, scheine es uns nicht sinnvoll, nun diesen Prozess durch eine zu frühe Vergabe eines weiteren Termins zu stören. Viel eher empfählen wir einen weiteren Konsultationstermin in ca. drei Monaten, an dem wir dann wieder eine gemeinsame Bestandsaufnahme der Entwicklungen im Dorf vornehmen könnten.

Im Moment könnten wir noch nicht beurteilen, ob die Anwesenden zu diesem Gespräch auch Vertreter anderer politischer Strömungen aus dem Dorf mitbringen sollten. Vielleicht könne es in einem Vierteljahr dafür noch zu früh sein, und wir bitten die Anwesenden, vor dem nächsten Beratungstermin gemeinsam darüber eine Entscheidung zu treffen. Ebenso bitten wir die Anwesenden, in einer gemeinsamen Sitzung darüber zu entscheiden, ob und wann ein weiterer Beratungstermin an unserem Institut gewünscht werde. Da wir an der Weiterentwicklung im Dorf auf jeden Fall Anteil nähmen, würden wir uns, falls wir nichts hören sollten, nach ca. einem Jahr von uns aus melden, um uns über den Stand der Dinge zu erkundigen. Wir danken ihnen für ihr Kommen und wünschen ihnen eine gute Heimreise.

2. DIE TRANSAKTIONSANALYSE

Unter dem Begriff »Transaktionsanalyse« oder kurz ›TA‹ versteht man meist ein Repertoire an psychologischen Erklärungskonzepten für menschliches Erleben und Verhalten. Die Erklärungskonzepte der TA integrieren Ideen aus verschiedenen Bereichen der Psychologie auf eine kreative und pragmatische Weise. Sie wurden in den 50er- und 60er-Jahren des vorigen Jahrhunderts von dem Psychiater ERIC BERNE entworfen und von seinen Schülern in verschiedenen Bereichen weiterentwickelt.

BERNES Ausgangsinteresse waren seine Studien über Intuition und sein Bemühen, eine einfache, verständliche psychologische Sprache zu entwickeln. Diese Sprache sollte ermöglichen, konkret über intuitive Einschätzungen von menschlichem Erleben und Verhalten und über die darauf begründete Kommunikation zu sprechen. BERNE verwendete die Begriffe und Schemata der Transaktionsanalyse auch, um mit seinen Patienten über intuitive Bilder zu sprechen. Auch deshalb war es ihm ein Anliegen, TA-Konzepte einfach, verständlich und lebensnah zu fassen.

Die Entwicklung der Transaktionsanalyse aus den Intuitionsstudien ist zusammengefasst und kommentiert in deutscher Sprache erschienen (BERNE 1991). Umfassende Darstellungen der Transaktionsanalyse bieten zahlreiche Lehrbücher. Daher wird in diesem Band auf eine repräsentative Darstellung der TA verzichtet und Inhaltskonzepte der TA nur insoweit behandelt, als sie der Darstellung der TA aus systemischer Sicht dienlich sind.

Eine ausführliche Auseinandersetzung mit den Konzepten der TA, wie ich sie 1986 und 1994 vorgelegt habe, steht dem wohl kleineren Kreis von Interessierten auf der Website www.systemische-professionalität.de kostenlos zur Verfügung.

Die hier dargestellten Grundkonzepte der systemischen Transaktionsanalyse gehen über die üblichen psychologischen Betrachtungen hinaus und sollen dazu beitragen, die Transaktionsanalyse aus dem Berufsverständnis der Psychotherapeuten herauszulösen.

Zunächst sollen jedoch psychologische Betrachtungen der Transaktionsanalyse mit ihren wichtigsten inhaltlichen Perspektiven erläutert werden. Hierbei werden von den Konzepten der TA Kostproben geboten, die einen Eindruck von ihren Betrachtungsweisen und ihrem praktischen Nutzen vermitteln sollen.

TA-Konzepte beschäftigen sich mit Mustern des menschlichen Erlebens und Verhaltens, wie sie sich in Kommunikationssituationen, in der Gestaltung von Beziehungen und in der Lebensgestaltung ausdrücken. Es handelt sich also eher um ich-psychologische und kommunikations-psychologische Betrachtungsweisen. Von ihren Ursprüngen her ist die Transaktionsanalyse keine Tiefenpsychologie in dem Sinne, dass seelische Vorgänge und Zusammenhänge als Hintergrund der beobachtbaren Persönlichkeitsäußerungen und Kommunikationssituationen beschrieben werden. Doch gibt es heute zahlreiche Institute, die tiefenpsychologische und transaktionsanalytische Konzepte integrieren.

Wie der Name sagt, beschäftigen sich Transaktionsanalytiker viel mit der Analyse von Transaktionen. Eine Transaktion ist eine Kommunikationseinheit, die sich aus dem Auslöser durch einen Sender und der darauf bezogenen Reaktion eines Empfängers zusammensetzt. Über Transaktionen werden Botschaften aufgenommen und beantwortet. Damit sind – zumindest formal – die Elemente, aus denen letztlich alle transaktionsanalytischen Analysekombinationen zusammengesetzt sind, definiert. Für psychologische Betrachtungen werden zwischenmenschliche wie auch innerpersönliche Vorgänge in Begriffen von Transaktionen gefasst. Für die innere Kommunikation werden dabei interagierende Teilpersönlichkeiten angenommen.

Die Analyse von Transaktionen ist gleichzeitig ein wesentliches identitätsbildendes Merkmal für die TA. Der von SCHLEGEL (1987) bevorzugte Begriff »transaktionale Analyse«, macht deutlich, dass Analysen anhand von Transaktionen dargestellt und belegt werden. Die Analysen sind jedoch nicht auf menschliche Kommunikation beschränkt. Sie beschäftigen sich z.B. auch mit personeninterner Organisation oder mit dem Rollengefüge in einer Organisation. Doch wird dies meist auf die kommunikative Verwirklichung durch Transaktionen bezogen.

Die TA steht einerseits in der Tradition der Psychoanalyse und der an ihr orientierten entwicklungspsychologischen Schulen. Daher sind Betrachtungsweisen, bei denen gegenwärtige Erlebens- und Verhaltensweisen vor dem Hintergrund kindlicher Entwicklungen gesehen werden, auch bei Transaktionsanalytikern zumindest im psychotherapeutischen Bereich üblich. Lernvorgänge in der Vergangenheit eines Menschen werden als maßgeblich für das Verständnis seines Erlebens und Verhaltens in der Gegenwart betrachtet. Andererseits steht TA in der Tradition der Sozialpsychiatrie und der kybernetischen Kommunikationslehre. Unabhängig von der persönlichen Vergangenheit der beteiligten Menschen beschäftigt sich der TA'ler mit Mustern ihrer gegenwärtigen Lebensgestaltung im sozialen Kontext. Man versucht hier, problematische Kreisläufe in deren Entstehung und Aufrechterhaltung aufzuzeigen, sowie Alternativen dazu zu eröffnen.

Soweit entwicklungspsychologische Ansätze aus einer psychotherapeutischen Perspektive berücksichtigt werden, geschieht dies meist kombiniert mit dem psychoanalytischen Konzept der Übertragung (von Vergangenem in die Gegenwart). Man tut dies zuerst in der Absicht, »störende Relikte« der Vergangenheit zu entdecken, ihr Störpotential zu reflektieren und an ihrer Stelle gegenwärtige Entwicklung freizusetzen.

TA eignet sich jedoch auch für Anwendungsbereiche, in denen der Bezug zur persönlichen Geschichte der Klienten und die Berücksichtigung der Regression (im Sinne der Belebung kindlicher Erlebnisse) als Methode häufig nicht adäquat ist. Dies ist in einigen Bereichen der Erwachsenenbildung, der Management- und Organisationsberatung und in vielen Formen der nicht-psychotherapeutischen Beratung der Fall. Hier werden Vorgehensweisen, die Beschreibungen von Gegenwart und Zukunft sowie von Kommunikation und Systembezügen in den Vordergrund gestellt.

Dem Zeitgeist unterworfen, haben auch Transaktionsanalytiker bemerkt, dass ihre psychologischen Konzepte keine objektiven Beschreibungen der Welt und der Menschen darstellen. TA-Konzepte werden als Beobachtungsschemata (Landkarten) deutlich, die von Handelnden für ihre Orientierung ausgewählt und mit Erfahrung und Tun in einen plausiblen Zusammenhang gebracht werden müssen. So hat in den 80er-Jahren des vorigen Jahrhunderts in transaktionsanalytischen Verbänden eine tiefgreifende Diskussion über den Umgang mit Theorie, über das Verständnis der einzelnen Inhaltskonzepte und über Grundbegriffe und Annahmen der Transaktionsanalyse begonnen.

Seit den 50er-Jahren bis heute haben Transaktionsanalytiker ein reichhaltiges Repertoire an Konzepten zur Beschreibung menschlichen Erlebens und Verhaltens hervorgebracht. Dieses bietet Anfängern und Erfahrenen in verschiedenen Professionen viel Nützliches. Gleichzeitig lässt jedoch der Glaube an die inhaltliche Richtigkeit der Konzepte nach. Sie werden mehr und mehr eher als Raster für Fragestellungen verstanden, die man selbst je nach Situation und Funktion spezifizieren, kombinieren, abwandeln oder erweitern kann. Die meisten Transaktionsanalytiker zeigen sich gegenüber dem unbefangen-schöpferischen Umgang mit eigenen Konzeptbildungen ebenso aufgeschlossen wie gegenüber der Integration von Konzepten anderer Schulen. Zu den Wesensmerkmalen der Transaktionsanalyse gehörte von Anbeginn an ihre integrative Funktion. Diese Entwicklungen wirken einer »Dogmatisierung« von Konzepten und einer »Verkirchlichung« der Verbände und ihrer Institutionen entgegen.

Die Themenbereiche des menschlichen Erlebens und Verhaltens, mit denen sich transaktionsanalytische Konzepte beschäftigen, lassen sich zunächst in drei Perspektiven (SCHMID 1986c) einteilen, die dann durch übergreifende Perspektiven der Entwicklung ergänzt werden:

- die Perspektive der Persönlichkeit (Erleben und Verhalten als Organisationsmuster der Persönlichkeit)
- die Perspektive der Beziehungen (Erleben und Verhalten als Organisationsmuster in Beziehungen)
- die Perspektive der Wirklichkeitskonstruktionen (Erleben und Verhalten als Ausdruck von Wirklichkeitsverständnissen)
- die Perspektive der Entwicklung (Erleben und Verhalten als Erscheinungen vergangener, gegenwärtiger und künftiger Entwicklungen)

Die Perspektiven 1. bis 3. werden in Kapitel 7 zu einem Orientierungsschema zusammengefügt und erläutert.

2.1 Die Perspektive der Persönlichkeit

Aus der Perspektive der Persönlichkeit werden Erleben und Verhalten von einzelnen Personen im Lichte der Organisation ihrer Persönlichkeit betrachtet. Hierzu hat BERNE das Strukturmodell der Persönlichkeit entwickelt. Es ist ein Modell, das die Persönlichkeit als ein System von Teilpersönlichkeiten, genannt Ich-Zustände, darstellt. Hierzu muss der Begriff der Ich-Zustände, der in der Transaktionsanalyse von großer Bedeutung ist, erläutert werden.

2.1.1 Ich-Zustände

BERNE hatte bezüglich Persönlichkeitsstruktur ursprünglich eine sehr allgemeine Definition von einem Ich-Zustand als einem »state of mind« gegeben (was man je nach der Bedeutung des Begriffes »mind« mit »psychischer Zustand«, »geistige Verfassung« oder »seelische Verfassung« übersetzen könnte). Später operationalsierte BERNE diese allgemeine Definition, indem er sagte, es handele sich bei Ich-Zuständen um kohärente Systeme von Einstellungen, Gefühlen und damit korrespondierenden Verhaltensweisen. Diese Operationalisierung erscheint sinnvoll, wenn man die Transaktionsanalyse vorwiegend als eine Ich-Psychologie (Psychologie der bewussten oder aktuell bewusstseinsfähigen Persönlichkeit) betrachtet.

2.1.2 Das Strukturmodell der Persönlichkeit

Aus den Grundbausteinen der Ich-Zustände konstruierte BERNE das Grundschema eines Persönlichkeitsmodells, indem er drei verschiedene Arten von Ich-Zuständen zu unterscheiden begann (s. Abb. 1).

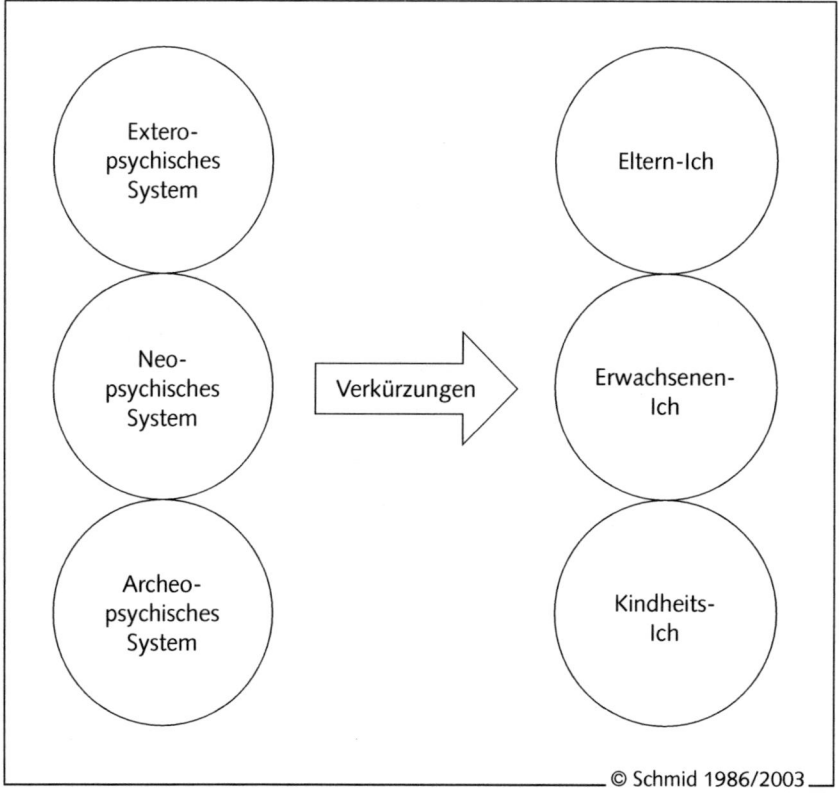

Abb. 1: TA-Modell der Persönlichkeit (Strukturmodell der Ich-Zustände)

In der ersten Kategorie werden Ich-Zustände, die eine Person in der Vergangenheit selbst erlebt und entwickelt hat, zusammengefasst und von anderen unterschieden. Diese erste Kategorie hat BERNE allgemein »archeopsychisches System« und verkürzend »Kindheits-Ich-Zustand« genannt.

In der zweiten Kategorie werden solche Ich-Zustände angesiedelt, die eine Person von anderen Menschen übernommen hat. Diese Übernahme wird je nach psychologischer Schule mit Modelllernen, Introjektion o.ä. beschrieben. Solche übernommenen Systeme von Einstellungen, Gefühlen und Verhaltensweisen betrachtet man als er- oder gelebte Kopien vom Erleben und Verhalten anderer Menschen. Die Menge dieser Ich-Zustände hat BERNE »exteropsychisches System« und verkürzend »Eltern-Ich-Zustand« genannt.

Die dritte Kategorie von Ich-Zuständen beinhaltet solche, die von einer Person eigenverantwortlich – bezogen auf die Gegenwart und die Zukunft – gelebt werden. Von diesen Ich-Zuständen wird angenommen, dass sie den bestmöglichen Stand der persönlichen Entwicklung einer Person widerspiegeln und kein bloßes Wiederabspielen von eigenen früheren Aufzeichnungen oder von Erlebens- und Verhaltensweisen anderer darstellen. Diese Kategorie von Ich-Zuständen hat BERNE allgemein »neopsychisches System« oder verkürzend »Erwachsenen-Ich-Zustand« genannt.

Nach und nach hat sich eine weitere Verkürzung in das Verständnis der Ich-Zustand-Kategorien eingeschlichen. Jede der drei Kategorien, die je nach Differenzierung der Betrachtung viele verschiedene Ich-Zustände umfassen kann, wurde auf eine Teilpersönlichkeit reduziert. Man sprach dann vom Eltern-, Erwachsenen- und Kindheits-Ich, oder noch verkürzter z.B. von »mein KIND«. Und weil diese Begriffe so griffig sind, bleibt nicht aus, dass sie gelegentlich undifferenziert wie eigenständige Wesen behandelt werden. Notwendige Ausdifferenzierung von Persönlichkeitsaspekten und Fragen ihrer Integration können dabei aus dem Blickfeld geraten.

2.1.3 Funktionen

Parallel zur strukturanalytischen Betrachtung der Persönlichkeit hat sich BERNE mit vielfältigen Erscheinungen des menschlichen Selbstausdrucks und der Kommunikation zwischen Menschen beschäftigt. Da er diese Erscheinungen als Funktionen der Persönlichkeit ansah, sprach er bei ihrer Beschreibung von funktionalen Ich-Zuständen. Der angenommene Zusammenhang zwischen Ich-Zuständen und Funktionen kann jedoch selten konsequent hergestellt werden. Für die meisten Betrachtungen ist es auch weder notwendig noch sinnvoll, diesen Zusammenhang herzustellen. Daher ist es eher verwirrend, wenn bei der Betrachtung von Funktionen der Begriff ›funktionaler Ich-Zustand‹ verwendet wird. Stattdessen sollte man besser einfach von Funktionen sprechen und die Frage nach den Bezügen zu Ich-Zuständen nur bei spezifischem Bedarf stellen.

2.1.4 Die Person in realen Lebenssituationen

BERNE legte bei seinem Persönlichkeitsmodell Wert auf eine Eigenart, die sich vom psychoanalytischen Persönlichkeitsmodell unterschied und in der er große Vorteile sah. Man sollte sich in der Analyse des menschlichen Verhaltens letztlich immer konkrete Personen in konkreten Situationen vorstellen können. Auch wenn man sich mit Vergangenheit beschäftigte, sollte man sich den Klienten in den jeweiligen Lebensaltern und Lebenssituationen und insbesondere das Zusammenspiel zwischen dem Klienten und den früheren Bezugspersonen vorstellen können. Durch intuitives Erfassen solcher Szenen sollten die Spielregeln für gegenwärtige Situationen, die aus diesen früheren Szenen stammen, erfasst und die damit verbundenen Fragestellungen verstanden werden können.

2.1.5 Störungen der Organisation einer Persönlichkeit

Wenn eine Person sich nicht angemessen auf gegenwärtige und künftige Realität bezieht und bei der Lebensgestaltung problematischen Lebensentwürfen folgt, kann dies als Störung in der Organisation der Persönlichkeit betrachtet werden. Strukturell gesehen kann dies damit zusammenhängen, dass erstens Ich-Zustände innerhalb der Persönlichkeit nicht angemessen ausdifferenziert sind. Zweitens können Ich-Zustände nicht angemessen aufeinander bezogen bzw. integriert sein.

2.1.5.1 Trübung

Als Beispiel für TA-Konzepte, mit denen Störungen der Ausdifferenzierung beschrieben werden, soll hier das Konzept der Trübung herausgegriffen werden. Eine Trübung ist als eine chronische Einmischung eines

Ich-Zustandes in einen anderen definiert. Dies geschieht in der Regel, ohne dass sich die Person dessen bewusst ist. Man kann sich z.B. vorstellen, dass sich in das gefühlsmäßige Empfinden eines Ich-Zustandes aus dem neopsychischen System chronisch Gefühle, die aus der Kindheit der Person stammen oder von anderen Menschen übernommen wurden, einmischen. In diesem Fall geraten Wirklichkeitsbezüge und Erlebniswelten unbemerkt durcheinander, was zu erheblichen Orientierungsschwierigkeiten in der Gegenwart führen kann. In die berechtigte Vorsicht eines Unternehmers, Investitionen abzusichern, können sich kindliche Versagensängste oder übernommene Panikgefühle der Eltern aus Zeiten der Weltwirtschaftskrise mischen. Als Therapie im Sinne des Gegenwartsbezuges bietet sich dann die Enttrübung an. Die Einmischungen werden identifiziert und herausdifferenziert. Es bleiben die zu der gegenwärtigen Fragestellung passenden Gefühle. Um neuen Lebenssituationen begegnen und neue Rollen lernen zu können, ist es darüber hinaus oft erforderlich, Altes neu zu ordnen und Neues zu entwickeln. Enttrübungen und Entwirrungen sind Hilfen, eine ›differenzierte Persönlichkeit‹ zu entwickeln.

2.1.5.2 Beschreibung von Störungen der Integration

Die innere Organisation bedarf auch bei ausdifferenzierten Ich-Zuständen einer Steuerung. Hierbei können Störungen der Integration beschrieben werden. Während z.B. das Erwachsenen-Ich eine anstehende Geschäftsbesprechung realistisch zu beurteilen und vorzubereiten versucht, können an das Vorhaben Hoffnungen für das eigene Wertgefühl, Wünsche, Visionen, aber auch Abneigung gegen die anstehenden Anstrengungen geknüpft werden. Daneben kann etwa die innere Mutter »ewig besorgt um das gute Benehmen des Sohnes« mahnen, und der innere 15-Jährige daraufhin ängstlich oder rebellisch reagieren. Alle diese Strebungen mögen sich gleichzeitig oder abwechselnd im Erleben und Verhalten der Person zum Ausdruck bringen. Mit Hilfe der Strukturanalyse können diese Vorgänge studiert und daraufhin befragt werden, welche Ich-Zustände in welcher Weise beteiligt sind. Man kann dann für die Beteiligung der Teilpersönlichkeiten, ihre Beziehung untereinander und die integrierende Steuerung dieser Vorgänge Strategien entwerfen. Dies gelingt im Alltag meist durch natürliche Lernvorgänge oder bewusste Lernstrategien der Betroffenen. Manchmal ist professionelle Hilfe von außen zweckmäßig. Für das erwähnte Beispiel können verschiedene Ich-Zustände im Rollenspiel personifiziert werden. Auf diese Weise können frühere Lebenssituationen und der heutige Bezug zu ihnen, aber auch verschiedene aktuelle Strebungen in einer Person in Szene gesetzt werden. Solche Maßnahmen können hilfreich sein, eine »integrierte Persönlichkeit« zu entwickeln.

2.1.6 Persönlichkeitsgewohnheiten

Aus der Perspektive der Person gibt es eine Reihe weiterer TA-Konzepte, die nicht direkt mit strukturanalytischen Überlegungen einhergehen müssen. Beispielsweise gibt es Beschreibungen von gewohnheitsmäßigen Erlebens- und Verhaltensweisen *(Rackets)*, die als gelernte Eigenarten der persönlichen Organisation eines Menschen angesehen werden. Daher studiert man, ob sich hier nicht bestimmte Denkmuster, Verhaltensmuster oder Gefühle beobachten lassen, die wiederholt – oft unbemerkt gewohnheitsmäßig – gelebt werden. Man tut dies, weil solche Muster aus der Sicht der Mitmenschen oft als nicht zur Situation passend, als nicht nachvollziehbar oder als unerfreulich erlebt werden.

Für den volkstümlichen amerikanischen Ausdruck *Racket* gibt es verschiedene Übersetzungen, die etwas mit verschiedenen Definitionen dieses Begriffs zu tun haben. Ich greife je ein Verständnis von ENGLISH und BERNE heraus. Nach ENGLISH sind *Rackets* Ersatzgefühle. Hier wird ein gezeigtes Gefühl unter dem Gesichtspunkt studiert, ob es situativ passt oder ob es nicht gewohnheitsmäßig statt eines anderen, hier passenderen Gefühles aktiviert wird. Zum Beispiel könnte jemand in seiner Familie gelernt haben sich gewohnheitsmäßig depressiv zu fühlen, anstatt etwa Schmerz, Empörung oder vielleicht auch Tatendrang zu empfinden und zu zeigen. Wenn man unter diesem Gesichtspunkt auf Gefühle schaut, ergeben sich daraus Operationen, die daraufhin zielen, dem Klienten die Gefühle, die durch das Ersatzgefühl gewohnheitsmäßig ersetzt werden, wieder zur Situation passend zugänglich zu machen. Analog zu Ersatz-Gefühlen könnte man auch von Ersatz-Einstellungen oder Ersatz-Verhaltensweisen sprechen.

In einer von BERNES Definitionen werden *Rackets* mit Erfahrungen gleichgesetzt, die angestrebt werden, um damit bevorzugte Lebenseinstellungen zu bestätigen, oder um damit Rechtfertigungen für bestimmte Einstellungen und Verhaltensweisen bereitzustellen. Zum Beispiel könnte ein Ehemann und Vater sich wiederholt Ausgrenzungserlebnisse in der Familie verschaffen und damit seine Idee, dass Männer ›einsame Wölfe‹ sind, bestätigen und um darüber hinaus berufliches Überengagement bei Verkümmerung der privaten Beziehungen zu rechtfertigen. Dementsprechend interessiert dann bei einer *Racket*-Analyse, welche Lebenseinstellungen durch welche Erlebens- und Verhaltensweisen bestätigt oder gerechtfertigt werden sollen und wie dies in der Person organisiert wird.

2.1.7 Transaktionen aus der Perspektive der Person

Auch aus der Perspektive der Person kann der Selbstausdruck eines Menschen, sein Kommunikationsverhalten und seine Lebensgestaltung anhand von Transaktionen untersucht werden. Allerdings werden die äußeren Transaktionen hier genauso wie die inneren mit dem Wirklichkeitserleben und der inneren Organisation der Person in Beziehung gesetzt. Die äußere Welt wird lediglich als Bühne angesehen, auf der sich die innere Organisation zum Ausdruck bringt. Dies unterscheidet sich von der Betrachtung derselben Transaktionen aus der Perspektive von Beziehungen.

2.2 Die Perspektive der Beziehungen

Ein weiterer Bereich transaktionsanalytischer Konzeptbildung ist die Beziehungsgestaltung. Einzelne Situationen oder Lebensgestaltungen von Menschen werden aus dem Blickwinkel betrachtet, wie sie als Ausdruck von oder als Beiträge zu Beziehungen angesehen werden können. Weiter unten ist diesbezüglich von Begegnung die Rede, wenn konkrete Beziehungsinszenierungen von prinzipiell möglichen Beziehungsvarianten unterschieden werden.

2.2.1 Transaktionen und professionelle Beziehungen

Die Arbeit von Transaktionsanalytikern schließt normalerweise die Gestaltung einer therapeutischen, beraterischen oder pädagogischen Beziehung ein. Schon deshalb ist die Gestaltung von Beziehungen mittels Transaktionen von besonderem Interesse.

Für professionelle Zwecke wird die Kommunikation (inklusive der nonverbalen) zwischen den Beteiligten daraufhin analysiert, welche Botschaften durch die Transaktionen übermittelt werden, und wie sich diese Botschaften bzw. die Transaktionen aufeinander beziehen. Man geht hierbei davon aus, dass die in den Beziehungen entstehenden Wirklichkeiten durch Transaktionen hervorgerufen werden. Hierzu sucht man in den Transaktionen Belege für die Beiträge und Weichenstellungen der Beteiligten. Umgekehrt wird aus dieser Sichtweise die Idee abgeleitet, dass durch gezielte Situations- und Beziehungsgestaltung von Seiten des Transaktionsanalytikers hilfreiche Alternativen hervorgerufen werden können. Konkret wird z.b. studiert, welche Reaktionen ein Berater auf eine bestimmte Klientenäußerung zeigt, und ob er sich dieser Reaktion bewusst ist. Bemerkt er z.b. einen drohenden Unterton und seine verunsicherte Reaktion darauf? Dann wird nach Belegen für Ideen gefragt, die der Berater bezüglich des Erlebens und des Verhaltens des Klienten im Umgang mit Lebensfragen und Beziehungen entwickelt. Was lässt den Berater annehmen, dass der Klient voll uneingestandener Aggressionen steckt? Umgekehrt wird der Berater befragt, welche Vorstellungen er davon hat, was er in der Beratungsbeziehung tut, und ob er sich über die Botschaften, die in seinen spontanen Reaktionen wie auch seinen bewussten Aktionen zum Ausdruck kommen, im Klaren ist. Merkt der Berater, dass seine kühnen Deutungen der Abwehr eigener Verunsicherung dienen und vom Klienten als Verletzung erlebt werden? Darüber hinaus wird geprüft, ob die Aktionen in einzelnen Botschaften und Transaktionsketten die beabsichtigte Beziehungs- und Beratungsstrategie konkret verwirklichen. Führt die gegenwärtige Beratungskommunikation zum erklärten Ziel, dem Klienten zu mehr Offenheit und Vertrauen in Beziehungen zu verhelfen? Idealer Weise müssten sich Transaktionsanalytiker bei jeder einzelnen Transaktion Rechenschaft ablegen können, inwiefern darin qualifizierte professionelle Beziehungsgestaltung zum Ausdruck kommt.

2.2.2 Transaktionen und Intuitionen über Beziehungen

BERNE ging davon aus, dass sich die Menschen intuitive Urteile darüber bilden, welche Arten von Beziehungen mit dem Gegenüber möglich sein können. Diese Einschätzungen bilden sich oft in den ersten Sekunden des Kontakts, ohne dass die Beurteilenden sagen könnten, wie sie zu diesen Urteilen kommen. Meist sind sie sich auch nicht im Klaren darüber, welche Einschätzung des anderen sie vorgenommen haben. An ihren Transaktionen erkennt man jedoch, dass sie auf irgendeiner Einschätzung der Beziehungsmöglichkeiten mit dem anderen beruhen; sie handeln, »als ob« sie den Inhalt ihrer Einschätzung kennen würden.

Ungeachtet der bewusst-gewollten Kommunikation zeigen innere oder äußere Reaktionen auf andere Menschen, dass man auf vielerlei kommunikative Auslöser reagiert. Diese hat man, ohne es zu wissen, in der einen oder anderen Weise bewertet. Wenn diese Reaktionen zu dem bewussten Inhalt der Kommunikation und der gewünschten Beziehungsgestaltung passen, findet dieser Vorgang keine weitere Beachtung. Er ist ein normaler Bestandteil der Beziehungssteuerung und hilft, sich schnell in komplexen Situationen zu orientieren. Er unterstützt Menschen auch darin, sich zu bevorzugten Beziehungen zusammenzufinden.

Intuition kann sich einerseits auf die Beziehungsinhalte richten, also darauf, welches Zusammenspiel möglich ist und wie sich diese Beziehung in Zukunft entwickeln könnte. Sie kann sich andererseits auch auf einen Stil im Umgang miteinander richten. Beide Einschätzungen führen zur Auswahl von Beziehungspartnern oder der Art von Beziehungen, die man mit potenziellen Partnern eingehen möchte. Außerdem bieten solche intuitiven Wahlen Chancen in der gegenseitigen Abstimmung und bei der gemeinsamen Entwicklung der Beziehungswirklichkeit.

Intuition kann im Dienste der Entwicklung positiver Beziehungswirklichkeiten stehen wie leider auch im Dienste der Wiederholung von unbefriedigenden oder gar destruktiven Beziehungen. Letzteres beschäftigt Transaktionsanalytiker beruflich häufiger. Dies führt manchmal dazu, dass die Normalität und die enormen Vorteile von Intuition und der unbemerkten Beziehungssteuerung aus dem Blickfeld geraten.

Häufig werden Transaktionsanalytiker dann tätig, wenn Menschen ihre Partnerwahl und Beziehungsgestaltung mit Hilfe intuitiver Steuerungsmöglichkeiten so betreiben, dass die Beziehungsergebnisse unbefriedigend sind. Dies wird oft erst nach einiger Zeit bemerkt, wenn die Folgen dieser problematischen Beziehungsgestaltung spürbar werden. Zum Beispiel können sich Partner zunehmend missbraucht fühlen, obwohl sie sich im besten Bemühen um gegenseitige Würdigung wähnten. Dann kann es lohnend sein, sich die transaktionale Entstehungsgeschichte einer bestimmten Beziehungssituation bewusst zu machen. Welche Annahmen über gegenseitige Wünsche steuern die Verhaltensweisen und was löst diese Annahmen aus oder bestärkt sie? Dies kann die Analyse intuitiver Beurteilungs- und Auswahlvorgänge der Beteiligten einschließen. Diese wiederum können intuitiv erfasst oder anhand der eigenen Reaktionen und Aktionen erschlossen werden. Der Berater selbst kann sich durch die Klienten irgendwie missbraucht fühlen, was er daran merkt, dass er immer ausführlicher betont, wozu er bereit ist und wozu nicht. Letzteres wird soziale Diagnose genannt. Um aus eigenen Reaktionen verantwortlich auf auslösende Signale anderer schließen zu können, ist allerdings ein Studium der eigenen Neigungen und Reaktionsmuster erforderlich, damit man nicht dem Klienten zuschreibt, was man selbst in die Beratung getragen hat.

Ein Beobachter kann von außen häufig schon aus den ersten Transaktionen Eigenarten der sich anbahnenden Beziehung, eventuell auch absehbare Beziehungskonflikte erkennen, während die Beteiligten sich dessen oft (noch) nicht bewusst sind. Die Aufmerksamkeit auf eine sich entfaltende Wirklichkeit im Initialstadium oder erste Anzeichen von Unstimmigkeiten zu lenken, ist ein großes Verdienst der TA.

2.2.3 Psychologische Spiele in Beziehungen

Transaktionsanalytiker schenken berufsbedingt solchen transaktionalen Abläufen, die nach einiger Zeit zu problematischen Beziehungsergebnissen führen, besondere Beachtung. Die Beteiligten erleben unbefriedigende Ergebnisse einer vorher für sie unauffälligen Kommunikation als überraschend und doch oft als vertraut. Solche Serien von Transaktionen werden psychologische Spiele genannt. Menschen neigen dazu, in Beziehungen immer wieder psychologische Spiele zu inszenieren. Gewohnte, wenn auch häufig problematische Wirklichkeiten werden durch immer wieder ähnliche, intuitiv gesteuerte Partnerwahlen und Beziehungsgestaltungen reinszeniert.

BERNE hat eine ganze Sammlung solcher typischen psychologischen Spiele zusammengetragen (BERNE 1970). Er formulierte Grundideen, auf denen einzelne Spiele möglicherweise beruhen und welche typischen Wirklichkeiten sie erzeugen. Aufgrund solcher Überlegungen eröffnen sich Möglichkeiten, Alternativstrategien zu entwickeln. Sofern psychologische Spiele in der Beziehung zu einem Transaktionsanalytiker initiiert werden, kann er diese entweder durch Alternativstrategien durchkreuzen und andere Beziehungswirklichkeiten etablieren. Oder er kann die gewohnten Beziehungsangebote des anderen und die ihnen zugrundeliegenden intuitiven Erwartungen und Beurteilungen zum Gegenstand einer Klärung machen. Die Transaktionsanalyse hat für solche Situationen ein ganzes Inventar von Kommunikationsmanövern entwickelt, die in der Praxis angewendet und in der Weiterbildung gelehrt werden.

Intuitionen können also richtig oder falsch sein, treffend oder fehlgewichtet bzw. fehlgeleitet. Sie stehen im Dienst einer beglückenden oder auch problematischen, ja sogar gefährlichen Lebensgestaltung. Eigene unbewusste Neigungen, transaktionale Einladungen oder Beiträge zu Spielen anderer können jedoch erkannt und verändert werden. Es ist möglich Intuition zu »reinigen« und zu entwickeln. Dadurch kann diese hochkomplexe und integrative Orientierungs- und Steuerungsfunktion wieder ganz in den Dienst schöpferischer und konstruktiver Beziehungsgestaltungen gestellt werden. Soweit Intuition professionelles Handeln steuert, muss sie kontext- und rollenspezifisch qualifiziert werden.

2.2.4 Ausbeutungs- und Symbioseaspekte von Beziehungen

Von ENGLISH (1976 und 1981) stammt das Konzept des *Racketteering*, des Ausbeutungsverhaltens in Beziehungen. Es werden z.b. Gefühlsäußerungen unter dem Gesichtspunkt betrachtet, ob und wie sie dazu dienen, die Aufmerksamkeit, die Hilfsbereitschaft, die Hingabefähigkeit oder andere Talente des Gegenübers für sich unter Beschlag zu nehmen. Dies kann dann als ausbeuterisch betrachtet werden, wenn es nicht auf abgeklärten Beziehungsvereinbarungen beruht und daraus nicht für alle Beteiligten Nutzen entsteht. ENGLISH hat typische Beziehungsmuster zwischen der »übersicheren« Position und der »hilflosen« Position in solchen Beziehungen beschrieben.

Der Betrachtung des Ausbeutungsaspekts in Beziehungen ist das Konzept der dysfunktionalen Symbiosen (SCHIFF et al. 1975) bzw. entsprechender Haltungen ähnlich. Von einer dysfunktionalen Symbiose spricht man dann, wenn man bei der Betrachtung einer Beziehung zu dem Schluss kommt, dass Verantwortung oder Unbehagen (als Folge der Nichtübernahme von Verantwortung) zwischen den Beteiligten verschoben wird. Dies kann Lebensgestaltung und Entwicklung in der Beziehung behindern. Unter diesem Gesichtspunkt kann man dysfunktionale symbiotische Beziehungen auch definieren als Beziehungen, innerhalb derer die Beteiligten ihr persönliches Potenzial nicht zum Ausdruck bringen oder nicht entwickeln (SCHMID 1986c).

SCHIFF und ihre Mitarbeiter untersuchten dysfunktionale Symbiosen im Zusammenhang mit dem Versuch, psychotisches Verhalten zu verstehen und im Rahmen von psychotherapeutischen Beziehungen zu behandeln. In ihrem Kathexis-Institut wurden psychotische Patienten durch therapeutische Eltern-Kind-Beziehungen behandelt. Dabei wurden sogenannte passive Verhaltensweisen studiert, die dazu dienten, andere in dysfunktional-symbiotische Beziehungen zu nötigen oder sie darin festzuhalten.

2.2.5 Beziehungen und das Strukturmodell der Persönlichkeit

Werden Beziehungen und die Transaktionen, über die sie gelebt werden, näher untersucht, kann es aufschlussreich sein zu fragen, welche Teilpersönlichkeit in welcher Weise daran beteiligt ist. Man untersucht dann, wer innerhalb der Personen als Absender von Botschaften, auf die andere Menschen reagieren, betrachtet werden könnte. In diesem Erklärungsrahmen kann man sich vielschichtige Beziehungen vorstellen, bei denen verschiedene Teilpersönlichkeiten auf verschiedene Arten miteinander Kontakt aufnehmen.

Bildlich gesprochen kann man sich eine ganze Beziehungskonferenz vorstellen, wenn zwei Personen miteinander sprechen. Zum Beispiel könnten zwei Erwachsene versuchen in angemessener Weise miteinander umzugehen, während jugendliche Kind-Ich-Zustände miteinander ums Besser-Können konkurrieren oder miteinander einen Flirt beginnen. Innere Väter, Mütter, Lehrer oder andere frühere Bezugspersonen könnten durch Meinungen, emotionale Reaktionen oder Handlungen zum Geschehen beitragen wollen. Die inneren Väter zweier Gesprächspartner könnten dabei auf eine rein formale Beziehung höchsten Wert legen, während die Mütter genüsslich eine Romanze fördern. Dies wiederum könnte bei den jugendlichen Persönlichkeitsanteilen beider Gesprächspartner irritierte Reaktionen hervorrufen.

Als Ausdrucksmittel stehen den Teilpersönlichkeiten das Ausdrucks- und Empfindungsvermögen ein- und derselben Person zur Verfügung. Deren Ausdrucksverhalten und Beiträge zur Beziehungsgestaltung kann man sich als zumindest vielschichtig vorstellen. Dies kann von den Personen selbst und ihren Partnern als irritierend erlebt werden. Insbesondere dann, wenn die Erwachsenen-Ich-Zustände der Beteiligten keinen entscheidenden Einfluss auf die Integration und Steuerung der Teil-Persönlichkeiten bei der Beziehungsgestaltung nehmen.

Einem Transaktionsanalytiker hilft eine geschulte Intuition, Vermutungen über solche Zusammenhänge anzustellen und sie zur Grundlage seiner diagnostischen Annahmen zu machen. Transaktionsanalytiker lernen solche Überlegungen in ihre Kommunikationsstrategien und Beziehungsgestaltungen mit einzubeziehen; was nicht heißt, dass sie ausdrücklich Gesprächsgegenstand werden müssen. Das explizite Wissen und der geschulte intuitive Umgang mit diesem Geschehen dient häufig hauptsächlich dazu, sich in professionellen Situationen möglichst wenig in störenden Kommunikationsbeziehungen zu verfangen. Statt dessen versucht man, den gegenwarts- und zukunftsbezogenen Wirklichkeitsbezug von Klienten sowohl in der Beziehungsgestaltung als auch in der inneren Organisation optimal zu fördern.

Bei aller Faszination solcher psychologischer Betrachtungen soll nicht vergessen werden, dass sie nur einen Teil der Möglichkeiten abdecken, Beziehungsaspekte und Transaktionen zu beschreiben.

2.2.6 Beziehungen und Funktionen

Bei der Zuordnung und Analyse von Transaktionen kann man verschiedene Funktionsaspekte und ihr Zusammenwirken in der Beziehungsgestaltung betrachten. Häufig interessiert die Ausdrucksqualität einer Äußerung oder die Frage, wozu sie einlädt – unabhängig davon, wie man sich die Zuordnung in einem System von Teilpersönlichkeiten vorstellt. Funktionsbetrachtungen haben ihren eigenen Nutzen und müssen je nach Fragestellungen, die mit ihnen beantwortet werden sollen, ausgewählt werden.

Sehr verbreitet ist ein ursprünglich mit dem Strukturmodell in Verbindung gebrachtes Unterscheidungsraster, welches fünf Ausdrucksqualitäten und eingenommene Haltungen in der Kommunikation unterscheidet. Man fragt sich, ob eine Transaktion und die ihr möglicherweise zugrunde liegende Haltung erstens als frei und unbefangen oder zweitens als beflissen bzw. rebellisch-angepasst eingeschätzt wird. Drittens werden die als kritisch-wertend erlebten Transaktionen von denen unterschieden, die viertens als freundlich-fürsorglich empfunden werden. Schließlich gibt es eine fünfte Kategorie, in der keines der vier vorgenannten Merkmale besonders, statt dessen aber Sachlichkeit betont scheint.

Haltungen und Wirkungen solcher Unterscheidungen werden je nach Notwendigkeit weiter ausdifferenziert, spezifiziert oder verändert. Erstaunlich häufig sind jedoch diese einfachen Grundkategorien für Verhaltensbeschreibungen ausreichend. Man kann z.B. feststellen, dass ein Berater seinen Klienten relativ schlecht erreicht, wenn er ihm mit einer nörglerisch-kritischen Haltung begegnet. Eine solche Haltung kann vom Berater unbemerkt in der Stimme, in der Mimik und Gestik zum Ausdruck kommen, auch wenn der Inhalt anders lautende Botschaften transportiert. Hilfreich für den Berater ist es dann, sich darin zu üben, andere Ausdrucksqualitäten in seiner Kommunikation zu verwenden und damit Beziehungen anders zu gestalten. Dies verbessert oft die Chance, die durch die Inhalte der Äußerungen beabsichtigten Wirkungen auch zu erzielen.

2.2.7 Nicht-private Aspekte von Beziehungen

Persönliche Kommunikation zwischen Menschen ist auch durch den Kontext, in dem sie stattfindet, geprägt. Professionelle Rollen, Positionen und Mandate in der Gesellschaft oder ihren Organisationen zeigen Wirkung. Wirklichkeitsbezüge und Beziehungen haben daher mit Kraftfeldern und Interessengefügen zu tun, innerhalb derer sie oft erst zu verstehen sind.

Die Selbststeuerung von Rollen- und Positionsinhabern und die entsprechenden Beziehungsgestaltungen können meist nur dann optimal gefördert werden, wenn diese erweiterten Realitätsbezüge berücksichtigt werden. Gegenseitige Intuitionen vermögen sich konstruktiv in den Dienst gesellschaftlicher Rollen zu stellen. Die meisten der bisherigen Ausführungen lassen sich auf das Verständnis der so erweiterten Wirklichkeitsbezüge analog anwenden. Das oben dargestellte Strukturmodell der Persönlichkeit tritt dabei allerdings häufig in den Hintergrund. Stattdessen könnten z.b. Strukturmodelle von Organisationen, Interessengefüge oder die Architektur von gesellschaftlichen Rollen und ihren Bezügen Bedeutung gewinnen. Die private Persönlichkeit bestimmt hier häufig eher eine Tönung des Erlebens und Verhaltens und der Funktionsbezüge, als dass sie von entscheidender Bedeutung wäre.

Für einige Arbeitszusammenhänge ist es interessanter und für verabredetes professionelles Handeln produktiver, das Erleben und Verhalten eines Menschen gemäß verschiedener Rollen- und Kontextbezüge zu unterscheiden. In unterschiedlichen Rollen und Kontexten denkt, handelt und fühlt man unterschiedlich. Die Wirklichkeitsbezüge sollen und dürfen sich unterscheiden. Nehmen wir z.B. einen Arzt, der als Institutsdirektor, als behandelnder Psychotherapeut und als Privatmensch auf eine Situation trifft. Hier könnten unerkannt Gedanken des Therapeuten und Gefühle des Privatmenschen das Erleben und Verhalten in der Rolle des Institutsdirektors irreführen. Gelegentlich suchen Menschen im Privatleben bei Berufsrollen Zuflucht. Allerdings reagieren wohl die meisten Lebenspartner »allergisch«, wenn sie sich »psychotherapiert« fühlen. Hier muss dann psychotherapeutisches Wissen aus der Berufsrolle herausgelöst und in Privatrollen integriert werden.

Das Zusammenspiel verschiedener Betrachtungsebenen und der jetzt wieder wichtiger werdenden Inhaltsaspekte der Kommunikation steigern die Komplexität dessen, womit Transaktionsanalytiker professionell umgehen.

2.3 Die Perspektive der Wirklichkeitskonstruktion

Bei der wirklichkeitskonstruktiven Perspektive geht man davon aus, dass Wirklichkeit nur unter Einbezug der Person, die sie erlebt und beschreibt, sinnvoll dargestellt werden kann. Wirklichkeit ist eine Beziehung zwischen Subjekt und Objekt. Die Zugangsweise zur Welt, die Annahmen darüber, was in ihr vorgefunden werden kann und wie Zusammenhänge herzustellen sind, bestimmen die erlebte und gestaltete Wirklichkeit eines Menschen.

Wirklichkeit ist also ein aktiv gestalterischer Vorgang, eine innere und äußere Inszenierung anlässlich objektiver Gegebenheiten. Um Wirklichkeitsinszenierungen zu verstehen, lohnt es sich, Drehbücher, Inszenierungsstile und Regieverhalten der Beteiligten zu studieren.

Schon BERNE soll bei der Begründung seiner theoretischen Grundkonstrukte vor der Überlegung gestanden haben, ob er diese nicht auf dem Begriff der Information aufbauen sollte (ENGLISH, mündliche Mitteilung). Er habe sich jedoch für den in den 60er-Jahren gängigeren Schlüsselbegriff der »psychischen Energie«, also eher für ein biologisches Modell anstatt eines informationstheoretischen Modells entschieden. In der Postmoderne ist sicher ratsam, zumindest ergänzend die Fäden um den Schlüsselbegriff Information weiterzuspinnen.

2.3.1 Der Schlüsselbegriff »Information«

Oft wird die Idee der wirklichkeitskonstruktiven Perspektive mit einer beliebigen Relativierung von Wahrheit verwechselt. Die wirklichkeitskonstruktive Perspektive ist jedoch mehr als das. Sie setzt sich konsequent mit der Vielfalt und der Bedeutsamkeit von Wirklichkeit auseinander. Dabei wird vom Schlüsselbegriff der Information ausgegangen.

Informieren heißt eigentlich: eine Gestalt geben, formen, bilden. Hierzu müssen Kontraste erzeugt werden. Informationen sind Unterschiede, die Unterschiede machen (BATESON 1972). In der Rückblende auf den Beobachter entsteht dadurch die Frage, welches die Kategorien sind, die Unterschiedsbildungen zugrunde liegen. Und welches sind die Kriterien, aufgrund derer bestimmte Unterschiede Unterschiede machen, also bedeutsam sind? Wofür sind Unterscheidungen bedeutsam und welche Ausdifferenzierung der Welt soll mit ihnen vorgenommen werden?

Eine differenzierte Betrachtungsweise ist dadurch gekennzeichnet, dass aus der Sicht des Beurteilenden vielfältige Unterscheidungen vorgenommen werden. Quantitativ ist das Unterscheidungsproblem jedoch nicht zu lösen, da durch mehr Unterscheidungen der Sachverhalt nur kompliziert wird. Es müssen also solche Unterscheidungen getroffen werden, die bedeutsam sind, damit andere unterlassen oder nivelliert werden können, die für eine bestimmte Betrachtungsweise weniger interessant sind. Dieser Vorgang ist unerlässlich für eine Wahrnehmungssteuerung, die Komplexität angemessen berücksichtigen möchte.

Bewusste Wirklichkeitsbeschreibungen sollen so einfach wie möglich, aber so komplex wie nötig sein. Dabei wird die Frage wichtig, zu welchem Zweck in jeder spezifischen Situation die Wirklichkeitsbeschreibung vorgenommen wird.

2.3.2 Wirklichkeitskonstruktionen und transaktionsanalytische Praxis

Wirklichkeitskonstruktionen werden für Transaktionsanalytiker in der Regel dann wichtig, wenn sie daraus professionelles Handeln ableiten und bestimmte Wirklichkeiten erzeugen wollen. Daher müssen sie selbst und ihr Verständnis von Professionalität bei der Auswahl sinnvoller Wirklichkeitskonstruktionen berücksichtigt werden.

Hierzu wird die Frage nach dem jeweiligen Kontext, nach den jeweiligen Rollen und dem Professionsverständnis des Handelnden gestellt. Die Frage nach der Wirklichkeit bedeutet unabdingbar die Frage nach dem Beobachter, also dem, der Wirklichkeit konstruiert.

Um Transaktionsanalyse aus der wirklichkeitskonstruktiven Perspektive zu erschließen, habe ich einige *neue Definitionen* (SCHMID 1990c) vorgeschlagen:

1. Transaktionen sind Handlungen, die Realitäten durch Kommunikation mitgestalten. Transaktionen implizieren Annahmen über Wirklichkeiten und können zu Konsequenzen führen, die in Übereinstimmung mit den implizierten Annahmen stehen.

2. Transaktionsanalyse meint einen professionellen Umgang mit der Gestaltung von Wirklichkeit durch Kommunikation. Ihre Perspektiven sind selbst Gegenstand der Reflexion von Transaktionsanalytikern.

Für die Perspektive der Wirklichkeitskonstruktion gab es schon früher Ansätze in der Transaktionsanalyse. In der Kathexis-Schule z.B. gibt es die Konzeption des Bezugsrahmens; also eines Ideen-Gebildes, aus dem heraus der Mensch seine Erlebens- und Verhaltensweisen organisiert. Man studiert, aus welchem Bezugsrahmen heraus ein Klient dieses oder jenes Verhalten zeigt. Oft interessiert insbesondere, inwiefern Erleben und Verhalten Wirklichkeitsvorstellungen widerspiegeln, die zu einem eingeengten Realitätsbezug führen. Hier gibt es Konzepte, die es ermöglichen zu fragen, wie Menschen Aspekte der Wirklichkeit innerlich werten oder abwerten. Ob ein Aspekt gewertet werden sollte, ist natürlich Ansichtssache eines Beobachters. Zum Beispiel gibt es ein Analyseschema, welches zu studieren hilft, ob die Nicht-Inanspruchnahme einer Lösungsmöglichkeit darauf beruht, dass der Klient das Problem an sich, die Bedeutung des Problems, die Lösbarkeit eines Problems oder seine persönliche Fähigkeit, etwas zu tun, abwertet. Je nachdem wie diese Einschätzung ausfällt, lassen sich daraus Strategien ableiten, dem Klienten eine angemessene Wertung dieser Aspekte zu ermöglichen.

Auch gibt es bei SCHIFF (et al. 1975) Begriffe wie Übergeneralisierung oder Überdetaillierung. Mit Übergeneralisierung ist ein Klientenverhalten gemeint, mit dem Probleme dadurch unlösbar gemacht werden, dass Fragestellungen auf zu generelle Schlussfolgerungen zugeschnitten werden, so dass nicht angemessen geklärt und entschieden werden kann.

Eine Überdetaillierung liegt dann vor, wenn der Klient konkrete Schilderung an konkrete Schilderung reiht, aber nicht bereit ist, daraus allgemeinere Überlegungen und Fragestellungen abzuleiten, aus denen wiederum die konkreten Situationen betrachtet und gesteuert werden könnten. So kann es dazu kommen, dass der Therapeut chronisch die Rolle übernimmt, aus konkreten Schilderungen, Prinzipien abzuleiten, anstatt dem Klienten selbst Überlegungen dazu abzuverlangen, worin das Problem bestehen könnte und welche Schlüsse daraus gezogen werden sollten.

2.4 Perspektiven der Entwicklung

Aus der Perspektive der Entwicklung werden das Erleben und Verhalten von Menschen als Erscheinungen vergangener, gegenwärtiger und zukünftiger Entwicklungen betrachtet. Dabei kann man aus jeder der drei bisher behandelten Perspektiven (Person, Beziehung, Wirklichkeit) auch auf lebensübergreifende Muster blicken.

2.4.1 Entwicklungspsychologische Fragestellungen

Entwicklungspsychologische Fragestellungen werden in der Tradition der Psychologie meist mit persönlichkeitspsychologischen Konzepten verknüpft. Entwicklungspsychologische Fragestellungen bieten auch Perspektiven für Persönlichkeit, die psychologisch Orientierte – wenn notwendig – berücksichtigen können sollten. Die Gegenwart als Durchgangsstadium in einer Entwicklung zu sehen ist eine spezielle Art, übergreifende Fragen zu stellen. Die Gegenwart wird als aus der Vergangenheit entstanden und auf die Zukunft bezogen konzipiert. Menschliches Erleben und Verhalten in der Gegenwart wird in Bezug auf Vergangenheit und auf sich anbahnende Zukunft interpretiert.

Manchmal scheint es unerlässlich, das beobachtete Erleben und Verhalten von Menschen in den Kontext ihrer Vergangenheit oder auch einer anstehenden oder zukünftigen Entwicklung zu stellen. Dabei können Entwicklungen vom Individuum ausgehend, aber auch von seinem Umfeld her betrachtet werden.

In der transaktionsanalytischen Konzeptbildung spielt die Untersuchung gegenwärtiger Erlebens- und Verhaltensweisen im Lichte der Tradition einer Bezugsgruppe (möglicherweise über Generationen hinweg) eine Rolle. Fragestellungen dieser Art könnte man **entwicklungsanalytische Fragestellungen** nennen.

Für den psychologischen Zweig **entwicklungsanalytischer Fragestellungen** (also für die Entwicklungspsychologie) spielen Konzepte der psychosexuellen Entwicklungsprozesse im Kindesalter eine wichtige Rolle. Ebenso zentral sind Konzepte von Entwicklung der Objektbeziehungen (MAHLER 1978), Konzepte der Entwicklung von Identität (ERIKSON 1966) oder andere Konzepte der Entwicklung im Erwachsenenalter. Ein weiteres Beispiel wäre hier die Individuationsbetrachtung von JUNG und seinen Schülern (JUNG et al. 1968). Zu traditionsanalytischen Fragestellungen gehören Konzepte der Mehrgenerationen-Perspektive (z.B. BOSZORMENYI-NAGY/SPARK 1981) der Vermächtnisse, Delegation und transgenerationaler Treuebindung (HELLINGER, in: WEBER 1993), des Episcripting – Weitergabe von problematischen Lebensplänen – (ENGLISH 1976) und Konzepte vom Umgang mit Entwicklungsaufgaben und Schuld und Sühne über Generationen hinweg.

Je mehr sich die Betrachtungsperspektiven auf den Menschen in außerfamiliären sozialen Systemen verlagern, desto wichtiger werden stärker gesellschaftsorientierte Entwicklungsbetrachtungen. Hier könnten Konzepte bezüglich der Familie im Wandel der gesellschaftlichen Bedingungen (etwa der Fragen koordinierter Berufswegeplanung von Mann und Frau) wichtig werden. Ebenso könnten Konzepte bezüglich professioneller Entwicklung sich als bedeutsam erweisen. Auch können Entwicklungsphasen eines Unternehmens oder der Märkte, in denen es operiert, für das Verständnis der Unternehmenskultur und der darin tätigen Menschen entscheidend sein. Darüber hinaus können Fragen geistiger und spiritueller Entwicklung (z.B. FRANKL, in: LÄNGLE 1986; OUSPENSKY 1966; KÜHLEWIND 1976) für viele Hilfestellungen nutzbringend reflektiert werden.

2.4.2 Die Lebensskriptanalyse

Viele Konzepte, die im Rahmen der Transaktionsanalyse entwickelt wurden, kann man unter dem Begriff Skriptanalyse zusammenfassen. Dabei wird von der Idee ausgegangen, dass Menschen – ohne dies bewusst erkannt zu haben – einer Gestaltungsidee bezüglich des eigenen Lebens folgen. Diese Gestaltungsidee ist von BERNE (1986) parallel zu der Metapher des griechischen Dramas als Lebensdrehbuch konzipiert worden. Entsprechend der traditionellen Lehre der Psychoanalyse nahm BERNE an, dass Kinder im Alter zwischen vier und sieben Jahren – geprägt durch ihr Naturell, unter dem Eindruck der erlebten Umweltsituation – Ideen entwikkeln und verfestigen, wie das eigene Leben verlaufen wird. In der Organisation des inneren Erlebens, in der Beziehungsgestaltung wie auch in der Konstruktion der eigenen Wirklichkeit würde dann dieses Lebensskript verwirklicht. Die Adler'sche Lebensstilanalyse (z.B. ADLER 1973) hat mit der Skriptanalyse von BERNE viel gemeinsam.

Unter dem Gesichtspunkt der Lebensskriptanalyse fragen Transaktionsanalytiker auch nach belastenden (traumatischen) Lebenssituationen des Klienten, die zu sogenannten Schlussfolgerungen über die eigene Person, über Beziehungen oder über die Qualität des Lebens bzw. das zu erwartende Schicksal geführt haben könnten. Diese könnten – ähnlich wie das in der Psychoanalyse angenommen wird – wiederholt in Szene gesetzt werden. Durch die Aneinanderreihung solcher Wiederholungen oder deren Kombination würde ein bestimmter Lebensentwurf mit bestimmten Konsequenzen verwirklicht werden.

Man kann sich aus dieser Perspektive z.B. vorstellen, dass ein Kind angesichts der Erfahrung in der eigenen Familie zur Schlussfolgerung kommt, dass Ehen nicht gut gehen können. Infolgedessen könnte dann dieser Mensch sein späteres Leben so gestalten, dass zwar eine Ehe geschlossen wird (vielleicht sogar um zu beweisen, dass dieser Glaube unwahr sei), dass diese Ehe aber so gestaltet wird, dass die kindliche Schlussfolgerung letztlich durch die eintretenden Ereignisse bestätigt scheint. Der Versuch, einem erwarteten Schicksal auszuweichen, aber doch an die darin enthaltene Prophezeiung zu glauben, wird mit dem Begriff des Anti-Skripts belegt.

Transaktionsanalytiker untersuchen in diesem Zusammenhang auch Beziehungen über Generationen hinweg, was in der Familientherapie die Mehrgenerationen-Perspektive genannt wird. Die Weitergabe von problematischen Lebenshaltungen über den Weg der Erziehung an die Kinder wird mit dem Begriff des Episcripting, also der Skriptweitergabe, benannt.

Neben einem an Einschränkungen orientierten Skriptbegriff, der von BERNE entwickelt wurde, gibt es neuere Konzepte des Skriptverständnisses, wie etwa das von ENGLISH (1980). Hier werden Antriebe und Ideen zur Lebensgestaltung auch als positive organisierende Kräfte im Leben des Einzelnen und in sozialen Gefügen betrachtet. Lediglich negative Regelmäßigkeiten oder emotional verfestigte Gewohnheiten werden unter dem Etikett der Überlebensschlussfolgerungen neu befragt und durch sogenannte Umentscheidungen aufgelöst. So kann die schöpferische Kraft in einem Lebensentwurf den jeweiligen Lebensbedingungen und Eigenarten der Person entsprechend befreit werden.

Viele Ideen der TA sind sicher in anderen psychologischen Orientierungen in ähnlicher Weise vorhanden. Doch zeichnet sich die TA durch eine Reihe von sehr praktischen und auch auf einfachem Niveau sehr nützlichen Befragungsschemata aus.

Ein Beispiel dafür sind die fünf Skriptmuster, die häufig vorkommende Lebensregeln beschreiben. Zur Illustration möchte ich aus diesen das Danach-Skriptmuster herausgreifen. Dessen Grundmuster: Nach Gutem, Befriedigendem muss Schlechtes, Schwieriges folgen! Man untersucht Erlebens- und Verhaltensabläufe in der kurzfristigen wie in der langfristigen Perspektive darauf hin, wo diese Erwartung den Gang der Dinge, mindestens aber die Atmosphäre und das Lebensgefühl bestimmen oder bestimmt haben. Es scheint, als würden viele Menschen in ihrem Leben insgesamt oder in bestimmten Lebensbereichen so leben, als würde ein Damoklesschwert über ihnen hängen. Sie erwarten, selbst wenn oder gerade wenn ihr Leben positiv verläuft, ein dem jetzigen Glück entsprechendes und daher ausgleichendes Unglück. Kennzeichnend für solche Erwartungen sind Sprüche wie: »Nach Sonne kommt Regen«, »Vögel, die morgens singen, frisst abends die Katze«, »Man soll den Tag nicht vor dem Abend loben« usw.

Man kann solche Skriptmuster ganz unterschiedlich interpretieren. – Etwa als Ausfluss magischen Denkens, welches gewohnheitsmäßig erwartet, dass nach etwas Gutem immer etwas Schlechtes kommt. Im Sinne einer ›self-fulfilling prophecy‹ ruft der Betroffene dieses Schlechte auch hervor, oder genießt zumindest das Gute in der Erwartung des Schlechten nicht. Man kann sich auch vorstellen, dass ein Mensch solcher Überzeugung eine Art inneres Maß entwickelt hat, was ihm an Erfolg, an Leistung oder an Fröhlichkeit o.ä. zusteht und meint, nur um dieses (meist geringe) Maß herum oszillieren zu können. Nach einer erlittenen Niederlage darf er sich gut und frei fühlen, bis er sich nach der inneren Regel zu gut fühlt und etwas Dämpfendes auf sich zieht. Man kann sich hier Menschen vorstellen, die sehr heftige Oszillationen zeigen – bis hin zu Erscheinungsbildern, die man psychiatrisch als manisch-depressiv einordnen würde. Man kann sich auch vorstellen, dass jemand aus diesem Erlebnisrahmen heraus versucht, nicht zu erfolgreich oder zu freudig zu sein – oder es wenigstens nicht offen zu zeigen, um die entsprechende Buße nicht erleiden bzw. an sich selbst nicht vollziehen zu müssen.

Als Entstehungsgrund eines solchen Skriptmusters sind tatsächliche Einbrüche in Lebensschicksale der Sippe vorstellbar. Eltern, die ein Vertriebenenschicksal erlitten haben, könnten ihren Kindern ständig vermittelt haben, dass sie sich in der neuen Welt nicht zu sehr heimisch machen dürfen, weil dies einen drohenden Verlust (wie in ihrem eigenen Leben) um so schmerzlicher machen würde. Also kann man sich auch hier eine Mehrgenerationen-Loyalität vorstellen. An Schicksalen wird durch deren Nachahmung, zumindest im Erleben, Anteil genommen.

2.5 Nützliche methodische Figuren

Die TA bietet auch eine Reihe von eigenen methodischen Figuren, die insbesondere einen hohen didaktischen Nutzen für die Fort- und Weiterbildung haben. Zu erwähnen sei hier z.B. der Kontrakt. In der Psychotherapie ist ein Behandlungsvertrag eine Klärung und Vereinbarung zwischen Klient und Therapeut, was das Ergebnis der gemeinsamen Arbeit sein soll und wie dieses Ergebnis erarbeitet werden soll. Jeder Praktiker ist angehalten, mit seinem Klienten in überprüfbaren Begriffen einen von beiden geteilten, vernünftigen und von Fachkollegen nachvollziehbaren Kontrakt abzuschließen. Dieses didaktische Mittel verlangt dem Praktiker ab, sich Rechenschaft über die professionelle Beziehung abzulegen und die zu erbringende Dienstleistung angemessen zu planen sowie Arbeitsfortschritte zu bewerten. Ein solcher Kontrakt hält auch im Bewusstsein, dass – bei allem menschlichen Berührstein – eine Dienstleistung gegen Bezahlung die Beziehung begründet und eine auf das zu erreichende Ziel zweckbezogene Angelegenheit ist.

Aus der Perspektive der Kontrakte werden z.B. Therapiebeziehungen auch auf unausgesprochene problematische Therapieverträge hin untersucht. Zum Beispiel scheint beim »Endlos-Therapie-Vertrag« ein längeres Miteinander-Arbeiten, jedoch nicht das Erreichen von Zielen vereinbart. Beim sogenannten Eltern-Ich-Vertrag wird ein zu erreichendes Therapieziel zur Beruhigung des Gefühls, es müsste eigentlich etwas geschehen, verabredet. Oft ist nicht hinreichend geprüft, ob das erklärte Vorhaben aus anderen Perspektiven der Persönlichkeit heraus sinnvoll ist und mitgetragen wird.

Einen formalen Vertrag abzuschließen ist eine Hilfe für eine bewusste und geklärte Arbeitsbeziehung und Rollenverteilung. Wer einen solchen Vertrag formal und inhaltlich qualifiziert abschließen kann bzw. die gegenwärtige Arbeitsbeziehung in Begriffen eines Zielerreichungs- und Dienstleistungsvertrages klar nachvollziehbar beschreiben kann, braucht das formale Instrument ›Vertrag‹ weniger. Es reicht ein »Monitoring« aus der Kontraktperspektive.

II.

PERSPEKTIVEN PROFESSIONELLER STIMMIGKEIT

3. PROFESSIONALITÄT, PERSÖNLICHKEIT UND BEGEGNUNG

In diesem Kapitel begegnen sich Professionalität, Persönlichkeit und Wesensentwicklung im Beruf. Dazu werden die entsprechenden Konzepte von Professionalität, von professioneller Begegnung und von Persönlichkeit in einer Weise neu formuliert, dass sie zueinander komplementär und für professionelles Arbeiten jenseits klassischer psychologischer Konzepte geeignet sind. Insbesondere Persönlichkeit wird als Summe der gelebten Rollen auf den konkreten Lebensbühnen verstanden, durch die sich die Wesensart des Individuums ausdrückt. Zur Auseinandersetzung mit Persönlichkeitsentwicklung und mit menschlichen Begegnungen auf dem beruflichen Lebensweg hat sich die Theatermetapher als hilfreich erwiesen. Im Dialog mit sich selbst und mit Kommunikationspartnern wird das Zusammenspiel von bewusst-methodischen und unbewusst-intuitiven Steuerungen bei gemeinsamen Wirklichkeitsinszenierungen erläutert. Schließlich wird dargestellt, was sich hinter dem Begriff *Professionelle Individuation* verbirgt. Im Anhang werden zwei bewährte Übungen zur Verfügung gestellt, mit deren Hilfe sich Menschen intuitiv über wesentliche Merkmale ihres beruflichen Sinngefüges klar werden und dessen Zusammenspiel mit den Inszenierungen in Organisationen studieren können.

3.1 Professionalität

3.1.1 Professionen

Professionen sind Berufe, die einen schöpferischen Umgang mit hoher Komplexität verlangen und von denen Menschen erwarten, dass sie ein erfülltes Berufsleben bieten. Immer mehr Berufe entwickeln sich in diese Richtung.

3.1.2 Professionalität

Berufliche Tätigkeiten werden zunehmend in dem Bewusstsein ausgeübt, dass man es mit hoch komplexen Fragestellungen zu tun hat, für deren Beantwortung **kein** Repertoire an gewohnheitsmäßigen Konzepten und Methoden ausreichend sein kann. Komplexe Herausforderungen können letztlich nur aus einer stimmigen professionellen Identität und einem geläuterten Verständnis, wofür man steht, beantwortet werden. Professionalität meint daher das Zuhause-Sein in einer Profession. Professionalität ist in erster Linie **personale** Professionalität, d.h. sie ist vom Selbstverständnis und vom Können von Personen abhängig und somit in ihrer Persönlichkeit verankert.

Insofern ist Professionalität nicht zu begreifen, wenn man sich nicht gleichzeitig mit Persönlichkeit auseinander setzt. Professionelle Qualifizierung bedeutet daher auch Persönlichkeitsentwicklung.

Von »professionell« spricht man ebenfalls, wenn man einer Organisation, einem Produkt oder einem Marktauftritt Qualität bescheinigen möchte. Wenn mit Professionalität mehr gemeint ist als »hochwertig«, dann ist es das Können und das gelebte Berufsverständnis von Menschen in anspruchsvollen Tätigkeiten.

3.1.3 Professionelle Begegnungen

Professionelle Begegnungen sind das Medium, in dem sich Professionalität mitteilt. Professionelles Handeln findet meist in Beziehungen statt. Ob professionelle Begegnungen gelingen, hängt vom Zusammenspiel der beteiligten Menschen ab, und zwar in vielen Dimensionen. Im Folgenden wird dieses vielschichtige Zusammenspiel in Organisationen und in professionellen Beziehungen praxisrelevant beschrieben. Hierbei liegt der Schwerpunkt auf der Persönlichkeitsentwicklung. Die komplementäre Seite, die Organisations- und Kulturentwicklung, wird an anderer Stelle dargestellt (Schmid 2002d).

3.1.4 Professionelle Kompetenz

Professionelle Kompetenz erfordert Rollenkompetenz und Kontextkompetenz, also ein Verständnis der möglichen Rollen und der Varianten ihres Zusammenspiels in einem bestimmten Umfeld. Ohne professionelle Kompetenz kann Professionalität nicht in guter Weise zum Ausdruck gebracht werden. Nimmt man den Sinn, auf den hin Menschen ihre seelische Kraft zur Verfügung stellen, dazu, so kann man folgende Formel ansetzen:

Professionelle Kompetenz = Rollenkompetenz x Kontextkompetenz x Sinn.

Es ist leicht einsichtig, dass z.b. hohe Rollenkompetenz in Beratung bei hohem seelischen Interesse an bestimmten Themen dennoch zu wenig führt, wenn der Berater die Zusammenhänge, in denen sich die Klienten bewegen, nicht versteht. Zwar kann man immer irgend etwas Interessantes tun und damit vielleicht auch auf Interesse stoßen, doch braucht es zum verantwortlichen Arbeiten hinreichende professionelle Urteilsfähigkeit auch bezüglich des Kontextes. Umgekehrt fügt sich trotz Abstrichen bei der Rollen- und Kontextkompetenz manches, wenn Ideen entwickelt werden, die das seelische Interesse anderer finden und andere inspirieren.

3.1.5 Professionelle Identität

Professionelle Identität hat mit Organisationen übergreifenden Standards und der Professionskultur einer professionellen Gemeinschaft zu tun. Beim Hineinwachsen in eine solche Gemeinschaft lernt man deren komplexes Repertoire kennen. Noch bedeutsamer, wenn auch weniger auffällig ist, dass man eine bestimmte Professions- und Lernkultur verinnerlicht. Man kann sich nicht einfach ein fertiges Berufsverständnis einverleiben, sondern muss sich ein persönlich-professionelles Profil im Rahmen einer professionellen Gemeinschaft erwerben. Man muss – obwohl in einer Gemeinschaft verankert – zu einer ganz persönlichen Professionalität finden. Professionelle Identität bringt Menschen persönliche Freiheit. Durch professionelle Identität kann die um sich greifende Unsicherheit bezüglich Rollen in und Zugehörigkeiten zu Organisationen ausgeglichen werden.

3.1.6 Persönlichkeitsentwicklung

Menschen suchen im Beruf nicht nur Erfolg, sondern auch Lebensqualität und Selbstverwirklichung. Die Tätigkeiten und beruflichen Lebenswege wollen mit dem Empfinden von Sinn in Übereinstimmung gebracht werden. Dieses Empfinden ist so verschieden wie Menschen nun mal verschieden sind und zudem verändert es sich im Laufe des Lebens. Gelingt Persönlichkeitsentwicklung in einer seelisch bedeutsamen Weise auch im Beruf, bleibt die Seele für die eigene Person sowie für Aufgaben, Arbeitgeber, Kunden und Partner engagiert. Wenn Identität und Orientierung am Sinn verloren gehen, schwinden persönliche Kraftfelder (SCHMID/ HIPP 1998i/2002). Situationen können dann schnell skurril, von vagabundierenden Sehnsüchten geleitet oder schlicht chaotisch werden.

Für professionelle Fragen geeignete Persönlichkeitskonzepte sollten beschreiben, wie Menschen sich im Zusammenspiel mit anderen Menschen in beruflichen Kontexten verhalten und entwickeln. Persönlichkeit ist untrennbar an unser Mitwirken in den Lebensvollzügen der Welt gebunden. Sie sollten auch beschreiben, wie Menschen dabei ihr unverwechselbar eigenes Wesen entfalten und zum Ausdruck bringen.

3.1.7 Personalentwicklung

Personalentwicklung im Bereich anspruchsvoller Professionen verlangt ein tiefergehendes Verständnis menschlicher Eigenarten und dafür, wie sich diese in Professionen und Organisationen inszenieren. Professionelle Beziehungen in Organisationen sind daher kaum ohne die Eigenarten der Menschen, die sich hier begegnen, sinnvoll zu beschreiben. Organisationsentwicklung ohne die dazu passende Personalentwicklung bleibt Stückwerk.

3.1.8 Kulturentwicklung

Kulturentwicklung (SCHMID 2002d) bedeutet für die Leistungsfähigkeit und Identität von Organisationen soviel wie Persönlichkeitsentwicklung für die berufliche Leistungsfähigkeit und Sinnerfüllung einzelner Menschen. Entsprechend müssen Konzepte der Kulturentwicklung und der Persönlichkeitsentwicklung sowie die aus ihnen abgeleiteten Maßnahmen aufeinander abgestimmt werden. Beides ist in Bezug zu den Zielen, Strukturen und Leistungsprozessen der Organisationen zu setzen. Fragen der Kultur- und Persönlichkeitsentwicklung sollten offen »gehandelt« werden, sonst entsteht ein mitunter kontraproduktiver »Schwarzmarkt« neben der offiziellen Organisations- und Personalentwicklung.

3.2 Persönlichkeit

3.2.1 Persönlichkeit begreifen

Persönlichkeit kommt von *personare*, etwas tönt hindurch. Das, wodurch es tönt, sind die Rollen, die Menschen einnehmen. Menschen spielen immer irgendwelche Rollen in irgendwelchen Inszenierungen des Lebens. Daher sind es diese Rollen, in denen Persönlichkeit zum Ausdruck kommt. Sein eigentliches Menschsein außerhalb der konkreten Inszenierungen des Lebens anzusiedeln, birgt die Gefahr, dass man die Wahl und das Ausfüllen von Rollen nicht ernst genug nimmt und führt leicht in Illusionen nach dem Motto:»Eigentlich bin ich ganz anders. Ich komme nur so selten dazu.« Welche Rollen wir spielen und wie wir sie spielen ist also entscheidend dafür, wer und wie wir sind.

Das, was hindurch tönt, ist die unverwechselbare Eigenart, die jeder Mensch als sein Wesen mitbringt und entwickelt. Man spricht auch von der Seele eines Menschen, ja manchmal sogar von der Seele einer Organisation. Solche Begriffe sind schwer zu definieren und doch weiß jeder, wovon die Rede ist. So wie es körperliche Eigenarten gibt, die eine Entfaltung des Körpers in den jeweiligen Umgebungen mitdefinieren, so gibt es auch seelische Eigenarten, die in der Persönlichkeitsentfaltung zum Ausdruck kommen. Welche Rollen ein Mensch in welchen Welten auch spielt, so wird er dabei seiner Eigenart Ausdruck verleihen und sich zu einem Menschen mit den Eigenarten und Bestimmungen entwickeln, die seinem Wesen entsprechen. Ein unter diesen Gesichtspunkten betrachteter Entwicklungsweg zu einer eigenen Version seiner selbst nannte CARL GUSTAV JUNG (SCHMID/CASPARI 1998c) Individuation.

3.2.2 Die Theatermetapher

Zur bildhaften Beschreibung von Persönlichkeit eignet sich **die Theatermetapher** (SCHMID/WENGEL 2002a).

Die Lebensvollzüge werden als eine Folge von Szenen auf den Bühnen des Lebens betrachtet. Durch diese Betrachtung werden Persönlichkeitsfragen konkret in Zeit und Raum geholt. Man kann dabei verschiedene Lebenswelten unterscheiden und entsprechend die Inszenierungen, die Bühnen, die Erzählungen, die Rollen und das Zusammenspiel der Mitwirkenden in den verschiedenen Lebenswelten identifizieren. Für jeden Menschen können Portfolios der gelebten Rollen, der betretenen Bühnen und der dort aufgeführten Stücke usw. beschrieben werden. Diese Portfolios machen die Persönlichkeit im Lebensvollzug aus. In der Auseinandersetzung mit ihnen wird oft die gelebte, aber auch die noch brachliegende Persönlichkeit deutlich.

Die aufeinander folgenden Lebensinszenierungen und deren seelische Qualitäten fügen sich zu Lebenswegen und erlebtem Lebenssinn zusammen.

Die meisten Menschen kommen intuitiv mit Bildern des Theaters leicht zurecht, wenn sie über Veränderbarkeit von Lebensinszenierungen und damit ihrer Persönlichkeit nachdenken. Auch psychologisch wenig Vorgebildete bzw. Interessierte können durch Benutzung der Theatermetapher leicht typische Merkmale der eigenen Lebensinszenierungen identifizieren und sich sprachlich mit anderen darüber austauschen.

Schwierige Situationen bekommen etwas Spielerisches, Konkretes und Übersichtliches. Die Situationen werden wieder dynamisch und gestalterisch offen. Man kann überlegen, wo Bedarf ist und wie für Veränderungen angesetzt werden könnte. Die Arbeit mit Metaphern mobilisiert kreative Kräfte – sowohl bei uns selbst als auch bei unseren Gesprächspartnern.

Man kann also Persönlichkeit verstehen als das Portfolio der Bühnen, auf denen das eigene Leben spielt, der Erzählungen (Stories), die dort entfaltet werden, der Rollen, die darin vorkommen und die man selbst spielt, usw. Die Theatermetapher bietet viele Unterscheidungen, die für die Beschreibung der Lebensinszenierungen, in denen sich Persönlichkeit zum Ausdruck bringt, hilfreich sein können. Mit der Theatermetapher kann auch Organisationskultur befragt werden, also Einzelbeziehungen, Teams, Organisationen oder Branchen.

In der Praxis haben sich z.B. folgende Ebenen als nützlich erwiesen:

- **Inszenierungen insgesamt**, die fast wie ein Markenzeichen für eine Person und ihren Lebensstil gelten können. Solche Inszenierungen kann man in Teilperspektiven aufgliedern, nämlich:
- **Themen:** Jeder hat Themen, auf die er immer wieder zu sprechen kommt oder die durch das, was der Mensch sagt oder tut, ja sogar durch das, was ihm widerfährt, hindurchscheinen.
- **Stories:** Hier sind typische Abläufe gemeint, in denen sich die Inszenierung der Themen vollzieht.
- **Bühnen:** Hier sind die typischen Umgebungen gemeint, in denen sich die eigenen Lebensereignisse abspielen.

- **Rollen:** Hier sind die typischen Rollen gemeint, die in typischen Inszenierungen vorkommen und die einem selbst zufallen oder auf die bezogen man spielt.
- **Inszenierungsstile:** Hier ist die Art und Weise gemeint, wie inszeniert wird. Auch dies kann zum besonderen Merkmal einer Persönlichkeit werden.

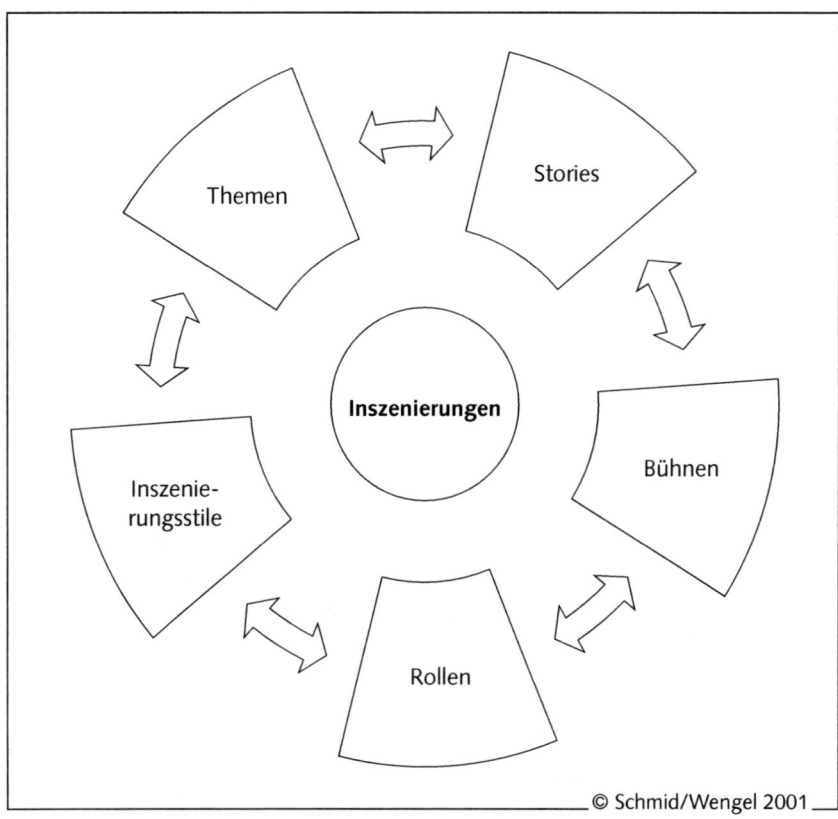

Abb. 2: Das Perspektivenmodell der Theatermetapher

3.2.3 Das Drei-Welten-Modell der Persönlichkeit

Für die Beschreibung der Lebenszusammenhänge zwischen den Welten, in denen Menschen sich bewegen, eignet sich besonders das *Drei-Welten-Modell der Persönlichkeit.*

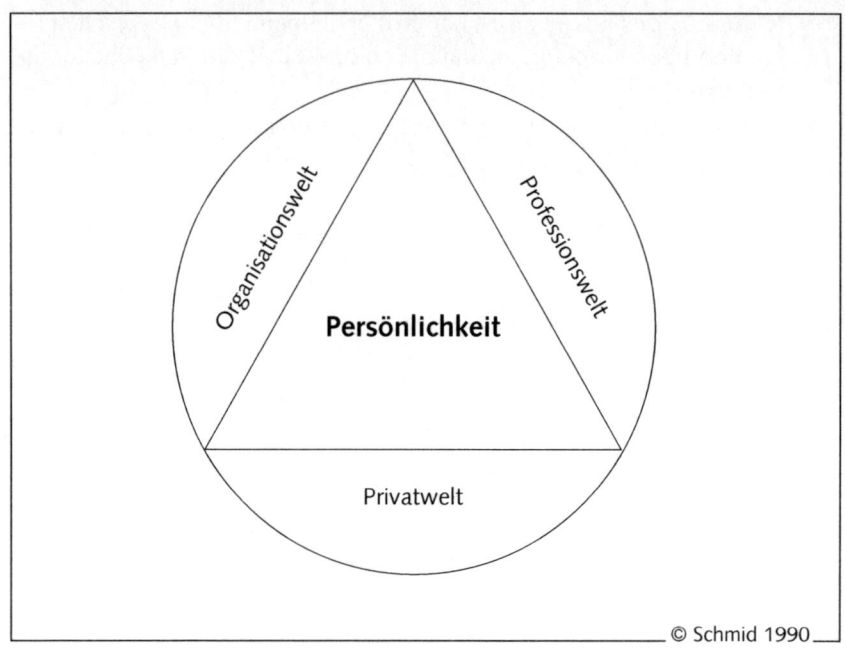

Persönlichkeit

Organisationswelt

Professionswelt

Privatwelt

© Schmid 1990

Abb. 3: Das Drei-Welten-Modell der Persönlichkeit

Das Drei-Welten-Modell beschreibt eine in den Rollen von drei Welten gelebte und entwickelte Persönlichkeit. Unterschieden werden die Privatwelt, die Organisationswelt und die Professionswelt. Während die Unterscheidung von privater und beruflicher Welt spontan einleuchtet, bedarf die Unterscheidung zwischen Professions- und Organisationswelt einer Erläuterung.

Häufig haben Menschen ihre Professionalität in bestimmten Organisationen erworben. Die Wirklichkeitsgewohnheiten dieser Organisationen sind als Selbstverständlichkeit in die persönliche Professionalität eingegangen. Dieser »Stallgeruch« ist meist auch gewollt und erleichtert die Orientierung und Abstimmung in Organisationen. Professionelle Identität und konkrete berufliche Lebenswege lösen sich heute aber zunehmend von bestimmten Organisationen, ja Branchen ab. Zunehmende Unsicherheit und kritischere Prüfung der Beiträge der Einzelnen zum Organisationserfolg haben die Ansprüche an Individualität und persönliches Unternehmertum erhöht. Eine eigene Gestaltung der Professionswelt ist gefragt. Man muss wissen, wer man ist – auch ohne eine bestimmte Rolle in einer bestimmten Organisation. Lebenswege und Selbstverständnisse in der Welt der Professionen werden eigenständig neben den Karrieren und Funktionen in bestimmten Organisationen entwickelt. Der Dialog zwischen diesen beiden Welten und schließlich mit der Lebenswelt als Privatmensch hilft jeweils gute Distanz zu entwickeln und aus dieser das Wechsel- und Zusammenspiel der Welten zu organisieren. Ob dieses Zusammenspiel gelingt, ist eine Frage von Balance, von Machbarkeit und Stimmigkeit.

3.2.4 Balancen zwischen den Lebenswelten

Mit Hilfe des Drei-Welten-Modells der Persönlichkeit kann man sich auch fragen, wie das Engagement in den verschiedenen Lebenswelten balanciert ist. Nur auf eine oder zwei Welten zu setzen, mag für bestimmte Lebensphasen richtig sein. Doch ist auf Dauer zu prüfen, wie man in allen drei Welten seinen Platz finden will. Wer kennt nicht Menschen, die ausschließlich auf ihre Wichtigkeit in einer bestimmten Organisation setzen. Sie sind bereit, dafür ihr Privatleben auf kleinster Flamme zu halten, familiäre Belastungen, Kinderlosigkeit oder Einsamkeit in Kauf zu nehmen. Wenn sich dann doch der Wind dreht, sei es durch eine neue Führung, durch Fusionen oder schlicht durch Zerfall der eigenen Organisation oder Branche, dann geraten solche Menschen in eine Krise, weil sie kaum Rückhalt im Privaten oder in einer professionellen Gemeinschaft haben. Diese Heimat brauchen sie aber, um nicht einfach nur einer Ersatzposition nachjagen zu müssen, sondern um dem eigenen Kompetenzprofil, der seelischen Stimmigkeit im Tun und gemäß der aktuellen Lebensphase ein neues Engagement in einer anderen Organisation zu wählen.

Man kennt aber auch Menschen, die ihre Lebens- und Gesellschaftsvorstellungen fast ausschließlich im Privaten entwickeln oder von einer professionellen Selbstfindung zur nächsten driften, ohne sich in verantwortlichen Rollen innerhalb von Organisationen zu bewähren.

Bildhaft kann man sich einen dreibeinigen Hocker vorstellen, auf dem man mit erhobenem Haupt möglichst aufrecht stehen möchte. Die Länge jedes Hockerbeines steht für die persönliche Selbstverwirklichung in einer der drei Welten. Nun kann man leicht damit spielen, wie der eigene Hocker und die Haltung auf ihm derzeit beschrieben werden kann.

Kombiniert mit der Theatermetapher kann man solche Stimmigkeits- und Gleichgewichtsüberlegungen nach Rollen, Bühnen, usw. differenzieren. Sich hier immer wieder in der Überarbeitung des eigenen Lebensentwurfs zu üben, bereitet auch gut auf Zeiten vor, in denen sich Interessen, Möglichkeiten und Kräfte existentiell verändern. Die Übung lohnt, wesentliche Lebensqualitäten auf verschiedenen Bühnen der drei Lebens-welten zu verwirklichen und das für die eigene Sinnerfüllung Wesentliche auf andere Bühnen oder Rollen zu übertragen. Man kann dann die Le-benskreise verändern, größer oder auch kleiner ziehen, ohne Wesentliches aufgeben zu müssen.

3.2.5 Machbarkeit und Stimmigkeit

Wir leben in einer zentrifugalen Zeit. Professionelle sehen sich in vielerlei Hinsicht einem Zuviel an Möglichkeiten und Anforderungen gegenüber. Das Spektrum an Rollen, Verantwortlichkeiten, Einsatzorten, bedeutsa-men Kontexten, Anforderungen an Kompetenz und Einsatzbereitschaft nimmt bei denen, die in einer mobilen Hochleistungsgesellschaft mitzu-halten versuchen, zu. Gerade die Begabten und die Leistungsstarken se-hen sich von allen Seiten verlockt und gefordert. Man möchte am liebsten in alle Richtungen gleichzeitig loslaufen und läuft dabei Gefahr, auf der Stelle zu treten oder die eigene Mitte zu verlieren. Speziell das Gefühl, nur für wichtige, nicht aber für wesentliche Dinge Zeit aufbringen zu kön-nen, nimmt zu (SCHMID/HIPP 1998v/2001). Letztlich steht aber nur eine Lebens-Zeit und ein Lebens-Raum zur Verfügung. Und viele Menschen fühlen sich zerrissen, wenn sie versuchen, doch mehr als eigentlich mög-lich dort unterzubringen. Allerdings sind häufig auch die Möglichkeiten, die Dinge besser zueinander zu fügen, nicht voll ausgeschöpft.

Integration meint, die Anforderungen und Möglichkeiten der drei Le-benswelten möglichst geschickt zu verknüpfen.
Jeder kennt Menschen, die für ihre beruflichen Entwicklungswünsche, aber auch für ihre Laufbahn in einem großen Unternehmen, und dazu noch für ihr privates Leben interessante Pläne und Möglichkeiten haben, die aber leider weder zusammen passen, noch in einem Zeitbudget unterzu-bringen sind.

Integrität meint nicht nur »zuverlässig sein«, sondern auch auf Leben-digkeit von Geist und Seele zu achten und zwar auf Geist und Seele von Mensch, Inhalt und Organisation. Im Umgang mit der eigenen Persön-lichkeit meint es, in Inszenierungen so mitzuwirken, dass Wesentliches in den gelebten Rollen zum Ausdruck kommen kann. Die eigene Mitte im-mer wieder zu finden ist entscheidend dafür, sinnvolle Prioritäten setzen zu können und von anderen als stimmig erlebt zu werden. Integrität so verstanden und umgesetzt hilft, den zentrifugalen Kräften zentripetale entgegenzusetzen und aufgrund einer starken Mitte sich auch bei hohen Drehzahlen nicht zu verlieren.

3.2.6 Die Coachingperspektive

Coaching erfährt zunehmend Interesse und Wertschätzung. Unter Coaching werden dabei allerdings die verschiedenartigsten Dienstleistungen und sogar auch Führungsstile eingeordnet. Wir verwenden den Begriff spezifischer im Sinne eines Persönlichkeitscoachings bzw. eines Umgangs mit Persönlichkeitsbelangen in Organisationen. Anhand des Drei-Welten-Modells kann diese Coachingperspektive erläutert werden. Persönlichkeit zeigt und entwickelt sich im Zusammenspiel der Rollen, die wir auf den Bühnen der Professions-, Organisations- und Privatwelt einnehmen. Es geht um die besondere Kompetenz, Wechselwirkungen zu verstehen und Einzelnen wie Organisationen zu helfen, mit diesen umzugehen. Persönlichkeitscoaching in diesem Sinne ist immer auch Integrations- und Integritätsberatung.

Ein Beispiel: Die 50-jährige Führungskraft X ist ein halbes Jahr nach dem betriebsbedingten Umzug an den Standort eines anderen Werkes seines Konzerns in eine depressive Krise geraten. Man erfährt, dass die Ehefrau neben der Kinderversorgung keine neue Tätigkeit gefunden hat und wegen der zunehmenden Abwesenheit und Angespanntheit von X die Ehe in Frage stellt. Herr X hat in seiner neuen Funktion für wesentlich mehr Menschen Führungsverantwortung übernommen, mit der er jedoch nicht zurechtkommt. Er fühlt sich in dem auch sonst raueren (neuen) Klima nicht wohl und sucht Sicherheit, indem er mit großem Zeitaufwand seine Fachkompetenz ausbaut. Liegt eine bisher schwelende und jetzt aufbrechende Ehekrise vor? Dann wären vielleicht paartherapeutische Maßnahmen angesagt. Wollte X es sich in der Krise der Lebensmitte noch einmal beweisen und hat zu große Schuhe angezogen? Dann wäre Lebenskrisenberatung von X angesagt. Könnten die Schuhe nicht passend gemacht werden durch Änderung des Zuschnitts seiner Abteilung, seiner Zuständigkeit oder durch Entlastung durch einen Stellvertreter mit komplementären Talenten? Dann wäre Organisationsberatung eine geeignete Maßnahme. Vielleicht hat X unter den für ihn bislang persönlich günstigen Umständen nicht gemerkt, dass er mehr professionelle Qualifizierung braucht, damit der Berufswechsel von der Fach- zur Führungskraft gelingt. Dann wäre professionelle Qualifizierung angesagt. Ein Persönlichkeitscoaching könnte klären, welche Wechselwirkungen innerhalb

> *und zwischen den Lebenswelten plausibel sind und welche Maßnahmen wo angesetzt werden können, um adäquat Hilfestellung zu leisten.*

Neben Ortskenntnissen in den Lebenswelten geht es im Coaching um die Fähigkeit zum Urteil darüber, wie Entwicklungen im Wechselspiel verstanden werden können und wo jeweils der nächste Schritt mit kleinstem Aufwand angesetzt werden kann. Maßnahmen sollen Unterschiede machen, die auch in anderen Welten positive komplementäre Entwicklungen anstoßen. Ein systemischer Coach muss hierfür mit sich selbst und dem Klienten in eine vielschichtige und sensible Begegnung eintreten, auch um der Person und den Vorhaben gemäße Wertigkeiten herauszukristallisieren. Durch die Ausrichtung an solchen Wertigkeiten können Überschaubarkeit und Handlungsfähigkeit wieder hergestellt werden. Der systemische Coach ist Spezialist für Zusammenhänge und Wechselwirkungen. Spezielle Helferberufe für die drei – einzelnen – Lebenswelten gibt es schon wie z.B. Weiterbildner, Organisationsberater oder Psychotherapeuten. Für die besondere Kompetenz der Zusammenschau der drei Perspektiven im Dienste der Menschen im Beruf wird Persönlichkeitscoaching eine besondere Bedeutung erlangen (Schmid 1990d/2000).

3.3 Begegnung

Für das Verständnis professioneller Begegnungen wurden von systemischer Seite her neue Perspektiven eingeführt. In der professionellen Begegnung koppeln sich jeweils Selbstorganisationssysteme aneinander und über gelebte Beziehungswirklichkeiten werden gesellschaftliche Wirklichkeiten erzeugt. Schon Viktor Frankl (1998) hat zwischen Beziehung und Begegnung unterschieden. Unter Beziehung wird hier das Entstehen von Kraftfeldern verstanden, die sich aus den Kombinationen der Eigenarten der Beteiligten ergeben können. Diese möglichen Kraftfelder (»Blaupausen«) der Beziehung kann man vielleicht im Voraus intuitiv erfassen, jedoch werden sie oft erst in der tatsächlichen Begegnung erkennbar. Diese Vorgaben liegen einerseits in den persönlichen Wesensarten der sich begegnenden Menschen begründet, entstehen aber andererseits auch in ihren Kontexten, z.B. im Rollengefüge einer Organisation. Stellt man sich im Gerichtssaal einen zwanghaft-gestrengen Staatsanwalt, einen nachgiebig-lebenslustigen Richter und eine verführerische Angeklagte vor, so entsteht sofort ein Gefühl für mögliche Beziehungsdynamiken – auch wenn die Begegnung noch gar nicht stattgefunden hat. Man kann sich Possen, tragische Verläufe und konstruktives Miteinander ausmalen. Die Herausforderung besteht darin, die hochwertigen Beziehungsvarianten in der Begegnung zu realisieren (SCHMID/CASPARI 1998e/2002). Ob dies gelingt, ist auch eine Frage der Begegnungskompetenz.

3.3.1 Kommunikation als Kulturbegegnung

Das klassische Sender-Kanal-Empfänger-Modell der Kommunikation geht von einem prinzipiell berechenbaren Austausch von Botschaften aus. Wenn die Botschaft richtig gesendet und der Kanal in Ordnung ist, muss sie identisch beim Empfänger ankommen. Dies erwartet man als Normalfall. Tritt dieser nicht ein, geht man von zu beseitigenden Kommunikationsstörungen aus. Implizit erwartet A meist auch, durch richtige Instruktion B zu dem beabsichtigten Verständnis und oft auch zum gewünschten Verhalten veranlassen zu können.

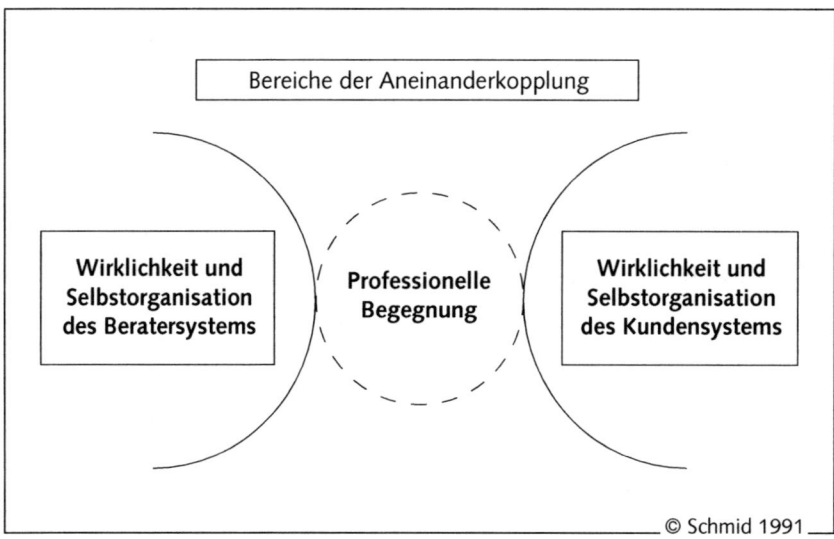

Abb. 4: Kulturbegegnungsmodell der Kommunikation

Wie im vorigen Kapitel dargestellt, ist aus systemischer Perspektive eher als Normalfall anzusehen, dass sich zunächst fremde Kulturen begegnen, die jeweils ganz auf ihre eigene Wirklichkeit bezogen sind. Hierbei einen Raum für Begegnung und Gemeinschaftswirklichkeit herzustellen ist die vordringlichste Aufgabe jeder Kommunikation. Dass ohne solche Bemühungen zufällige oder nicht gewünschte Gemeinschaftswirklichkeiten bzw. Qualitäten der Begegnung entstehen, ist aus dieser Sicht jederzeit zu erwarten. Daher ist Kulturbegegnungskompetenz entscheidend für bewusste und kreative Kommunikation.

Zudem geht man davon aus, dass zwischen lebenden Systemen nur nichtinstruktive Interaktion (Heinz von Foerster 1985) möglich ist. Das heißt, man erwartet, dass B aus den Äußerungen von A auswählt und mit einer der eigenen Wirklichkeitslogik entsprechenden Verhaltensanpassung reagiert.

Beide Kommunikationsmodelle haben ihre gültigen Perspektiven und können komplementär genutzt werden.

3.3.2 Intuition in der Begegnung

Ob Kommunikation gelingt, hat demnach sehr viel damit zu tun, welche Seite der eigenen Wirklichkeit dabei ins Spiel kommt, welche man durch Auslöser bei sich aktiviert bzw. welche Bereitschaften man im anderen System erkennt oder wecken kann. Dies ist ein kochkomplexer Vorgang, der ohne Intuition nicht bewältigt werden kann.

Wie Intuition funktioniert, ist weitgehend unbekannt. Es ist zu vermuten, dass losgelöst von der relativen Schwerfälligkeit inhaltlicher oder logischer Zusammenhänge anhand von Ähnlichkeiten Bezüge zwischen Wirklichkeitsebenen und -erfahrungen hergestellt werden (Schmid et al. 1999b). Es ist davon auszugehen, dass Menschen bereits in den ersten Sekunden einer Begegnung intuitive Bilder übereinander haben. Dabei bleibt offen, über wen diese Bilder etwas erzählen. Sie können über den Bildproduzenten selbst, über die anderen Beteiligten, über Vorhandenes oder Mögliches, über aktuell Bedeutsames oder Unwichtiges erzählen. Intuitionen tragen – im Guten wie im Schlechten – zur schnellen Orientierung in Begegnungen entscheidend bei. Normalerweise bemerken wir nur ahnend oder erst spät, von welchen Intuitionen wir in unserem Handeln geleitet wurden. Wir merken auch häufig nicht, dass wir durch unser intuitives Urteil und entsprechendes Handeln eine entsprechende Wirklichkeit hervorrufen. So bringen wir uns und unsere Umwelt gelegentlich in eine »Problemtrance« statt in kreative Prozesse, in denen die Menschen sich entfalten können und gewürdigt fühlen. Ein Studium der Intuitionen lässt uns also auch »self-fullfilling prophecies« besser verstehen.

Der Umgang mit komplexen Prozessen und die Produktion bedeutsamer Kommunikation ist ohne ein spekulatives Element unmöglich. Intuitiver Umgang mit Wirklichkeit schafft Übersichtlichkeit, Handlungsfähigkeit und einen gemeinsamen Wirklichkeitsrahmen auch bei hoher Komplexität und mangelhaften Übereinkünften. Unterschiedlichste Wirklichkeitslogiken und viele Steuerungsebenen werden intuitiv und blitzschnell vernetzt, wozu die Beteiligten auf einer bewusst gesteuerten Ebene unmöglich in der Lage wären. Bewusste Absprachen dienen meist eher als handwerkliche Oberfläche für intuitive Abstimmungen. Neben diesen Kommunikations- und Beziehungskontrakten sind oft die »seelischen Kontrakte« entscheidend.

Um mit komplexen Beziehungen und Prozessen im Beruf kundig und kunstvoll umgehen zu können, muss man sich neben dem Verständnis der Inhalte und der Organisationskontexte auch die eigene Persönlichkeit und die seiner Partner vergegenwärtigen. Dies gilt in besonderem Maße für Berufe, die nach eigenem Selbstverständnis mit der ganzen Komplexität des menschlichen Zusammenspiels in Organisationen umgehen. Und allgemein ist eine solche Menschenkenntnis für Tätigkeiten interessant, bei denen im Umgang mit anderen mehr begriffen und berücksichtigt werden soll. Komplexe zwischenmenschliche Prozesse geschehen und wirken sowieso. Alle Menschen gehen intuitiv mit ihnen um und stimmen sich ab, sonst kämen sie gar nicht zurecht. Diesen Abstimmungsprozessen kommt nur oft keine Aufmerksamkeit zu oder nur dann, wenn das Ineinandergreifen misslingt. Oft fehlt den Beteiligten jedoch das Verständnis oder die Kompetenz, wie damit sach-, rollen- und kontextgemäß umgegangen werden kann. Man handelt entweder »aus dem Bauch heraus«, ohne hinreichende professionelle Absicherung, oder man bleibt auf einer sachlich-methodischen Ebene mit der Gefahr technokratischer Verflachung.

3.3.3 Intuitives Zusammenspiel

Wie kann man sich das intuitive Zusammenspiel im Hervorbringen von Wirklichkeit vorstellen?

Es ist als würden wir mit Mitspielern eine Bühne betreten, auf der einiges für das zu spielende Stück vorgegeben ist, vieles aber – insbesondere auch das Hintergründige – noch undefiniert ist. In kürzester Zeit entstehen Intuitionen über das, was aus dem persönlichen Wirklichkeitsrepertoire anderer Spieler in die Inszenierung drängt oder eingeladen werden könnte und wie dies zu eigenen Inszenierungsbereitschaften passen könnte. Alle fangen an – von solchen Bildern geleitet – zu spielen, und erstaunlich schnell entsteht durch intuitive Abstimmung ein bestimmtes Spiel. Dieses entfaltet eine eigene Magie, der sich zu entziehen und den Übergang in Alternativinszenierungen noch zu finden oft schwierig ist.

Die im Wechselspiel miteinander aktivierten und beim Weiterspielen leitenden Bilder sind vielleicht nicht treffend oder konstruktiv für die beabsichtigte Inszenierung. Dennoch wirken sie auf die Spieler und werden durch deren Verhalten und durch die Intuitionen der Mitspieler ins Spiel gebracht.

Für eine professionelle Steuerung ist es daher wichtig, über solche Vorgänge rechtzeitig ein gewisses Bewusstsein zu erlangen. Man hat dann die Möglichkeit, selbst umzusteuern und zu versuchen, in andere gemeinsame Inszenierungen zu gelangen. Bei Bedarf kann dann auch zwischen den Mitwirkenden ein Wechsel kommuniziert werden. So können die intuitiven Steuerungen geläutert und mit professionellen Anliegen abgestimmt werden.

3.3.4 Hintergründiges in der Begegnung

Das Hintergründige von Inszenierungen entscheidet über deren Qualität. Menschen spüren das und versuchen es in Metaphern zu beschreiben: »Plötzlich bekamen wir Luft unter die Flügel.« Oder: »Da war Musik drin!« Wenn Musiker zusammen spielen braucht es das Hintergründige, um die mögliche gemeinsame Musik zum Leben zu erwecken. Dies gilt auch bei einer vorgegebenen Partitur und verstärkt beim Improvisieren. Die Beachtung hintergründiger Schichten von Inszenierungen scheint weniger bedeutsam, wenn Ziele, Inhalte, Rollen und Beziehungen sowie Abläufe definiert oder gewohnt sind. Dennoch bemerkt jeder die unterschiedlichen Qualitäten, die durch das Hintergründige entstehen. Das Hintergründige kann dem Zweck einer Gemeinschaft oder ihrer Kultur zu- oder abträglich ein. Manche Inszenierungen entwickeln sich wie gewohnt, manche überraschend. Manches berührt angenehm, manches unangenehm. Manches bleibt flach und bedeutungslos, in manchem ist Tiefgründigkeit und Bereicherung zu spüren. Dort wo die Seele zu wenig berührt wird, sucht der Mensch Erneuerung, Inspiration, Gehalt, ersatzweise wenigstens Unterhaltung – auch wenn es Gladiatorenkämpfe, Steinigungen oder andere Beziehungsspiele sind.

Um sich von Verflachung und Verkrustung zu befreien oder um zu neuen Ufern aufzubrechen, setzt man Innovationen an. Dabei werden auch ungewöhnliche Wege eingeschlagen. Doch ob diese helfen, unter Bewahrung von Wesentlichem neue Qualitäten zu erzeugen oder ob sie nur mit großem Aufwand zu anderen Schlagseiten führen, ist eine andere Frage. Wenn sie nicht sensibel und kompetent gesteuert sind, werden Innovationen von vagabundierenden Sehnsüchten oder irreführenden Interessen geleitet, kreieren Schwarzmärkte, enden chaotisch oder schlicht öde.

3.3.5 Das Dialogmodell der Begegnung

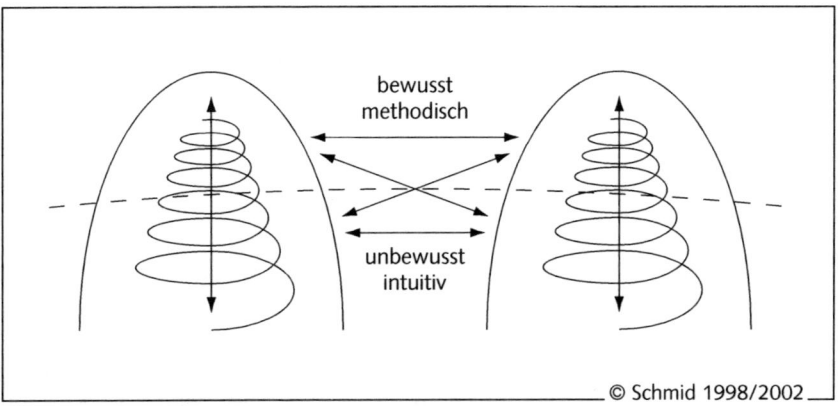

Abb. 5: Dialogmodell der Kommunikation

Abbildung 5 illustriert, wie man sich die Begegnung von bewusst-methodischen und unbewusst-intuitiven Ebenen in der Kommunikation vorstellen kann. Es heißt deshalb Dialogmodell der Kommunikation, weil es auf die dialogische Beziehung zwischen bewussten und unbewussten Sphären innerhalb der Beteiligten und zwischen den Beteiligten verweist. Der *Dialog* (meint: durch das Wort), von DAVID BOHM (1998) wiederentdeckt, verbreitet sich derzeit als Gesprächsform mit hoher Durchlässigkeit für situative und persönliche Bedeutsamkeiten ohne einschränkende Vorschriften. Die dadurch herstellbare vielschichtige Gesprächsatmosphäre ist mit dem oben dargestellten Dialogmodell der Kommunikation gemeint. Doch ist diese Atmosphäre unserer Erfahrung nach gut mit näheren Spezifikationen nach Inhalten, Zielen, mit dem Ausfüllen von Organisationsrollen oder -aufgaben verknüpfbar. *Dialog* kann beim Aufbau einer professionellen Gesprächskultur auch in alltäglichen Organisationskontexten hilfreich sein.

Wie oben erläutert sind die unbewusst-intuitiven Kräfte auch im Alltag ohnehin miteinander zugange und bestimmen das Hintergründige jeder Inszenierung – auch wenn das ohne Beachtung bleibt. Ist A ein im Dialog erfahrener Professioneller und B deutlich unerfahrener, so kann A eher begreifen, welche Beurteilungen und Inszenierungsneigungen bei ihm selbst und bei B bereits mitspielen. Durch die Analyse der eigenen intuitiven Reaktionen auf das Gegenüber kann man etwas darüber erfahren, was bei dem anderen Menschen möglicher Weise im Hintergrund vor sich geht. Dies ist für die eigene Steuerung in einem hochwertigen Zusammenspiel und notfalls zur Korrektur bei schwierigen Entwicklungen nützlich. Man kann auch über die eigenen Intuitionen sprechen und auf diesem Weg den gemeinsamen Dialog mit der unbewusst-intuitiven Ebene fördern. So entsteht ein Nutzen für die aktuelle Inszenierung, für die Läuterung der intuitiven Kompetenz und für eine Kultur der professionellen Begegnung. Ein fokussierter und bewusster Umgang mit intuitiven Prozessen ist lernbar. Geläuterte Intuition kann zu einem wesentlichen Faktor professioneller Kompetenz werden. Die Voraussetzung dafür ist, dass Professionelle sich auf den Dialog zwischen bewusst-methodischen und unbewusst-intuitiven Aspekten ihrer Selbststeuerung einlassen und so die eigene Intuition studieren und entwickeln. Dies gilt für das Zusammenspiel der eigenen inneren Prozesse wie für das Zusammenspiel mit anderen. Dieser Dialog darf nicht von der bewusst-methodischen Seite dominiert werden. Unbewusst-intuitive Instanzen dürfen umgekehrt auch nicht verklärt werden, und ihnen unter dem Segel »Spontaneität« einfach die Beurteilung von Wirklichkeit oder die Regie über das eigene Erleben und Verhalten überlassen werden. Denn Intuitionen können falsch oder für die anstehende Inszenierung bedeutungslos sein. Sie können von problematischen Motiven beherrscht sein oder einfach nur wahllosen Reflexen folgen. Das Zusammenspiel verlangt eine aufmerksame und partnerschaftliche Haltung beiden Sphären gegenüber. Es ist wie bei der Begegnung mit einer anderen Kultur, deren Freundschaft und Mitwirkung man erlangen will. Bewusst-methodische und unbewusst-intuitive Vorgehensweisen müssen durch den Beitrag der jeweils anderen Kultur geläutert und integriert werden. Dann kann man dem Zusammenspiel unbewusst-intuitiver Kräfte in sich und mit anderen getrost die Arbeit überlassen, da sie komplexe Prozesse wesentlich besser und leichter steuern können. Das Bewusstsein gibt dann eher den Rahmen vor und macht die Supervision. Ihm kommt in gewisser Weise die Funktion des Dochtes einer Öllampe zu. Das Licht wird durch Verbrennen des über ihn aufsteigenden Öls erzeugt.

Sorgsamer Austausch in einer geeigneten Professionellengruppe kann helfen, die Qualität von Intuition für das professionelle Arbeiten und für persönliche Entfaltung zu sichern. Damit verschieben sich auch die Gütekriterien für hochwertige professionelle Kommunikation. Die aktuelle Inszenierung und erst recht das rein inhaltliche Ergebnis ist nur ein und vielleicht nicht einmal das entscheidende Erfolgskriterium. Hintergründige Wirkungen auf viele andere Aufgaben, Themen und Inszenierungen – also der Beitrag zur Persönlichkeits- und zur Organisationskulturentwicklung – sind letztlich wichtiger (SCHMID 1998r/2002; 1998n).

Nachdem unsere Konzepte zu Persönlichkeit, Intuition und professioneller Begegnung dargestellt sind, komme ich nun zur Verwirklichung der eigenen Wesensart im Beruf und in Organisationen .

3.3.6 Das Eigene finden

Für die Leistungsfähigkeit in schöpferischen Berufen, für Persönlichkeitsentwicklung sowie für die Kulturentwicklung von Organisationen ist bedeutsam, ob die Menschen sich dabei finden und in ihrem Wesen entfalten können. Für das Individuum zählen letztlich Lebenssinn und Würde (SCHMID 1991d). Diese eher humanistische Betrachtungsweise alleine würde vermutlich Unternehmen kaum dahingehend bewegen, mehr für Selbstverwirklichung und Persönlichkeitsentwicklung zu tun. Doch werden viele aktuelle Praktiken, Unternehmen zu führen und zu entwickeln, unsere Gesellschaft zunehmend in Dilemmata verstricken (SCHMID 1998a), so dass neue Konzepte für gelingende Steuerbarkeit auf dem Wege der Kulturentwicklung notwendig werden (SCHMID 1996; 2002d). Auch steigen die Ansprüche von Professionellen an Kultur und Sinn ihres professionellen Engagements. Neue Aufgaben werden zunehmend auch auf ihre Eignung als Mittel einer sinnvollen Wesens- und Lebensentwicklung überprüft. Professionelle suchen und finden Antworten auf den Zwang zur Individualität. Sie verlangen entsprechende Antworten auch von den Organisationen. Hier entsteht eine neue Mentalität und ein neuer Markt in der Personalberatung (BOLLES 2002).

3.3.7 Professionelle Individuation

Professionelle Individuation[1] meint das Herausarbeiten der Einzigartigkeit von Professionellen unter Berücksichtigung der gegenwärtigen Anforderungen an Rollen- und Kontextkompetenz. Dann macht Professionalität der eigenen Seele Sinn und sie stellt ihre schöpferische Kompetenz in den Dienst der jeweiligen Vorhaben. So werden auf seelischer Ebene die anderen Beteiligten angesprochen und es kann ein gemeinsames Kraftfeld (SCHMID/HIPP 1998i/2002) und gemeinsame Kultur entstehen. Da für viele Menschen Berufsausübung einen großen Teil ihres Lebens ausmacht und persönliche Entwicklung auf beruflichen Bühnen stattfindet, meint professionelle Individuation auch Menschwerdung im Beruf.

3.3.8 Spiegelung

Professionelle Kommunikation kann immer auch als **Selbsterzählung** begriffen werden.»So bin ich! So möchte ich sein! Was meinst du dazu? Was könntest du noch in mir sehen?« Man gibt ein Bild von sich ab und sucht in anderen Bilder zu erzeugen, in denen man sich bestätigend oder ergänzend spiegeln kann. Doch diese Bilder können einseitig, unzutreffend oder für die Wesensentwicklung ungeeignet sein. Wir können uns im Irrtum über uns selbst befinden und uns auch entsprechend dieses Irrtums anderen präsentieren. Wenn wir uns entsprechend benehmen, ernten wir Bestätigung für problematische Selbstbilder. Gespiegelt wird uns dann nicht unser Wesen, sondern unser Irrtum über uns selbst. Dies ist auch der Fall, wenn wir entsprechende Verhaltensweisen absichtlich vermeiden. Die anderen nehmen intuitiv wahr, was wir von uns glauben. Wenn ich mich selbst als treulos verdächtige, teilt sich dieser Verdacht anderen hintergründig mit, auch wenn ich mich bemühe, zuverlässig zu erscheinen.»Beweise nähren hier den Zweifel!« (SCHMID 1998w)[2]

Bei irrtümlichen Identitätsüberzeugungen kann man dem Gefühl der Unstimmigkeit nicht durch Rollen- und Kontextkompetenzentwicklung abhelfen. Die irreführenden Selbstetikettierungen müssen identifiziert und durch andere Bilder ersetzt werden (SCHMID 1998u). Man muss lernen etwas anderes über sich zu glauben – was sich dann anderen auch mitteilt. Darüber hinaus muss man gelegentlich überprüfen, ob die Selbsterzählungsgewohnheiten die aktuelle Entwicklung aufnehmen oder den Entwicklungsstand von gestern widerspiegeln. Manche Menschen legen veraltete»Persönlichkeitsprospekte« auf den Tisch einer Vorstellungsrunde.

Zur Pflege der Selbstbilder und Selbsterzählungen braucht man andere Menschen, die bereit sind, die in ihnen intuitiv aktivierten, und ihren eigenen Reaktionen zugrunde liegenden Bilder zu erforschen und untereinander auszutauschen. Dies können Menschen besser, wenn sie im inneren Dialog mit der eigenen Intuition geübt sind. Die dabei auftauchenden Bilder sind natürlich auch ein Beziehungsphänomen und variieren je nach Partner. Wir können unterscheiden lernen, als wer wir in welcher Art von Beziehung wahrgenommen werden. Daher sind Spiegelungen mit mehreren Partnern – gerade auch solchen, die uns nicht besonders liegen – im Rahmen einer guten Begegnungskultur wichtig. Nicht nur selbst Spiegelung zu erfahren, sondern anderen auch bestätigende oder Irrtümer auflösende Spiegelungen bieten zu können, ist ein wichtiger Bestandteil professioneller Qualifikation.

3.3.9 Genius, Daimon und seelische Bilder

Persönlichkeitsentwicklung wird aus Bildern der Seele gespeist. Es ist anstrengend bis unmöglich, sich in stimmige Persönlichkeitsbilder hinein zu entwickeln, ohne dabei auf Vor-Bilder der Seele zurückzugreifen. Alle Menschen tragen einen Vorrat an seelischen Leit-Bildern von sich und der Welt in sich, die als Vorlage für Persönlichkeitsentwicklung und professionelle Beziehungen dienen oder genutzt werden könnten.

Eine Quelle für solche Bilder kann bspw. die eigene Familie sein. Denkbar sind hier auch Familienmitglieder, die man nicht bewusst oder nur aus Erzählungen kennt. Bilder können dem Milieu, aus dem man kommt, entstammen, aus Märchen, Filmen oder Träumen ausgewählt und aufbewahrt worden sein. Solch innere Bilder können in der eigenen Geschichte entdeckt werden, sie können aber auch einer überpersönlichen Sphäre entstammen. Solche archetypischen Bilder finden sich z.B. in der Mythologie. Sie werden in der Literatur als Genius (RICHARDS 1999) oder Daimon (HILLMAN 1998) beschrieben, der schicksalhaft die möglichen Lebensentwicklungen bestimmt und mit dem man sich in Einklang bringen sollte, wenn man sich nicht verfehlen möchte. Weniger schicksalsschwer umschrieben kann man von in Bildern dargestellten Grundmustern des eigenen Wesens in Form sekundärer Archetypen (SCHMID 2001e) oder schlicht von seelischen Bildern, aus denen sich Persönlichkeit und Begegnungen mit anderen organisiert, ausgehen. Diesen Vorrat an seelischen Bildern gilt es, näher kennen zu lernen, zu sortieren und eventuell zu ergänzen. Rollen- und Kontextkompetenz können durch Erfahrung und Lernen nur dann in stimmiger Weise erworben werden, wenn sie an solche Grundmuster der Seele angekoppelt werden.

Die Abstimmung persönlicher Entwicklung mit den Entwicklungen im Beruf oder in bestimmten Organisationen kann im Dialog der entsprechenden seelischen Bilder viel plausibler vorgenommen werden als durch bewusste Analysen. Wie z.B. die seelischen Bilder eines Unternehmers und die Organisationsentwicklung seines Unternehmens zusammenwirken können, habe ich an einem Beispiel eines Beratungsunternehmens ausführlich dargestellt (SCHMID 2001e).

Worum es bei dieser Arbeit geht, kann man am besten begreifen, indem man die beiden folgenden Übungen selbst ausprobiert. Übung 1 fokussiert auf eine Zusammenschau seelischer Bilder und beruflicher Szenen. Übung 2 nimmt die Zusammenschau persönlicher Entwicklung und die Entwicklung in einem Team/einer Organisation in den Blick. Wichtig ist, dass man sich des spekulativen Charakters der Einfälle bewusst bleibt und in taktvoller Weise die eigenen Bilder anderen als Möglichkeiten anbietet, über deren Nutzung nur sie selbst entscheiden. Zwar nimmt der Gewinn aus solchen Erkundungen mit zunehmender Erfahrung und Läuterung der Intuition zu, doch kann man ohne besondere Vorbildung beginnen, sich diese Sphären zu erschließen.

3.4 Übungen

3.4.1 Intuitive Bilder und berufliche Szenen

Selbsterkundung zu eigenen Leitbildern und professionellen Szenen

Mögliche Quellen
- Kindheit und Familie
- Schlüsselerlebnisse
- Erzählungen und Mythen
- Träume und Phantasien

---

20 Minuten Einzel- bzw. Dialogarbeit je nach Vorliebe
Sammle assoziativ innere Bilder und Erlebnisse aus den obigen Bilderquellen, die Leitbilder/-szenen für Dich sein könnten.

Wähle drei Bilder/Erlebnisse, die Dich besonders berühren.

Stell dir vor, die hinter diesen Bildern/Szenen vorstellbaren Geschichten wären verfilmt worden und diese drei Filme liefen im Filmtheater gegenüber. Zu jedem Film hinge für Passanten je ein Szenenfoto im Schaukasten. Was wäre jeweils darauf zu sehen? (Bitte konkret formulieren, was auf diesem Bild zu sehen wäre!)

Gibt es eine Art Quintessenz/Motto über den einzelnen oder allen drei Szenenfotos?

Finde heraus, welche Gestaltungselemente der Bilder/Erlebnisse sich in beruflichen Szenen aus Deinem Leben (wenn auch in verwandelter Form) wiederfinden lassen.

---

70 Minuten gegenseitiges Erzählen der Selbsterkundungen

Je vier (A, B, C, D) bilden eine Untergruppe, wobei die bisherigen Dialogpartner in verschiedene Gruppen gehen sollten.

5 Minuten – A erzählt in Kurzversion
– die 3 Bilder/Erlebnisse bzw. schildert die Szenenfotos
– benennt die Quintessenzen/Motti
– berichtet von den Parallelen zu beruflichen Erlebnissen

10 Minuten – B, C und D hören zu, lassen sich animieren und spiegeln A Beobachtungen, Reaktionen und Bilder, die sich in Resonanz zu A's Schilderungen in ihnen intuitiv einstellen.
A nimmt diese Spiegelungen als Angebote und bleibt frei, ob und wie er/sie sich davon berühren zu lässt.
Keine Bewertung und keine Diskussion!

Weitere 3 mal 15 Minuten dasselbe mit B, C und D

---

10 Minuten kurze Nachbesprechung über die Erfahrung der vorangegangenen 60 Minuten.

3.4.2 Bilder zur eigenen Entwicklung
und zur Entwicklung in Organisationen

Selbsterkundung zu »Eigen- und Teambild/Organisationsbild im Dialog«

Je vier (A, B, C, D) bilden eine Untergruppe

1. <u>10 Min.</u>: **Individuell:** Wähle ein Team (eine Organisation), mit dem Du in Kontakt bist (sei es als Mitglied oder als Partner). Lasse Bilder/Szenen in dir aufsteigen und wähle intuitiv aus! Drei Bilder zu dir, der du mit diesem Team/dieser Organisation im Dialog bist (»Von wo her kommend bin ich wohin unterwegs?«)
Drei Bilder entsprechend für dieses Team/diese Organisation

---

2. <u>10-15 Min.</u>: 1) A sagt, um welches Team es sich handelt
2) stellt seine Bilder vor (Eigenbilder und Bilder vom Team/ Organisation)
3) B, C und D reagieren auf die Bilder
Welche Bilder steigen in mir auf?
Was sprechen sie in mir an?
Welche Ergänzungen/Kontraste fallen mir zu A's Bilder intuitiv ein?

---

3. <u>10–15 Min.</u>: B, C und D durchlaufen gleiches Verfahren wie A in 2.

<u>30 Minuten</u>: A, B, C und D werten die gewonnenen Erfahrungen mit Hilfe der folgenden Fragen aus.

Fragen:

Was sagen mir meine Eigenbilder in Kontakt gebracht mit meinen Teambildern über die Art und die Qualität der Beziehung zwischen mir und dem Team/der Organisation? Welche Rolle habe/spiele ich hier?

Wo erlebe ich Stimmigkeit – wo erlebe ich Unstimmigkeit, evtl. Konflikt?

Was erzählen mir die Bilder über meine eigene Entwicklung, was über die Team-/Organisationsentwicklung und was über das Zusammenspiel dieser beiden Welten? (Was fällt mir und Euch dazu ein? Ein Bild, ein Film- oder Buchtitel, ein Theaterstück, ein Song?)

Anmerkungen

1 Diese Begriffskombination verdanke ich Joachim Hipp
2 Orginalton Bernd Schmid. Sprüche aus dem Institut für systemische Beratung, Wiesloch. Bezug dort möglich.

4. SOZIALE ROLLEN

Im Folgenden werden auf der Basis einiger klassischer TA-Konzepte Rollen beschrieben. Über diese Rollen entsteht ein Bezug zu Inszenierungen der Persönlichkeit in den verschiedenen gesellschaftlichen Lebenswelten. Einige Konzepte wurden neu vorgeschlagen (SCHMID 1986c). Konzeptionelle Figuren der klassischen TA werden so umformuliert, dass sie in ganz unterschiedlichen Gesellschaftsbereichen von ganz unterschiedlichen Professionen den jeweiligen Rollen und Kontexten gemäß benutzt und spezifiziert werden können.

Der hierbei verwendete Begriff der Rolle deckt sich nicht mit dem in der Soziologie und in der Sozialpsychologie üblichen Verständnis (POPITZ 1967). Zwar geht es partiell auch um soziale Vorgaben im Sinne von gesellschaftlichen Erwartungsmustern, doch werden Rollenerleben, Rollenverhalten und Rollenbeziehungen von Menschen als Organisationsform und als Gestaltungsaufgabe des Individuums betrachtet. Das Verständnis vom Umgang mit Rollen in unserer Gesellschaft wird als wesentlich für Fragen der professionellen Begegnung und der Professionalisierung angesehen.

Zuerst werden die Rollenkonzepte aus der Perspektive der Person beschrieben. Dann folgen dieselben Konzepte aus der Perspektive der Beziehungen. Konzepte aus der Perspektive der Wirklichkeitskonstruktionen werden im nächsten Kapitel ausführlich behandelt.

4.1 Persönlichkeit als Rollenmodell der Person

Unter Person oder Persönlichkeit soll im Folgenden ein Mensch in seinen Rollen verstanden werden. Die operationale Einheit der Person wird nicht Ich-Zustand, sondern Rolle genannt. Die Person wird als Träger von Rollen betrachtet, die sie in den Inszenierungen in der Welt spielt. Das Menschliche am Menschen drückt sich im Gestalten seiner Rollen aus. Durch die Art, in der die Rollen gelebt werden, kommt sein Wesen zum Ausdruck. In diesem Modell befindet sich das Menschsein oder das Wesenhafte eines Menschen nicht jenseits der Rollen in einem innersten Kern oder sonst wo, sondern es kommt als Gehalt in der Art und Weise zum Ausdruck, wie

Rollen er- und gelebt werden. Diese Modellbildung soll verhindern, dass gesellschaftliche Rollen und Menschsein zuerst getrennt werden, um dann wieder zusammengefügt werden zu müssen. Menschliches Erleben und Verhalten werden von Anfang an als Rollenerleben und Rollenverhalten konzipiert. Das Modell sieht vor, dass der Mensch nur durch seine Rollen in seinem Menschsein existiert und erfahren werden kann. Solche Aussagen sollen nicht vorrangig zu einer Diskussion über das Menschenbild der TA beitragen. Die vorgeschlagenen Beobachtungskategorien dienen eher der Konzeptionalisierung von Situationen im Sinne der Pragmatik. Sie sollen professionelle Positionierungen sowie Steuerung in Berufssituationen und professionellen Rollen erleichtern.

Das Drei-Welten-Modell der Persönlichkeit wurde entwickelt, um die Frage der Persönlichkeit im Lichte des Umgangs mit drei Welten zu stellen. Diese sind die **Privatwelt**, die **Organisationswelt** und die **Professionswelt**. Die Unterscheidung zwischen der Organisationswelt und der Professionswelt hilft insbesondere sich in Organisationen besser zu begreifen und autonomer zu definieren. Für denselben Menschen stellen sich viele Fragen in unterschiedlicher Weise, wenn sie aus einer Organisationsrolle (z.B. Beauftragte in Frauenfragen), aus einer Professionsrolle (z.B. Managerin) oder aus einer Privatrolle (z.B. werdende Mutter) heraus gestellt werden.

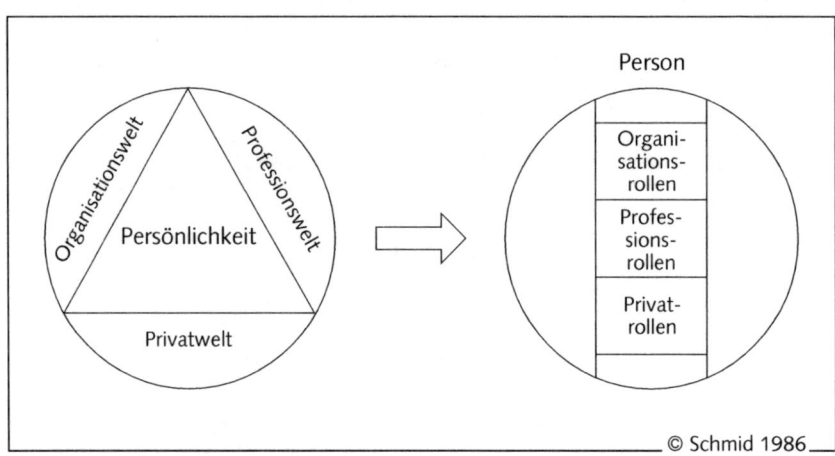

Abb. 6: Drei-Welten-Modell der Persönlichkeit und Rollen-/Leitermodell

Abbildung 6 zeigt, wie graphisch aus dem Drei-Welten-Modell ein Rollenmodell abgeleitet werden kann, mit dessen Hilfe dann wiederum

Transaktionen graphisch dargestellt werden können. Eine theoretische Diskussion dieser Modellbildung finden die Leser in SCHMID (1994c)[1]. Es handelt sich um ein Funktionsmodell, in dem drei Rollenkategorien entsprechend der Drei-Welten-Einteilung unterschieden werden. Anders als im aus dem Strukturmodell abgeleiteten Funktionsmodell bei BERNE soll hier kein Vollständigkeitsmodell vorgeschlagen werden. Das Modell ist nach oben und unten für weitere hinzuziehende Welten offen. Auch kann es durch weitere Unterteilungen je nach Fragestellungen beliebig weiter differenziert werden. Dennoch soll – wie bei BERNE auch – um diese Leiter herum ein »Mantel« gezeichnet werden. Dies geschieht, um zum Ausdruck zu bringen, dass diese Rollen in *einem* Körper, in einer Gestik, in einer Zeitgestaltung, in einem Energiehaushalt usw. gelebt werden und ihr Zusammenspiel gestaltet werden muss.

4.1.1 Die Rolle

Vorab eine Definition von Rolle in Anlehnung an die Definition von Ich-Zuständen.

Eine Rolle ist ein kohärentes System von Einstellungen, Gefühlen, Verhaltensweisen, Wirklichkeitsvorstellungen und zugehörigen Beziehungen. In dieser Erweiterung der Operationalisierung von Ich-Zuständen wird also der Tatsache Rechnung getragen, dass jede Rolle mit einer bestimmten Sphäre von Wirklichkeit verknüpft ist und sich auf diese bezieht. In der Beschreibung von Rollen ist immer auch die Beschreibung rollengemäßer Beziehungen enthalten. Aus der Sicht der Person formuliert, gehören zu jeder Rolle Vorstellungen über Arten von Beziehungen, die aus dieser Rolle heraus gestaltet werden können und nahe liegen.

Die Unterschiedlichkeit und die Bedeutung von Rollen ist unmittelbar einsichtig, wenn man sich einen Verkehrsunfall vorstellt, bei dem man auf Betroffene, Nachbarn von Betroffenen, den Vorsitzenden des Stadtteilvereins, aber auch den Einsatzleiter des Technischen Hilfswerks ebenso wie den Notarzt, die Polizisten, die für die Sicherung des Unfallortes und für die Sicherung künftiger Beweismittel zuständig sind, wie auch auf den zufällig vorbeikommenden Arbeitskollegen trifft. Man kann sich viele andere Rollen vorstellen, die – bezogen auf das Ereignis – ihre eigenen Einstellungen, Gefühle und Verhaltensweisen, ihre Perspektiven der Wirklichkeit aktivieren. Sie befassen sich vorrangig mit bestimmten Aspekten der Wirklichkeit und haben Vorstellungen davon, wie sie zu den anderen am Unfallort Anwesenden aufgrund ihrer Rolle Beziehungen gestalten sollten. Wenn der Einsatzleiter der Feuerwehr zufällig auch ein persönlicher Freund einer der Schwerverletzten ist und außerdem Pate des auch anwesenden, aber unverletzt gebliebenen Sohnes, kann man sich vorstellen, dass mehrere Rollen gleichzeitig aktiviert werden und dass ihr Zusammenspiel innerhalb dieses einen Menschen in dieser Situation gesteuert werden muss.

4.1.2 Rollenintegration

Wenn vielfältige Rollen möglich sind und stimuliert werden, entsteht das Problem der Rollenintegration. Sowohl situativ wie auch in der Persönlichkeit insgesamt entsteht die Frage, wie Menschen vielfältige Rollen und die dazu passenden Einstellungen, Gefühle, Verhalten, Wirklichkeitsbezüge und Beziehungen integrieren können. Eine integrierte Persönlichkeit als ein Konzept einer reifen Persönlichkeit meint aus dieser Perspektive einen Menschen, der in funktionaler und wesentlicher Weise die vielfältigen Rollen, die in den verschiedenen Welten oft gleichzeitig nebeneinander existieren, integrieren kann. In der Art der Integration wie auch im Stil der gelebten Rollen bringt er sein Wesen zum Ausdruck, seine unverwechselbare Eigenart.

4.1.3 Die Würdigung von Rollen und ihren Trägern (O.K.-Konzept der TA)

Einer wichtigen Haltung der Transaktionsanalytiker gemäß sind Menschen O.K., im Grunde gut. Man geht davon aus, dass man selbst und andere im Wesen O.K. sind. Dieses Konzept bedarf einer Spezifikation bezogen auf den Rollenansatz: Sowohl die vielfältigen Rollen in einer Gesellschaft sind im Prinzip O.K., bzw. es gibt davon O.K.-Versionen, wie auch die Menschen in ihren Rollen als O.K. angesehen werden. Natürlich können wir je nach Definition der Rollen auch solche ausmachen, die wir als nicht O.K. betrachten, etwa die des Gewaltverbrechers. Auf der anderen Seite ist es für eine O.K.-Haltung einer Gesellschaft gegenüber wichtig, vorsichtig mit einer Missachtung der in ihr gelebten Rollen zu sein. In den meisten Mythologien ist das Gute ohne das Böse nicht denkbar. Man kann sich also fragen, wie das Böse und das Hässliche, das in gesellschaftlichen Rollen zum Ausdruck kommt, gewürdigt werden kann.

4.1.4 Autonomie und »Ressourcenpolitik«

Menschen sind heute in immer vielfältigeren Rollen gefordert und müssen auch – etwa in Organisationen – vielfältige Zugehörigkeiten zu unterschiedlichen Bezugssystemen in sich vereinen. Dadurch ist es kaum mehr möglich, sich mit einer Rolle oder einem kleinen überschaubaren Bündel von Rollen zu identifizieren. Vielmehr muss man eine autonom-unternehmerische Einstellung in der Auswahl und der Gestaltung von Rollen sowie bei der Entscheidung über und der Steuerung von Zugehörigkeiten erwerben. Sich in eigener Weise in dem Netz der Rollen und Bezüge zurechtzufinden, stellt an sich schon eine große Aufgabe dar. Dazu kommen Konflikte zwischen verschiedenen Zugehörigkeiten und Rollen. Dabei muss man mit den Ressourcen (auch die der eigenen Energie und Lebenszeit) verantwortlich haushalten. Im modernen Unternehmen werden Manager häufig von den an sie gestellten Rollenanforderungen aufgefressen, wenn sie nicht autonom steuern und stimmige Rollenkonfigurationen zu lebbaren Gestalten bündeln.

In der traditionellen Transaktionsanalyse hat der Autonomiebegriff viel mit der Frage nach der **Freiheit wovon**, also von den Eierschalen der eigenen Entwicklungen und den Überlieferungen durch nicht mehr passende Traditionen zu tun. Stress entsteht hier dadurch, dass jemand sich selbst angesichts dieser Relikte nicht gut entwickeln kann und Minderungen des Funktionierens und der Lebensqualität erleidet. Doch auch ohne Belastungen aus der Vergangenheit drohen seelisches Ausbrennen und Energieverschleiß. Der aktive und unternehmerische Umgang mit Komplexitätsstress gehört heute zu den großen Herausforderungen an die Persönlichkeit. Ohne eine Besinnung auf Kernidentitäten, Kernprozesse, Kernkompetenzen und Kernbeziehungen ist das nicht zu bewältigen. Der persönliche Lebensweg in den drei Welten und eine kontextangemessene Ökonomie im Umgang mit Rollen muss gefunden werden. Hier wird also eher die Frage nach der **Freiheit wozu** gestellt.

4.1.5 Stimmigkeit von Rollen (Synton/Dyston)

Bei Rollen kann man unterscheiden, ob man sie als einem Menschen in der jeweiligen Situation und im jeweiligen Kontext gemäß oder fremd erlebt. Hierbei spielt die Frage, aus welcher Perspektive der Person im Moment eine solche Einschätzung vorgenommen wird, eine entscheidende Rolle. Von ich-gemäß (bzw. ich-fremd) spricht man aus psychologischer

Sicht dann, wenn eine Rolle zur bewussten Persönlichkeit, die als »Ich« erlebt wird, als passend und stimmig angesehen wird (oder nicht). Diese Einschätzung kann natürlich danach variieren, in welcher Rolle das Gefühl des Ich situativ angesiedelt ist. So kennen viele Menschen die Erfahrung, dass sie in einer privaten Situation bestimmte professionelle Rollen als sich nicht gemäß einschätzen, während sie dieselben Rollen als mit sich völlig stimmig erleben, sobald sie wieder ganz in diese und die entsprechende Identität hineingefunden haben. Solche Erscheinungen kann man z.B. an der Schwelle zwischen Urlaubs- und Arbeitswelt beobachten.

Natürlich sind solche Einschätzungen auch von der Situation und dem Kontext abhängig, in dem sie stattfinden. In der Frage, was stimmig ist und was nicht, geht es uns oft so, als würden wir Souvenirs, Speisen oder Wein aus einem fremden Land mit nach Hause bringen. Zu Hause bemerken wir dann, dass sie nicht zu uns passen oder uns nicht schmecken – obwohl, an den Urlaubsort zurückgekehrt, dort das Urteil anders ausfällt.

Die Psychologie geht neben der bewussten Persönlichkeit auch vom Wesen eines Menschen aus. Man hat ein Bild davon, wie ein Mensch angelegt oder entwickelt ist, auch wenn dessen bewusste Persönlichkeit sich über diese unverwechselbare Eigenart irrt oder sie nur einseitig in der Persönlichkeitsorganisation entfaltet. Die Menschen betreiben gegenseitige intuitive Wesensschau. Sie bilden sich häufig ein gefühlsmäßiges Urteil darüber, ob eine Rolle und/oder ein Stil, in dem sie gelebt wird, zum Wesen eines Menschen passt oder nicht. Insbesondere in der professionellen Förderung von Menschen ist es wichtig, jemanden mit solchen Einschätzungen anderer in Kontakt zu bringen. Das kann ihm helfen, auch gut beherrschte Rollen als doch nicht, nicht mehr oder noch nicht wesensgemäß zu identifizieren. Andere Rollen – auch wenn sie noch wenig gelebt werden können – empfehlen sich oft als stimmiger und sind daher stärker zu würdigen oder zu entwickeln.

Zum Beispiel stellt sich im Laufe einer Fortbildung für Bildungsfachleute in Unternehmen nach und nach heraus, dass der Eine eher als Trainer, Berater und Leiter von Gruppen mit sich stimmig ist, während er als Manager im gleichen Fachgebiet weniger stimmig wirkt. Bei anderen kann dies gerade umgekehrt sein. Hier kann es eine wichtige Hilfe sein, jemanden, dem die Rolle eines Theaterintendanten wesensgemäß ist, davon abzubringen, unbedingt selbst als Schauspieler die Bühne zu betreten und umgekehrt. Selbst wenn die Rollen als ich-gemäß erlebt würden und bei entsprechender Rollenkompetenz auch erfolgreich gespielt werden könnten, würde doch weniger Wesensausdruck und Sinnerleben in ihnen liegen. Dies kann gelegentlich zu Berufsentscheidungskonflikten führen. Etwa dann, wenn eine wesensgemäße Rolle wesentlich schlechter bezahlt wird als eine eher wesensfremde Rolle. Oft kann man innerhalb einer Organisation nur dann stärker Geltung erlangen, wenn man hierarchisch aufsteigt, obwohl eine nicht zusätzlich vergütete Fachkarriere – etwa als Mentor für junge Professionelle – viel mehr Erfüllung bieten könnte.

Bei der Frage nach dem Wesen des Menschen geht es immer auch um Modellvorstellungen davon, wo und wie das Wesen als in einem Menschen kristallisiert angesehen wird. Man spricht vom innersten Kern oder einem dahinter oder tiefer liegenden Wesen. Diese Modellvorstellung führt gelegentlich dazu, dass das Wesenhafte von der Rolle abgespalten wird. Andere Modellvorstellungen gehen hingegen davon aus, dass das Wesen in der Rolle zum Ausdruck kommt und nicht in einem eigenen Raum angesiedelt werden kann. Ähnlich wie in der Kernphysik die Frage nach der Natur des Lichtes (Körper oder Welle) nicht entschieden werden kann, handelt es sich hier auch um eine Anschauungssache. Die unterschiedlichen Fragen bringen unterschiedliche, den Fragen gemäße Antworten hervor. Für unsere Betrachtungsweise hier ist es angebracht, das Wesenhafte auch in den unverwechselbaren Ober- und Untertönen zu suchen, die die vordergründige Melodie begleiten. Es kommt also darauf an, ob und wie jemand in unverwechselbarer Eigenart in seiner Rolle stimmig anwesend ist.

Da »Wesen« kein statischer Begriff ist, sondern meist von einer Wesensentwicklung ausgegangen wird, kann die Frage danach, was wesensgemäß ist oder nicht, in unterschiedlichen Kontexten und Lebensphasen unterschiedlich beantwortet werden. Hier können z.B. Bezüge zu ERIK-SONS (1966) »Phasen der Identitätsentwicklung« hergestellt werden. Es gibt jedoch auch situative Unterschiede. Zum Beispiel machen Menschen gelegentlich die Erfahrung, dass sie in anderen Ländern im Kontakt mit den Menschen dort andere Rollen und Stile als wesensgemäß erleben als zu Hause. Ähnliches gilt gelegentlich auch in einem beruflichen Wechsel zwischen dem Sozialbereich und dem Wirtschaftsbereich.

4.1.6 Rollenaktivierung (Energiekonzepte/ausführende Macht)

Die in der klassischen Transaktionsanalyse unter dem Begriff »Energiekonzepte« zusammengefassten Fragestellungen sind auch im Rollenkonzept interessant. Wie werden Rollen aktiviert und deaktiviert? Geschieht dies willkürlich und durch die Person gesteuert, oder unwillkürlich aufgrund äußerer oder innerer Auslöser? Professionalität hat viel mit der Fähigkeit zu tun, bestimmte Rollen willkürlich zu aktivieren und zu deaktivieren, wobei Willkür eine willentliche Wahl impliziert. Daneben kann es wichtig sein, Situationen und Kontexte so zu gestalten, dass sie geeignete Auslöser für eine Rollenaktivierung bereitstellen.

Das Konzept der ausführenden Macht kann analog auf Rollen bezogen werden. Die Rolle, die durch unwillkürliche und willkürliche Aktivierung in der Steuerung des Erlebens und Verhaltens erste Priorität bekommt, hat die ausführende Macht. Zum Beispiel könnte eine Privat-Rolle in einer beruflichen unwillkürlichen Situation so stark besetzt werden, dass sie vorrangig die fokussierte Wirklichkeit wie auch die Beziehungen prägt. Dies kann geschehen, obwohl dieser Mensch sein Ich-Bewusstsein in der professionellen Rolle ansiedelt und gerne dieser Rolle erste Priorität geben würde. Die Rolle, die die ausführende Macht erlangt, kann dem professionellen Ich fremd sein oder ungelegen kommen.

Menschen können in beruflichen Situationen, etwa in Organisationen, per Institution mehrere Rollen gleichzeitig innehaben (z.B. die Rolle des Fachmanns, des freundschaftlichen Kollegen, des Vorgesetzten oder des Arbeitgebervertreters). Daraus entsteht die Frage, wie die verschiedenen Rollen situativ kombiniert und Prioritäten gesetzt werden sollen. Die innere Priorisierung ist notwendig, um innerhalb prinzipieller Überkomplexität Übersichtlichkeit und Deutlichkeit herzustellen. Die gewählte Priorität sollte bewusst hergestellt, in angemessenem Maße stabilisiert und deutlich gemacht werden. Dadurch können komplementäre Rollenbeziehungen gezielt etabliert werden.

4.1.7 Rollenkompetenz

In der klassischen Transaktionsanalyse wirkt meist die Grundannahme, dass Realitätskompetenz durch Beseitigung störender Einflüsse freigesetzt werden kann. Der Neuerwerb von Kompetenz zur Realitätsbewältigung spielt praktisch zwar bei Transaktionsanalytikern eine wichtige Rolle, wird konzeptionell aber bislang nicht entsprechend repräsentiert. »Können Sie Klavier spielen?« »Weiß ich nicht. Ich habe es noch nicht probiert.« Dieses Bonmot macht die Notwendigkeit augenscheinlich, Rollenkompetenz zu erwerben. Wird jemand zum ersten Mal zum Betriebsrat gewählt, muss er diese Rolle zunächst erlernen. Wirklichkeitsperspektiven und Beziehungsgestaltungen – etwa in einer Tarifauseinandersetzung – die entsprechenden Gefühle und Verhaltensweisen sind nicht im Rollenrepertoire vorhanden, sondern müssen erworben werden. Ist diese Rollenkompetenz nicht oder unvollständig vorhanden, kann dies der wichtigste Grund dafür sein, dass die Funktion nicht ausgefüllt wird. Die Frage der Rollenkompetenz hebt den Erwerb von Fähigkeiten als für die Persönlichkeitsentwicklung notwendig in den Vordergrund.

Viele Persönlichkeitsprobleme haben damit zu tun, dass die Notwendigkeit zum Erwerb von Rollenkompetenz nicht erkannt oder nicht ernst genommen wird bzw. keine geeigneten Wege zum Erwerb von Kompetenz beschritten werden.

Zur Rollenkompetenz gehört die Fähigkeit zur situativen und kontextbezogenen Rollendifferenzierung. Rollendifferenzierung dient dem differenzierten Umgang mit Situationen. Die Reduktion unnötiger Rollendifferenzierungen schafft Übersichtlichkeit und Verdichtung. Rollendifferenzierung und Ent-Differenzierung sind wichtige Dimensionen der Komplexitätssteuerung.

4.1.8 Rollenökonomie

Bei zunehmenden Anforderungen an die Kompetenz einer Person werden Fragen der Rollenauswahl, der Rollengestaltung und der Rollenintegration auch unter ökonomischen Gesichtspunkten zu betrachten sein. Im Sozialbereich hat der Begriff Ökonomie oft eine negative Tönung und wird manchmal sogar als Gegenpol zur Menschlichkeit angesehen. Daher möchte ich an dieser Stelle in Erinnerung rufen: Ökonomie bedeutet eine optimale Ressourcenkombination zum Erbringen einer Leistung. Im Idealfall dient Ökonomie der Herstellung von Lebensqualität bei möglichst geringem Ressourcenverbrauch. Zu den heute knappsten Ressourcen gehören seelische Kraft, Zeit und Aufmerksamkeit. Mit ihnen unökonomisch umzugehen ist häufig eine Form menschlicher Missachtung und kann zwischenmenschlich ungute Verhältnisse zur Folge haben. Man denke bspw. nur an Elternabende in der Schule. Auch können etwa in Verbänden durch nicht hinreichende Rollenökonomie die Arbeitsweisen der Gremien so umständlich und energieraubend sein, dass sie für kompetente Kollegen unattraktiv werden. Sie sehen ihre Lebenszeit und Erfahrung nicht sinnvoll genutzt. Dies führt wiederum dazu, dass sie für Gremienarbeit unangemessene Belastungen in Kauf nehmen oder sich aus diesen Gremien zurückziehen. Befriedigung in Bezug auf Wirkungsinteressen in den Organisationsrollen ist in diesem Fall nur schwer zu erlangen. Mangels Effizienz bleibt innerhalb der professionellen Rollengefüge auch wenig Kraft und Zeit für kollegiale und private Beziehungen zu den Komiteemitgliedern. Dies kann dazu führen, dass Komiteearbeit mangels Ökonomie zur trockenen Funktionärsarbeit wird oder aber zweckfremde Beziehungsbedürfnisse in den Vordergrund gestellt und die notwendigen Organisationsaufgaben vernachlässigt werden.

Gremien sind jedoch wichtige Partner für die Mitglieder eines Professionsverbandes und gestalten Organisationsstrukturen. Sie haben entscheidenden Einfluss auf die Professionalität – etwa in Ausbildungsgruppen oder in Prüfungen – und damit wiederum auf die Lebensqualität von Lehrenden und Ausbildungskandidaten. Wenn man diese Zusammenhänge beachtet, ist leicht nachvollziehbar, dass Fragen der Ökonomie entscheidend mit Fragen nach Lebensqualität und Menschlichkeit in verschiedenen Gesellschaftsbereichen verknüpft sind.

Im Bereich der Wirtschaftsunternehmen wird ökonomisch nicht weniger gesündigt als im Bereich sozialer oder politischer Organisationen. Es gibt jedoch auch erfreuliche Ansätze. Zum Beispiel in den Unternehmensleitsätzen eines mittelständischen, aber sehr leistungsfähigen Unternehmens, in denen formuliert ist: »Jeder verpflichtet sich, verantwortlich mit der Arbeitskraft und der Zeit anderer umzugehen.« Der Respekt gegenüber der Arbeitskraft und der Lebenszeit-Inanspruchnahme anderer Menschen ist ein wichtiger Aspekt gegenseitiger menschlicher Würdigung.

4.1.9 Beeinträchtigungen (Pathologien)

Der hier erwähnte Begriff der Pathologie (Krankheitslehre) soll lediglich auf die entsprechenden Etikettierungsgewohnheiten in der klassischen Transaktionsanalyse hinweisen. In nichtpsychotherapeutischen Ansätzen der Transaktionsanalyse ist dieser Begriff fehl am Platze. Statt dessen spricht man von Einschränkungen der Persönlichkeit und meint damit Beeinträchtigungen oder nicht genutzte Möglichkeiten im Umgang mit Rollen. Beurteilungen dieser Art haben selbstverständlich mit Definitionen seitens des Beobachters zu tun. Dort, wo es um Rollen geht, wird leicht deutlich, dass es sich bei der Bestimmung von Differenziertheit, Moralität, Stimmigkeit, Funktionalität und Ökonomie von Rollen um soziale Bestimmungsprozesse handelt. Welche Rollen sollen überhaupt voneinander unterschieden werden? Und wie sollen soziale Prozesse organisiert und diese Organisation innerhalb der Persönlichkeit gesteuert sein? Auch im Bereich der Gesundheits- und Krankheitsvorstellungen ist dies bei näherer Betrachtung nicht anders. Sie sind kontext- und kulturabhängig.

4.1.9.1 Rollenfixierung und Rollenausschluss

In der klassischen Transaktionsanalyse spricht man von fixierten und ausgeschlossenen Ich-Zuständen. Analog hierzu kann man im Rollenkonzept Rollenfixierung und Rollenausschluss als besondere Einschränkungen der Rollenaktivierung und -deaktivierung betrachten. Es kann z.b. in Organisationen beobachtet werden, dass sich ein Vorgesetzter in Seminarsituationen, die von anderen geleitet werden, nicht von seinem Rede- und Definitionsvorrecht lösen kann, das zu seinem Vorgesetzten-Rollenverständnis gehört. Er kann es oft auch dann nicht, wenn es sich um die Klärung fachlicher Fragen im Diskurs handelt oder außerhalb der offiziellen Sitzungen ein informeller Austausch in privaten Rollen stattfindet. Ein solcher Mensch kann in bestimmten Rollen oder Rollenbereichen als fixiert angesehen werden. Andere Beispiele sind das in allen Situationen klassenkämpferisch auftretende Betriebsratsmitglied oder der auch in offiziellen Rollen chronisch privat auftretende und argumentierende Mitarbeiter.

Umgekehrt kann beobachtet werden, dass ein Mensch zwischen verschiedenen Rollenbereichen und Rollen relativ flexibel wechseln kann, jedoch ganz bestimmte Rollen oder Rollenbereiche ausschließt. Beispiel: Obwohl zum strategieverantwortlichen Komiteevorsitzenden gewählt – etwa in einem professionellen Verband –, meidet der Amtsinhaber eine zu dieser Rolle gehörende Richtlinieninitiative und -kompetenz ebenso wie die Definition bestimmter Verfahrensweisen und Beziehungsspielregeln. Statt dessen versucht er, die notwendigen Funktionen aus der Perspektive gleichberechtigter Kollegialität oder freundschaftlicher Beziehung mit anderen auszufüllen. Die institutionelle Rolle, die zur Erfüllung der Funktion unbedingt notwendig, geeigneter oder auch nur ökonomischer sein kann, wird aus dem Repertoire ausgeschlossen.

4.1.9.2 Rollentrübung

Analog zum strukturellen Trübungsbegriff in der klassischen Transaktionsanalyse ist eine Rollentrübung der chronische Einschluss von Elementen anderer Rollen in eine Rolle, ohne dass die Person dies bemerkt. Sie hält den Einschluss rollenfremder Elemente für rollengemäß. Zum Beispiel können sich in der Ausgestaltung institutioneller Rollen – etwa die eines Verhandlungsführers in einer Tarifauseinandersetzung – Gefühle der Empörung einschleichen, die aus der Betroffenheit als Privatperson über die zu erwartenden Einschränkungen des Einkommens herrühren. Sie werden leicht mit angemessenen Gefühlen verwechselt, die die Rolle des Verhandlungsführers mit sich bringt, welcher vielfältige Fragestellungen und Interessen zum Ausgleich und – wenn notwendig – in konflikthaften Gegensatz zu den Interessen der anderen Verhandlungsseite zu bringen hat. In einem anderen Beispiel mag jemand in einer privaten Auseinandersetzung Verhaltensweisen aktivieren, die eher einer Lehrer-Schüler-Beziehung gemäß wären, ohne sie als der privaten Rollenbeziehung fremd zu identifizieren.

Für den Umgang mit Rollentrübungen können die bewährten Denk- und Vorgehensweisen der klassischen Transaktionsanalyse analog eingesetzt werden. Zunächst muss definiert werden, welche Rolle Gegenstand der Analyse sein soll und welche Art des Wirklichkeitsbezugs dadurch betrachtet wird. Nach dieser Vorentscheidung können Rollenelemente identifiziert werden, die zu dieser Rolle nicht passen. Diese Rollenelemente müssen nicht an sich inadäquat sein. Sie können situativ sogar förderlich sein. Und doch können sie eine Beeinträchtigung darstellen, wenn sie nicht als bewusste Anreicherung einer bestimmten Rolle verstanden, sondern als konstitutiver Bestandteil derselben angesehen werden. Dies kann dann zu Fehlsteuerungen führen.

Enttrübung hat zum Ziel, rollengemäße Elemente anstelle der chronischen Einmischung anderer Rollenelemente zu aktivieren und rollenentscheidenden Elementen gegenüber weniger elementaren zur Geltung zu verhelfen. Das kann durch bewusstes Identifizieren der sich einmischenden oder fehlgewichteten Elemente geschehen. Oft hilft auch, diesen Elementen zu einem angemessenen Ausdruck in anderen Rollen zu verhelfen. Wenn sie dort ausgelebt werden, entfällt häufig das Motiv für die Einmischung.

4.1.9.3 Rollenverwirrung (Konfusion)

Von Rollenkonfusion kann man – etwas weiter gefasst als in der klassischen Transaktionsanalyse – dann sprechen, wenn Rollen in sich inkonsistent organisiert sind. Sie stellen dann kein plausibles kohärentes System von Einstellungen, Gefühlen, Verhaltensweisen, Wirklichkeitsperspektiven und Beziehungsvorstellungen dar, sondern sind eher wirr. Dies kann so weit gehen, dass es für einen Kommunikationspartner oder Beobachter überhaupt schwer möglich ist, verschiedene Einstellungen, Gefühle, Verhaltensweisen, Wirklichkeitsbezüge und Beziehungsgestaltungen zu einem einigermaßen kohärenten Rollenbild zu formen. Von daher kann oft auch gar nicht festgestellt werden, welchen Rollen oder Rollenbereichen die Rollenelemente zuzuordnen sind.

Konfusion ist zunächst eine Kategorisierung des beobachteten Erlebens und Verhaltens und steht im Gegensatz zu Klarheit, Verständlichkeit und Überschaubarkeit von Rollen. Entwirrung oder Dekonfusion hat zum Ziel, Kohärenz innerhalb der Rollen herzustellen.

Ob man ein Durcheinander zwischen den Rollen besser als Verwirrung oder als Trübung darstellt, muss pragmatisch entschieden werden. Häufig ist es sicher plausibler, nicht von der Beseitigung von verwirrenden Störungen auszugehen, sondern von der Notwendigkeit, überhaupt geordnete Verhältnisse herzustellen. Rollenverwirrung kann insofern ein Ausdruck mangelnder Rollenkompetenz sein. Dann muss nicht Verwirrung beseitigt, sondern vorrangig neue Ordnung geschaffen werden.

4.1.9.4 Rollengewohnheiten (Rackets)

Da hier Rollengewohnheiten innerhalb des Bereichs der »Beeinträchtigungen« behandelt werden, sind die Rollengewohnheiten gemeint, die nicht der Situation, dem Kontext oder der eingenommenen oder notwendigen Rolle entsprechen.

Gewohnheiten haben eine komplexitätssteuernde und koordinierende Kraft. Es gibt einen großen Bereich von Rollengewohnheiten, die das Leben funktional und leichter machen. Lediglich wenn die Rollengewohnheiten nicht als solche identifiziert und kreativ verändert werden können, sollte dies notwendig, befriedigender oder ökonomischer sein, werden Rollengewohnheiten zu einem Problem. Dies kann bspw. der Fall sein, wenn die professionellen Rollengewohnheiten eines Psychotherapeuten mit entsprechendem Wirklichkeitsbezug und der dazugehörigen professionellen Plausibilität in Unternehmen wirksam werden. In Organisationsberatungen sind rechtliche, strukturelle, ökonomische und marktorientierte Fragestellungen für die angeforderte professionelle Arbeit oft relevanter. Werden dennoch zwischenmenschliche Fragestellungen gewohnheitsmäßig in den Vordergrund gerückt, kann dies destruktiv, mindestens aber unökonomisch sein und die ohnehin knappen Ressourcen des Klientensystems an Bewältigungskraft verbrauchen.

Die Frage der Rollengewohnheiten kann analog zu der Diskussion der verschiedenen Racket-Definitionen und ihrer Aussagebereiche mit vielen Fragestellungen und entsprechenden Vorgehensweisen kombiniert werden. Ausführliche Diskussionen der Racket-Konzepte gibt es in den Standardlehrbüchern der TA. Sie sollen hier nicht wiederholt werden.

4.1.9.5 Funktionelle Einschränkungen

Der Begriff der funktionellen Einschränkung ist analog zur funktionellen Ich-Zustands-Pathologie der klassischen Transaktionsanalyse gewählt, muss aber neu gefüllt werden.

Zum Beispiel könnte man unter diesem Begriff Aktivierungs- bzw. Deaktivierungszeiten für Rollen und den dafür notwendigen Aufwand betrachten. Dies kann sich etwa darauf beziehen, dass es Menschen manchmal zunehmend schwer fällt, sich in die ihnen geläufigen Rollen hineinzufinden. So kann für einen Berater am Montagmorgen die Zeit viel länger oder der seelische Kraftaufwand immer größer werden, seine professionelle Rolle einzunehmen, die Aufmerksamkeit und die Intuition und das innere Engagement in dieser Rolle anzusiedeln. Oder es kann zunehmend schwieriger werden, nach Feierabend den Wechsel in Privatrollen zu vollziehen und sich von den in den professionellen Rollen gemachten Erfahrungen zu lösen. Dieses manchmal salopp »Nachdieseln« genannte Phänomen kann z.b. ein Zeichen für einseitige Lebensorientierung oder zunehmendes Ausbrennen sein. Man könnte den funktionellen Einschränkungen auch die unkontrollierte Prioritätenverschiebungen in der Rollenwahl und in der Steuerung des Erlebens und Verhaltens aus verschiedenen Rollen heraus zuordnen. Hier müsste sicher weiter darüber nachgedacht werden, ob sich die Überschrift der funktionellen Einschränkung mit sinnvollen Konzepten und Betrachtungsweisen füllen lässt. Oder ob hier nicht Betrachtungsweisen fokussiert werden, die mehr oder weniger dynamische Aspekte anderer, bereits durch andere Konzepte erfasste Fragestellungen darstellen.

4.1.9.6 Rollenmodell und Strukturmodell der Persönlichkeit

Das klassische Strukturmodell der Persönlichkeit kann bei Bedarf mit dem Rollenmodell der Persönlichkeit kombiniert werden. Wie in der klassischen TA üblich, kann man bei der Analyse von Rollen fragen, ob die in ihnen gezeigten Gedanken, Gefühle und Verhaltensweisen gegenwarts- und realitätsbezogen sind (neopsychisches System), ob sie selbst früher generiert und auf die früheren Wirklichkeiten bezogen zu verstehen sind (archeopsychisches System), oder ob sie von anderen übernommen wurden (exteropsychisches System).

Diese zusätzlichen Fragen können auch in Professions- und Organisationsrollen-Bereichen sinnvoll gestellt werden.

> *Im Organisationsrollen-Bereich kann man sich z.B. vorstellen, dass ein Personalvorstand, der früher Mitarbeiter der Finanzrevision gewesen ist, bei Strategieentscheidungen Gesichtspunkte der früheren Organisationsrolle – also ein Denken, Fühlen und Verhalten als Finanzrevisor – in sich aktiviert und auf diese Weise Ich-Zustände aus dem archeopsychischen System seiner Organisationsrollen lebt. Vielleicht könnte er sogar als Sohn eines Gemeindepfarrers die Organisationsrolle des Vaters gegenüber dem Kirchengemeindevorstand übernehmen und dessen Art sich zu rechtfertigen, menschliche Belange des Einzelnen und Glaubensfragen gegenüber Haushalts- und Politikfragen in den Vordergrund zu rücken, kopieren. Ohne es zu merken – vielleicht ausgelöst durch äußere Ähnlichkeiten der Situation, in der er den Vater erlebt hatte – könnte er dessen Rollenausgestaltung ausleben, die ansonsten in seiner professionellen und privaten Welt nie zum Vorschein gekommen ist und auch keine weitere Bedeutung hat.*

Auf diese Weise können Rollen im Hinblick auf die speziellen Fragestellungen des klassischen Strukturmodells nach der Herkunft der Ich-Zustände bzw. Rollen befragt werden. Sofern es zur professionellen Situation passt, können dann auch methodische Vorgehensweisen, bezogen auf solche Diagnosen, aktiviert werden.

4.2 Rollenmodell und Wirklichkeit in Beziehungen

Aus der Perspektive der Beziehungen sollen im Folgenden Ansätze zur Beschreibung von Transaktionen, von Spielen und von dysfunktional-symbiotischen Beziehungen mit Hilfe des Rollenmodells skizziert werden.

Kommunikation ist aus dem Verständnis der systemischen Perspektive ein co-kreativer Wirklichkeitserfindungsprozess. Durch Kommunikation werden nicht nur Botschaften ausgetauscht, sondern es werden die Rollen, aus denen heraus kommuniziert wird, die Kontexte, auf die man sich bezieht und ebenso die dazugehörigen Beziehungen definiert. Vieles davon geschieht so gewohnheitsmäßig und mit gegenseitig abgesichertem Vorverständnis, dass dieser Vorgang sich oft unserer Aufmerksamkeit entzieht. Das sorgfältige Beachten des Kommunikationsbeginns als Keimsituation und als Weichenstellung für Kommunikationsergebnisse hat eine gute Tradition in der Transaktionsanalyse. Eine solche Fokussierung müsste in diesem Fall auf die Bestätigung oder Nicht-Bestätigung von Vorverständnissen bzw. auf Neudefinitionen beim Kommunikationsbeginn ausgedehnt werden.

Der Vorgang des Kreierens von Wirklichkeitsszenarien soll im Folgenden illustriert werden.

»Werd ich zum Augenblicke sagen, verweile doch, du bist so schön, dann kannst du mich in Fesseln schlagen, dann will ich gern zu Grunde gehen.« (GOETHE)[2]

Wenn der Leser sich nun selbst beobachtet, was das Lesen dieses Satzes in ihm auslöst, wird es vielleicht verständlich, wie hier ein weit verbreitetes kulturelles Vorverständnis eine ganz bestimmte Welt kreiert. Er erzeugt vielleicht die Wirklichkeitsperspektive eines Schicksalsdramas mit philosophischem und metaphysischem Hintersinn. Er definiert die Persönlichkeit, die Welt ihres Sprechers (Faust), der in diesem Stück eine bestimmte Rolle spielen wird. Es entsteht in uns ein Vorverständnis der dazu komplementären Rollen (Mephisto, Gretchen usw.) und des zu erwartenden Ablaufes der Geschehnisse. Hinzu kommen Vorstellungen über die Art der Inszenierung, über die Interpretation der Charaktere und das Bühnenbild, die Kostüme, die vermutliche Art des Publikums und Ähnliches auf einer weiteren Betrachtungsebene.

Jede Äußerung kann man im Prinzip als Autorenbeitrag verstehen, der zur Definition von Rollen, zur Beschreibung von Charakteren, zur Definition von Beziehungen und Handlungsabläufen sowie zu möglichen Thematiken des aufgeführten Stücks einlädt. Die eingeladenen Partner sind Koautoren des aufzuführenden Stücks. Oft sind sie auch Mitintendanten der Aufführungsinstitution oder Protagonisten der Gesellschaft, die diese trägt.

Wenn wir die Menschen in ihren Rollen betrachten, kommen die Gesellschafts- und Systemkräfte zutage, die auf die Rollen einwirken, ja sie sogar häufig weit mehr bestimmen als das dem Rollenträger bewusst ist.

Allein die notwendige Spezifizierung der am Kommunikationsprozess beteiligten Rollen wirft eine Reihe von nützlichen Fragen auf. Der Sender kann sich fragen, in welchem Rollenbereich er die Kommunikation überhaupt eröffnen möchte. Der Empfänger kann sich vor einer Reaktion über die angebotene Rollenebene orientieren und selbst über komplementäre oder nicht-komplementäre Antworten entscheiden. Bei der Kommunikationseröffnung müsste das Augenmerk zunächst darauf gerichtet werden, ob die richtige Rollenebene in der Beziehung etabliert und der Partner wirksam in diesem Rollenbereich angesprochen wird. Entweder entsteht dabei ein Metabewusstsein, mit dem die am Kommunikationsprozess Beteiligten sich gegenseitig die Wahl der Kommunikationsebene signalisieren. Oder – falls Metakommentierungen nicht opportun sind – der Sender kann durch das Adressieren bestimmter Rollen versuchen, die gewünschte Kommunikationsebene herzustellen. Ist dies nicht möglich, muss er entscheiden, ob das Kommunikationsziel mit einem sinnvollen Aufwand überhaupt erreicht werden kann. Hier gelten analog zum bereits Ausgeführten die bewährten Überlegungen und Vorgehensweisen im Aktivieren und Adressieren von Ich-Zuständen.

4.2.1 Transaktionen

BERNE hat als kleinste zu beobachtende Kommunikationseinheit die Transaktion definiert, also den Reiz durch einen Sender und die darauf bezogene Reaktion durch den Empfänger. Diese Definition möchte ich beibehalten, aber sie weiter auf die zuvor beschriebenen Gestaltungsebenen ausdehnen. Ich verwende dazu das im vorigen Kapitel eingeführte Rollenleitermodell mit den drei Rollenbereichen der Organisationsrolle, Professionsrolle und Privatrolle und bleibe zunächst bei der einfachen Version mit zwei Kommunikanten. Es entsteht so die Notwendigkeit, zuerst zu definieren aus welchem Rollenbereich ein Stimulus gesendet wird und an welchen Rollenbereich des Gegenübers er sich richtet. Antwortet der Empfänger aus dem vom Sender bei ihm angesprochenen Rollenbereich und richtet seine Antwort an den Rollenbereich, von dem der Reiz ausgegangen ist, so liegt – bezogen auf Rollenbereiche – eine komplementäre Transaktion vor.

Zum Beispiel gibt der Abteilungsleiter einer Bildungsabteilung seinem Mitarbeiter den Auftrag, eine Bildungsbroschüre zu erstellen, die in einer ganz bestimmten Aufmachung erscheinen und sich in einem festgelegten Kostenrahmen halten soll. Wenn der Mitarbeiter sich daraufhin nach Gestaltungskriterien entsprechend des strategischen Ziels der Abteilung, nach eventuellen Begutachtungskriterien durch relevante Empfänger und Ähnlichem erkundigt, so wäre dies eine komplementäre Reaktion.
- Fortsetzung s.u. -

Reiz und Reaktion könnten als komplementäre Transaktion im Bereich von Organisationsrollen (1. und 2. in Abbildung 7) dargestellt werden.

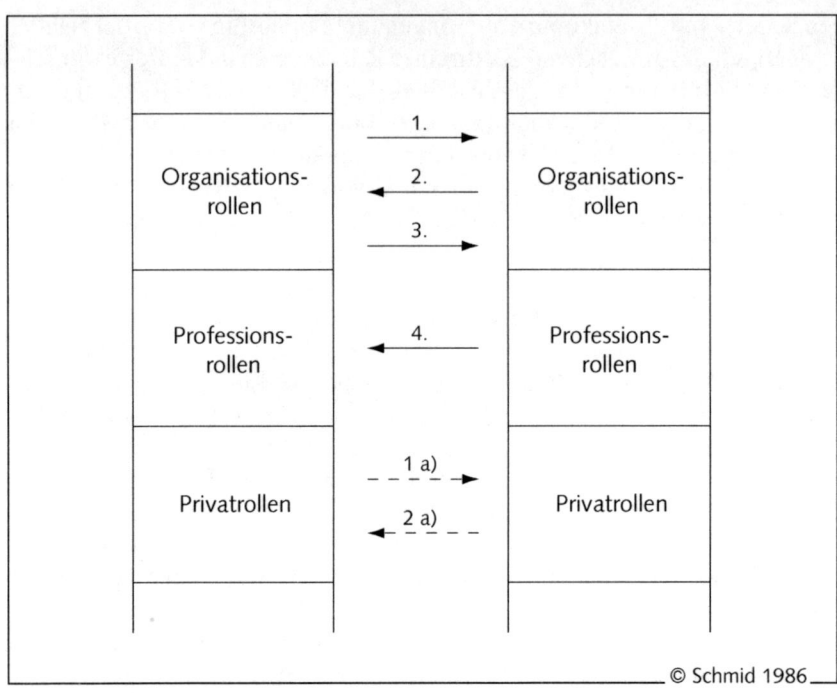

Abb. 7: Darstellung von Transaktionen mit Hilfe des Rollenmodells der Persönlichkeit an einem Beispiel

- Fortsetzung Beispiel -

Nehmen wir an, der Abteilungsleiter würde daraufhin einige solcher Kriterien nennen, wie z.b. die Besetzung bestimmter Zuständigkeitsfelder im Unternehmen oder eine Darstellung bisher gängiger Veranstaltungen unter einem neuen Etikett und Design (3.), so läge zunächst eine zum Rollenverhältnis eines Bildungsleiters bzw. Mitarbeiters der Abteilung passende Antwort vor. Zum Beispiel könnte gefragt werden, ob die Abteilung als Ganzes vorgestellt oder ob weiterdifferenzierte Zuständigkeitsbereiche einzelner Mitglieder dieser Abteilung deutlich gemacht werden sollen. Es könnte auch nachgefragt werden, ob eher aktiv geworben oder dezent auf Zugriffsmöglichkeiten hingewiesen werden soll. Für die Art solcher Nachfragen ist die Profession des Mitarbeiters – sei er technischer Trainer oder Organisationsentwickler – und erst recht seine privaten Ärgernisse über zuviel Werbepost im Briefkasten weniger relevant.

Angenommen der Mitarbeiter würde aber an dieser Stelle als EDV-Fachmann reagieren und das Ansinnen des Abteilungsleiters als völlig antiquiert zurückweisen, weil man solche Angebote mit elektronischen Medien situativen Veränderungen sehr viel besser anpassen könne. Auch könne er die Erfordernisse der Zeit der Mitarbeiter besser beurteilen als der Abteilungsleiter, der sich als Pädagoge technisch nicht auskenne (4.).

Eine solche Reaktion wäre – bezogen auf den Rollenbereich, aus dem geantwortet wird, im Verhältnis zum Rollenbereich, der angesprochen wurde – nicht komplementär. Reiz und Reaktion ergäben – bezogen auf die Rollenbereiche – eine nicht-komplementäre Transaktion.

Ob eine Transaktion als komplementär oder nicht-komplementär zu betrachten ist, hängt von der Differenzierung innerhalb des Leitermodells ab. So kann bezüglich des Rollenbereichs Komplementarität, innerhalb der Organisationsrollen z.b. aber eine nicht-komplementäre Transaktion festgestellt werden. Ein Mitarbeiter könnte seine Führungskraft um die Klärung der Priorität bei Arbeitsaufträgen bitten, falls ihm die Zeit nicht reichen sollte. Wenn daraufhin der Vorgesetzte – etwa durch Kommentare über seine Einschätzung der Leistungsfähigkeit des Mitarbeiters – eher aus der Rolle des Leistungsbeurteilers als aus der Rolle des Prioritätenentscheiders antwortet, liegt eine nicht-komplementäre Transaktion im Bereich der Organisationsbeziehung vor. Schließlich ist bei noch näherer Differenzierung denkbar, dass der Vorgesetzte zwar rollenkomplementär als Prioritätenentscheider antwortet, innerhalb seiner Rolle aber nicht die gewünschte komplementäre Reaktion zeigt (nämlich eine Prioritätenreihe der Aufgaben zu bilden), sondern alle Aufgaben als vorrangig definiert und an die Einsatzbereitschaft des Mitarbeiters appelliert.

4.2.2 Vordergründige und hintergründige Transaktionen (offene und verdeckte Transaktionen)

Im Rollenmodell der Beziehungen kann von einer vielschichtigen Kommunikation ausgegangen werden. Auch wenn bestimmte Rollenbeziehungen im Vordergrund stehen, werden parallel dazu Beziehungen auf anderen Rollenebenen gestaltet oder sind mitbetroffen.

Kunstvolle Kommunikation zeichnet sich häufig durch Kommunikationsfiguren aus, die verschiedenen Kommunikationszielen auf verschiedenen Rollenebenen gleichzeitig gute Dienste erweisen. Kommunikation dieser Art ist dicht, wirksam und ökonomisch. Wichtig ist lediglich, dass die Beteiligten – wenn nötig – Beziehungsgestaltung und Beziehungsergebnis bewusst in Augenschein nehmen, wenn hintergründige Rollenbeziehungen in sich schwierig werden oder beginnen, die vordergründigen Rollenbeziehungen zu belasten.

Es können auch Schwierigkeiten auftreten, wenn hintergründige Rollenbeziehungen von den Kommunikanten unbemerkt den Verlauf der offiziell vordergründigen Rollenbeziehung bestimmen. Nehmen wir an, im obengenannten Beispiel würde während der Diskussion um die zu erstellende Bildungsbroschüre – von den Beteiligten unbemerkt – Konkurrenz um männliche Attraktivität bei einer anwesenden Frau mitwirken. Reiz und Reaktion wären hintergründig bestimmt. ([→ 1a] und [← 2a] in Abbildung 7). Aus der Perspektive der Person könnte man vermuten, dass bei beiden Männern die unwillkürliche Aktivierung einer privaten Rolle erfolgt. Die Rolle als »konkurrierender Mann« könnte bei beiden ausführende Macht erhalten, also die Beziehungsgestaltung steuern, während das Ich-Bewusstsein in den Organisationsrollen angesiedelt bleibt.

Es gibt jedoch auch den umgekehrten Fall. Zwei Mitarbeiter einer Abteilung könnten Streit auf der Ebene ihrer Professionen haben – sagen wir, ein Streit zwischen Psychologin und Veranstaltungsorganisatorin. Diesen Streit tragen sie aus den Anschauungen und Gewohnheiten der jeweiligen Berufe heraus und auf der Ebene der Beziehungen zwischen diesen Berufen aus. Dabei könnten sie jedoch übersehen, dass die Beziehungsschwierigkeiten durch den Organisationsaufbau, wie etwa unverträglich doppelt definierte Zuständigkeiten, sehr viel stärker definiert sind als durch die unterschiedlichen Professionen.

Diese Annahme würde bekräftigt, wenn z.B. die Software-Trainer in der benachbarten Abteilung mit ihrer Veranstaltungsorganisation die gleichen Beziehungsschwierigkeiten haben.

In den Organisationsrollen können Beziehungsprobleme verwurzelt sein, die professionelle Auseinandersetzungen hintergründig steuern. Das Ich-Gefühl der Beteiligten kann dabei in den vordergründigen Professionsrollen angesiedelt sein. Zur Klärung solcher Situationen ist es wichtig, die hintergründige Organisationsrollen-Beziehung in den Vordergrund zu heben und zum Gegenstand der Arbeit zu machen. Auseinandersetzungen dieser Art könnten die Privatbeziehungen der Beteiligten mit beeinflussen und private Reaktionen aufeinander in den Vordergrund rücken lassen. Dies kann Beziehungsschwierigkeiten verstärken, da sie auf einer Ebene angegangen werden, auf der zwar Linderung, jedoch keine Lösung zu finden ist.

Umgekehrt kann eine Verschiebung von Vordergrund und Hintergrund auch ein kreatives Element darstellen. Obwohl es bezüglich der Organisation oder der Profession nicht ganz sachgemäß sein mag, können zeitweilige Hervorhebungen privater Beziehungen neue Beziehungsdynamiken entfachen, die stereotype Beziehungsmuster in Professions- oder Organisationsbeziehungen auflockern und neue Chancen eröffnen. Auch kann eine gemeinsame Weiterbildung eines Teams die Professionalität der Einzelnen und das gegenseitige Verständnis und Zusammenwirken in den verschiedenen professionellen Rollen fördern (personenqualifizierender Effekt). Dabei kann das gemeinsame Lernen einen Nebeneffekt auf die während der Bildungsmaßnahme hintergründigen Organisationsbeziehungen haben (systemqualifizierender Effekt).

Vielschichtige Rollenbeziehungen und auf Vielschichtigkeit bezogene Kommunikationsstrategien zeichnen viele Kommunikationssituationen aus. Hier wird die Frage wichtig, wann Vielschichtigkeit und Verschachtelung von Bezügen in sinnvoller Weise gleichzeitig beachtet und durch Maßnahmen beeinflusst werden kann. Oft ist es schon zum Schutz vor Überkomplexität wichtig, situativ manche Rollenbezüge ganz in den Hintergrund treten zu lassen. Sie können zu einem anderen Zeitpunkt und aus einer anderen Situationsdefinition heraus Gegenstand der Kommunikation werden.

Die Bildung solcher Prioritäten und Strategien und ihre aktive Berücksichtigung gehörten zum Repertoire professioneller Arbeit. Ein Organisationsberater muss sich z.b. überlegen, wie nützlich es für die Organisation und die Menschen darin sein kann, schlecht geregelte Delegationen und Ermächtigungen permanent über professionelles Einvernehmen und privates Miteinander-Auskommen zu kompensieren. Das kann über lange Zeit gut funktionieren. Die Kommunikation kann aber auch völlig entgleisen, wenn Rolleninhaber zu dieser Kompensation nicht mehr bereit oder in der Lage sind. Doch die Organisationsbeziehungen funktionieren nicht ohne rollenfremde »Schmiermittel«. Was anlässlich solcher Krisen erkannt und geändert werden könnte, wird jedoch häufig zu Unrecht den Rolleninhabern als Problem zugeschrieben.

Fragen zu Professions- und Organisationsbeziehungen entstehen z.B. in Unternehmen beim Übergang von der Pionier- zur Institutionalisierungsphase. In der Pionierphase basteln oft alle in einer Garage, gehen abends zusammen aus und verstehen sich gut.

Doch das Unternehmen wächst und die Intensität der privaten Beziehungen, die oft auch nur in jungen Jahren stimmig ist, verbraucht sich. Stattdessen tritt das Professionelle stärker in den Vordergrund. Irgendwann werden auch Vertreter anderer Professionen, wie z.B. Kaufleute in ein Ingenieurbüro einbezogen. Die oft unterschiedlichen Gestaltungsvorstellungen aus den verschiedenen Professionen heraus lassen sich in nicht geklärten Organisationsbeziehungen nur schwer konstruktiv aneinander ankoppeln. Man fühlt sich einander ferner und arbeitet weniger gerne zusammen als das geschichtlich gewachsene Selbstbild des Unternehmens suggeriert. Vielleicht hält man die Schwierigkeiten vorrangig für Konflikte zwischen

Ingenieuren und Kaufleuten. Die Skizzierung dieses Beispiels verweist auf Probleme vielfältiger Art, für die sich das hier vorgestellte Rollenmodell zu differenzierten Klärungen wie auch zu Illustrationen eignet.

4.2.3 Spiele

Während einzelne Transaktionen eher Standphotos gleichen, gehen wir bei der Betrachtung von Spielen zu Filmaufnahmen über. Wir betrachten nun transaktionale Beziehungsmuster, die erst im Ablauf ihre Gestalt entfalten und sich zu erkennen geben.

Analog zur klassischen Spieldefinition von BERNE ist ein Spiel eine Serie von unbeachteten, hintergründigen und komplementären Transaktionen mit einem absehbaren Beziehungsergebnis auf der hintergründigen Ebene. Die Entstehung der Beziehungsdynamik bis zum Ergebnis bleibt nicht selten unbeachtet. Dieses Beziehungsergebnis wird von den Kommunikanten oft erst dann erkannt, wenn es seine Folgen zeigt. Diese Folgen können unmittelbar ins Erleben der Beteiligten treten. Doch könnte man auch Folgen mit berücksichtigen, die sich dem direkten Erleben der Kommunikanten entziehen und bei anderen Betroffenen auftreten. Dies ist z.B. der Fall, wenn sich miteinander befreundete Mitglieder einer Geschäftsführung bei einem Zuständigkeitskonflikt nur scheinbar einigen, um ihr freundschaftliches Verhältnis nicht zu belasten. Die Probleme treten dann auf den nachfolgenden Hierarchieebenen auf. Hier öffnet sich ein weites Feld kommunikationsökologischer Fragestellungen.

Im klassischen Konzept der Spiele ging man davon aus, dass im Hintergrund und daher unbeachtet und komplementär zueinander passende psychologische Reinszenierungen von schwierigen Lebens- und Beziehungserfahrungen stattfinden. Ihr absehbares Ergebnis ist die Wiederholung dieser Erfahrungen. Folgen wir im Prinzip diesem Spielkonzept, so kommen wir zu folgender Spieldefinition:

Ein Spiel ist ein komplementäres Zusammenwirken auf einer hintergründigen Beziehungsebene, das zu absehbaren Ergebnissen der Beziehung führt.

Diese hintergründigen Beziehungsergebnisse können das Kommunikationsziel der vordergründigen Ebene beeinträchtigen oder die Kommunikation belasten. Die Entfaltung der so komplementär gestalteten hintergründigen Beziehung kann dazu führen, dass Prioritäten in den Rollenbezügen unkontrolliert verschoben werden. Auch können hintergründige Beziehungsdynamiken unerkannt die Steuerung der vordergründigen Beziehungen belasten oder gar dominieren.

*So kann zum **Beispiel** eine professionelle Abstimmung einer Beraterin und eines Beraters unwichtig werden, vollständig zum Erliegen kommen oder nicht mehr nach professionellen Kriterien stattfinden, weil beide unbemerkt erotische Beziehungsspiele auf der Hintergrundebene gestalten. Auch wenn die erotischen Interaktionen aus der Perspektive der Privatrollen erfreulich bleiben, können sie negative Auswirkungen auf die Gestaltung der Professionsbeziehung und die Wahrnehmung ihrer Professionsrollen haben. Sie können auch dazu führen, dass Professionsbeziehungen beibehalten werden, die professionell unfruchtbar, unökonomisch oder schädlich geworden sind. Beziehungsschwierigkeiten auf der im Hintergrund aktiven erotischen Ebene können auch eine Aushöhlung oder gar einen Abbruch fruchtbarer professioneller Beziehungen hervorrufen.*

Beim Umgang mit solchen Spielen kann man analog auf das vertraute Repertoire der Spielanalyse und des Durchkreuzens von Beziehungsspielen bzw. des Entkräftens durch Hervorhebung konstruktiver Beziehungsebenen zurückgreifen. Durch Anerkennen vielschichtigerer Beziehungsmöglichkeiten werden die Fragestellungen jedoch komplexer. Es muss eine Fokusbildung und Prioritätenauswahl durch den Professionellen, der solche Beschreibungen zur Steuerung seines Handelns benutzt, getroffen werden. Der Professionelle, der mit der Beziehung anderer arbeitet, kommt selbst mit ins Blickfeld. Entsprechend entstehen zusätzliche Abstimmungs- und Ankopplungsfragen, die unter dem Gesichtspunkt der Vertragsarbeit beantwortet werden müssen.

Es kann sehr unterschiedlich beurteilt werden, was in professionellen Situationen als vordergründig und was als hintergründig in Augenschein genommen werden soll. Für einen Unternehmenskultur-Berater mag es kein Problem sein, wenn er den Eindruck hat, dass in einem Unternehmen viele Arbeitskreise deswegen jahrelang weiterarbeiten, weil sich die Beteiligten sympathisch sind und Hobby-Interessen dabei pflegen können. Man kann die darauf verwendeten Ressourcen als für die Gestaltung der Zufriedenheit der Mitarbeiter am Arbeitsplatz optimal eingesetzt ansehen. Formale Bildungs- und Kommunikationsförderungsmaßnahmen erscheinen unnötig. Für einen ins Haus geholten Rationalisierungs-Berater liegen die Prioritäten unter Umständen anders, je nachdem unter welchen Gesichtspunkten er den Zusammenhang zwischen Ressourceneinsatz und erbrachter Leistung beurteilt. In jedem Fall aber können solche Fokussierungen die Entscheidungsträger, die Mitwirkenden und die Betroffenen auf die Art ihrer Beziehungssteuerung und auf die Kriterien hinweisen, nach denen Ressourcen verbraucht werden. Dies ermöglicht dann autonomere Entscheidungen.

Bislang wurden Spiele als eine problematische Kommunikationsgestaltung behandelt. Doch schon BERNE prägte den Begriff der »guten Spiele«. Er hat dieses Konzept aber nie ausgearbeitet.

Konstruktive Spiele sind dann solche, die unerkannt, hintergründig und in komplementärer Weise Beziehungen so gestalten, dass sie in überraschender Art die vordergründige Beziehungsebene anreichern und beflügeln. Sie können in Schwierigkeiten Durchhaltevermögen und Beziehungsmut stärken. Sie können es erleichtern, auf unfruchtbare Beziehungsformen zu verzichten und das Einvernehmen, die gegenseitige Achtung oder Möglichkeiten des Zusammenseins nicht völlig zu verlieren.

4.2.4 Ausbeutungs- und Symbioseaspekte von Beziehungen

Von dysfunktionalen Symbiosen wird gesprochen, wenn in Beziehungen Verantwortung gemieden und verschoben wird bzw. wenn die negativen Folgen gemiedener Verantwortungsübernahme verschoben werden, oder wenn die Aktivierung und Entwicklung von Potenzialen behindert wird.

Beispiel

Eine dysfunktional-symbiotische Beziehung zwischen einem budgetverantwortlichen Abteilungsleiter und seinem nicht-budgetberechtigten Leiter eines Arbeitsprojektes könnte z.B. so gestaltet sein. Der Abteilungsleiter lässt die Bitte um Klärung, welche der möglichen Projektvarianten finanziert werden könnten und welche nicht, mit dem Hinweis unbeantwortet, dass andere Projektverantwortliche seiner Abteilung ebenfalls berechtigte Ansprüche hätten. Dennoch verlangt der Abteilungsleiter bei jeder Gelegenheit Klärungen der beabsichtigten Projektstrategie und erkennbare Fortschritte. Nun sucht der Projektleiter seinerseits mit den anderen Projektleitern eine Klärung darüber, wie das verfügbare Budget auf die Projekte aufzuteilen wäre. Dabei verheddert er sich mit diesen in Streitgespräche über Wichtigkeit und professionelle Richtigkeit der jeweiligen Projekte. Die Beziehung zwischen Abteilungsleiter und Projektleiter kann weiter als dysfunktional-symbiotisch beschrieben werden. Der Projektleiter versucht die nicht übernommene Verantwortung des per Organisationsrolle zuständigen Budgetverantwortlichen zu übernehmen und verirrt sich bei den Klärungsversuchen mit seinen Kollegen auf die Ebene professioneller Rollenbeziehungen. Das entstehende Unbehagen »landet« bei ihm und eventuell seinen Kollegen. Aus der Organisationsrolle heraus wird die Verantwor-

tung von ihm nicht wirksam beim Abteilungsleiter eingefordert. Es gelingt nicht, das entstehende Unbehagen auf den Abteilungsleiter oder auf von ihm zu adressierende Verursacher zurückzuführen oder zumindest die Verschiebung auf andere zu vermeiden.

- Fortsetzung s.u. -

In vielen Organisationen gibt es von allen getragene Schutzmechanismen, welche die Verantwortlichen am Ausfüllen ihrer Verantwortung hindern oder es ihnen ermöglichen, Verantwortung zu meiden. Mechanismen, Verantwortung einzufordern, werden blockiert. Dies geschieht oft keineswegs absichtlich, sondern kann Ergebnis mangelnder Kompetenz oder eines fehlgeleiteten Rollenverständnisses sein.

Ein weiterer Aspekt dysfunktionaler Symbiosen besteht gemäß der Definition darin, dass die Beteiligten ihr Potenzial in dieser Beziehung nicht aktivieren oder nicht entwickeln.

- Fortsetzung Beispiel -

Wenn der Projektverantwortliche sein Potenzial, aus seiner Organisationsrolle heraus Budgetentscheidungen konstruktiv einzufordern, nicht aktiviert, trägt er zur Nichtentwicklung oder Nichtaktivierung der entsprechenden Rollenkompetenz des Abteilungsleiters bei. Der Projektverantwortliche könnte der Übernahme des Unbehagens z.B. folgendermaßen entgegenwirken. Er könnte Anweisungen des Abteilungsleiters, für die keine dazu passende Ausgabenermächtigung vorliegt, als Projektleiter nicht selbst in Auftrag geben, sondern vom Abteilungsleiter unterschreiben lassen. Dadurch kann dieser nicht unbedingt dazu gebracht werden, seine Verantwortung kompetent auszufüllen. Aber die Aussicht, dass kommende Schwierigkeiten auf ihn selbst zurückfallen könnten, wird eher seine Neigung zur Etablierung symbiotischer Beziehungen mindern.

Symbiotische Beziehungen werden oft auch in der Weise gelebt, dass gegenseitig Illusionen etabliert und genährt oder ihre Konfrontation mit der Realität vermieden werden. Hier könnte man eine aktive Verantwortung für die Spiegelung von Realität aus der Sicht der jeweiligen Rollen an die Partner der zur Rolle passenden Beziehungen betonen. Häufig wird aus Blindheit oder Trägheit, aus eigenen Illusionen oder aus Opportunismus heraus ein unverantwortlicher oder illusionärer Umgang anderer mit Wirklichkeit geduldet.

> **- Fortsetzung Beispiel -**
>
> *Spielt man ein bisschen mit obigem Beispiel, dann könnte man sich auch vorstellen, dass der Projektleiter mit einem im Prinzip richtigen Gespür Abhilfe schaffen möchte, dies aber auf problematischen Rollenebenen versucht. Er könnte seinem Abteilungsleiter z.B. innerhalb der Professionsbeziehung Unbehagen bereiten und ihm mangelnde Qualifikation auf der Fachebene vorwerfen. Er könnte auch ein gutes Einvernehmen in privaten Rollen – etwa in der Gemeinde oder ähnlichem – aufs Spiel setzen und dort Unbehagen bereiten. Dies könnte zu weiteren symbiotischen Verflechtungen führen. Der Abteilungsleiter ist vielleicht auf der Ebene der privaten Beziehung bereit, Ausgleich zu schaffen. Er könnte Verantwortung übernehmen, die eigentlich dem Projektleiter in seinen privaten Rollen zustünde. Oder er verzichtet darauf, professionelle Weiterentwicklungen seines Mitarbeiters einzufordern. Er könnte auch dort, wo professionelle Potentiale fehlen und Unbehagen in der Organisation darüber entsteht, den Projektleiter gegen Angriffe abpuffern usw. So entstehen Unfähigkeitskartelle und Filz.*

Dysfunktional-symbiotische Beziehungen zwischen Rollen kann man sich auch innerhalb einer Person vorstellen. Ein Freiberufler hat dann z.B. in seiner Beraterrolle Schwierigkeiten durchzustehen, die er sich in seiner Unternehmerrolle eingebrockt hat. Er vermeidet, die Rolle des Anbieters von Beratungsleistungen in seinen unternehmerischen Aspekten weiterzuentwickeln und damit die Voraussetzung für sinnvolle Beratungssituationen zu schaffen. Statt dessen versucht er, durch situative Virtuosität aus fehlangelegten Situationen etwas zu machen, bzw. falls dies nicht gelingt, in privaten Rollen an professionellen Selbstzweifeln zu leiden.

Symbiotische Dynamiken innerhalb einer Organisation können sich als persönliche Dynamiken zwischen den Rollen ihrer Mitglieder abbilden. Umgekehrt können sich innere symbiotische Rollendynamiken von maßgebenden Gestaltern einer Organisationskultur als dysfunktional-symbiotische Muster in den Organisationsbeziehungen abbilden.

Anmerkungen

1 Wo ist der Wind, wenn er nicht weht? Kapitel VII; Download möglich unter: www.systemische-professionalitaet.de

2 J. W. Goethe: Faust I, Studierzimmer. Aufbau-Verlag; Berlin, Weimar 1986.

5. DIE KONSTRUKTION VON WIRKLICHKEITEN

Nicht nur bei Klienten ist die Art und Weise der Weltanschauung mit ihrer Lebensgestaltung und der erlebten Lebensqualität eng verknüpft. Auch die professionelle Arbeit hängt wesentlich von den durch die professionellen Konzepte und Vorgehensweisen eingeführten Wirklichkeitskonstruktionen ab.

Die Art und Weise, wie in bestimmten Kontexten Aspekte der Wirklichkeit zu einem Bild zusammengefügt werden, soll Gegenstand systematischer Betrachtung werden. Auf diesem Weg sollen Denkfiguren und Vorgehensweisen geschaffen werden, mit deren Hilfe wir bewusster und verantwortlicher mit der Tatsache umgehen, welche Wirklichkeit wir durch unser Denken, Erleben und Handeln bei uns selbst und bei anderen schaffen. Es soll ein Instrumentarium entwickelt werden, mit dem nicht nur die Wirklichkeitsvorstellungen der Klienten, sondern auch die durch Professionelle eingebrachten Umgangsweisen mit Wirklichkeit von einem Metastandpunkt aus befragt werden können. Damit soll Sorge getragen werden, dass wir uns kein Bildnis machen, indem wir Konzeptfiguren verdinglichen, für Wirklichkeiten halten, ja sogar personifizieren und zu Lebewesen stilisieren. Hierzu verführt ein gewohnheitsmäßiger Umgang mit den besonders anschaulichen TA-Konzepten immer wieder.

Der Begründer der TA ERIC BERNE muss daran geglaubt haben, dass über die Wirklichkeit erworbene Ideen lebensbestimmend sind, und dass es möglich ist, durch gezielte Botschaften einschränkende Ideen aufzulösen und so neuen wachstumsfördernden Ideen Raum zu geben. Er hat von diesem Vorgang wohl mehr gehalten als von der allzu hingebungsvollen Beschäftigung mit der Geschichte eines Menschen (Archäologie-Spiel) oder der diagnostischen Etikettierung von Menschen (Psychiatrie-Spiel) oder der blumigen Entfaltung von Erlebens- und Verhaltensweisen, die im gesellschaftlichen Lebensbezug nicht tauglich sind (Treibhaus-Spiel).

Grundsätzlich ist festzuhalten: die Art der Fragestellungen bestimmt die Art der möglichen Antworten. Das Bewusstsein, dass eine Analyse immer auch mit der Art des eigenen Fragens und der eigenen Konzeptionalisierung von Wirklichkeit zu tun hat, dringt in den letzten Jahren zunehmend auch in das psychotherapeutische Denken ein. Die Transaktionsanalyse hat auf Grund ihrer kognitiven Orientierung und weil es keine stark eingeschworene Glaubensrichtung in den verschiedenen Schulen der TA gibt, gute Chancen, ein die eigenen Annahmen mitreflektierendes professionelles Bewusstsein zu entwickeln.

Im Unterschied zum vorigen ist dieses Kapitel aus der Sicht der Psychotherapie geschrieben, da es aus der Zeit stammt, in der der Autor sich vorrangig noch als Psychotherapeut verstand. Die Überlegungen gelten jedoch analog für andere Professionen.

Es ist klinisch-psychotherapeutisch interessant, die Logik und die Implikationen der übergreifenden Ideenmuster eines Systems oder eines Subsystems (Ich-Zustände) zu studieren. In der Behandlung hat es praktische Bedeutung, dass mit der Aktivierung bestimmter Ich-Zustände auch bestimmte Ideenmuster als handlungs- und erlebensleitend aktiviert werden. Umgekehrt bewirkt das Aktivieren anderer Ideenmuster bzw. ihre Einführung in den Bezugsrahmen einer Person eine andere Selbstorganisation der Persönlichkeit.

5.1 Der Bezugsrahmen

In der Analyse der Persönlichkeit anhand des Strukturmodells der Ich-Zustände wird bislang wenig berücksichtigt, wie Subsysteme der Persönlichkeit bzw. wie psychische Funktionen vernetzt sind. Durch die Beiträge der Kathexis-Schule der TA (SCHIFF et al. 1975) wurde dieser Aspekt stärker fokussiert. Der Bezugsrahmen wird dort als ein die Ich-Zustände umfassendes und deren Zusammenspiel organisierendes Metaprogramm verstanden. Durch die Definition »neurological pathway« wird darauf hingewiesen, dass dem Ideenmuster eine das Nervensystem bahnende Kraft zuerkannt wird. Umgekehrt wird dieses Ideenmuster aus den verschiedenen Ich-Zuständen gespeist. Auch wird durch die Aktivierung bestimmter Ich-Zustände deren Anteil am gegenwärtig wirksamen Ideenmuster in den Vordergrund gerückt, während andere (manchmal dazu konträre Ideenmuster) in den Hintergrund rücken.

Die Bezugsrahmen von Klient und Therapeut sollen und müssen unterschiedlich sein und miteinander konfrontiert werden, sonst ist ein therapeutisch signifikanter Kontrast nicht zu bilden. Manchmal entsteht in einem therapeutischen Kontakt deshalb keine hilfreiche Konfrontation, weil (von den Beteiligten unbemerkt) alle einen Bezugsrahmen teilen, der – von einer dritten Position aus betrachtet – als dysfunktional und nicht entwicklungsfördernd angesehen werden kann. Die Auseinandersetzung mit den eigenen Ideen, die Bewusstmachung des eigenen Wirklichkeitsverständnisses und die Fähigkeit, diesem Wirklichkeitsverständnis von einem Metastandpunkt aus betrachtend und experimentierend gegenüberzutreten, sind wichtige Lernaufgaben für den professionellen Kommunikator.

Viele Fragestellungen führen deshalb nicht zu Lösungen, weil sie selbst bereits Ideen enthalten, die in Frage gestellt und durch neue Ideen ersetzt oder ergänzt werden müssten, damit sinnvollere Antworten überhaupt möglich werden. Zwei Fische, die nie das Wasser verlassen haben, haben keinen Begriff von Wasser, da dieser erst durch ein Kontrasterlebnis (eine signifikante Unterschiedsbildung) erfahr- und begreifbar gemacht werden kann. Es muss sich jemand finden, der Luft und Wasser in Kontrast zueinander setzen kann, um den beiden Fischen begreiflich zu machen, in welchem Element sie sich befinden. Nur so können sie ihren eigenen Kontextbezug besser verstehen und, falls dies zur Lösung bestimmter Probleme erforderlich sein sollte, vorübergehend oder dauerhaft den bisherigen Kontext verlassen.

Fraglich ist, was hinsichtlich des Bezugsrahmens als pathologisch zu betrachten ist. Ist dies umso mehr der Fall, je widersprüchlicher verschiedene Aspekte des Bezugsrahmens einer Person untereinander sind, und je mehr diese Widersprüchlichkeiten zu einer ebenso widersprüchlichen Persönlichkeitsorganisation führen? Oder gilt dies nur, wenn die Widersprüchlichkeit nicht schöpferisch genutzt werden kann? Der Bezugsrahmen einer Person kann im Widerspruch zum Bezugsrahmen des sozialen Umfeldes stehen, ohne dass die Person mit diesen Widersprüchen konstruktiv umzugehen vermag. Müsste man dann den Bezugsrahmen bzw. die Organisation der Ideenmuster als dysfunktional oder pathologisch betrachten? Vielseitige Ideenmuster, die zueinander und zu den Ideen anderer im Widerspruch stehen, sind wohl kaum von vornherein als krank zu betrachten. Sondern sie können auch konstitutive Merkmale einer schöpferischen Persönlichkeit oder notwendige Begleiterscheinungen kultureller Umbrüche sein.

Der Bezugsrahmen einer Person wird, wenn er alle Subsysteme umfasst, in der strukturellen Darstellung der Persönlichkeit als eine Hülle um die (die Ich-Zustands-Kategorien repräsentierenden) drei Kreise dargestellt. Damit wird angedeutet, dass der übergreifende Wirklichkeitsbezug eines Menschen mit untersucht wird. Realität ist zudem auch ein Beziehungsphänomen. Ein Mensch kann in unterschiedlichen Beziehungskontexten ganz unterschiedliche Realitäten leben. Eine bestimmte Beziehungskonstellation kann eine Wirklichkeit hervorrufen, die in keiner Einzelperson oder in einzelnen Beziehungen als wesentliche Kraft nachgewiesen

werden kann. Abbildung 8 illustriert die Notwendigkeit, einen Realitäts-
entwurf daraufhin zu untersuchen wann er auftritt, von wem er geteilt wird
und wie er beim Zusammentreffen der jeweiligen Personen aktiviert wird.

Zum Beispiel macht es in der Therapie einer Familie einen Unterschied,
ob man einen dysfunktionalen Bezugsrahmen nur dann feststellen kann,
wenn die Kernfamilie beisammen ist, jedoch nicht, wenn einzelne Familienmitglieder in anderen sozialen Kontexten stehen.

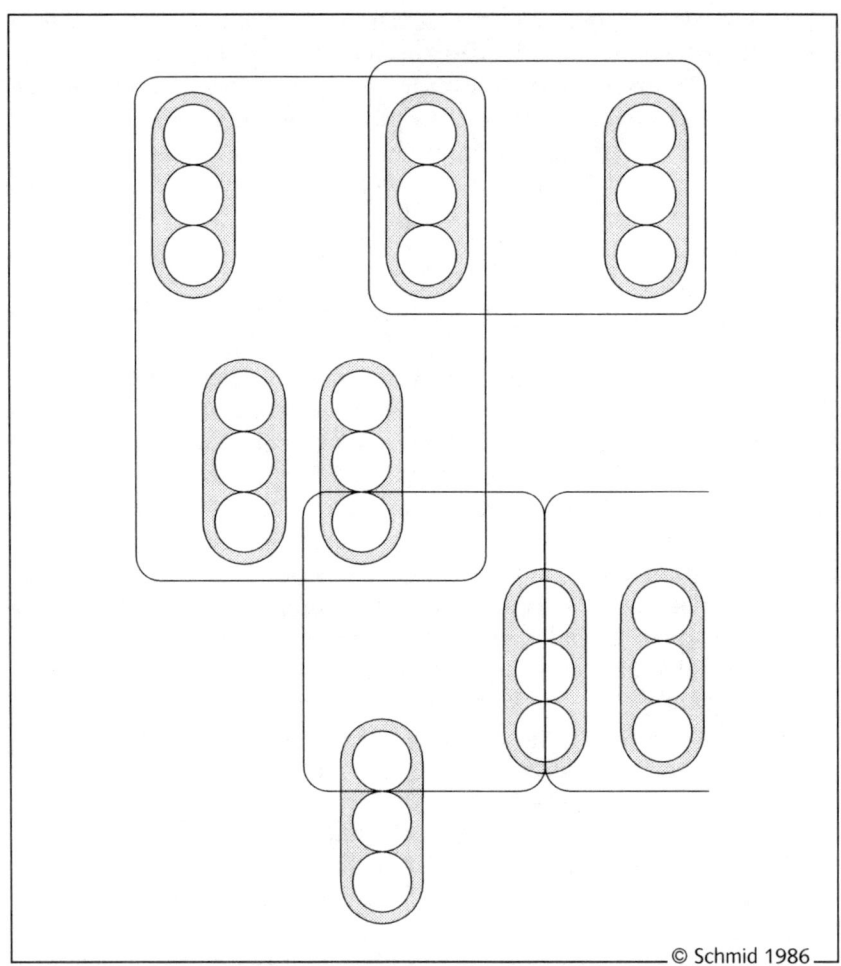

© Schmid 1986

Abb. 8: Graphische Darstellung verschiedener, ineinandergreifender
Bezugsrahmen

Wir fangen also an, sehr viel spezifischer zu fragen, wie, wann und unter welchen Umständen sich die Familie in einer dysfunktionalen Wirklichkeit verfängt, obwohl jeder Einzelne und vielleicht sogar alle zusammen zu anderen Zeiten nützliche, befriedigende und funktionale Bezugsrahmen leben können.

Es wäre etwas kurzschlüssig davon auszugehen, dass jede dysfunktionale Idee, der wir bei einer Person in einem bestimmten Kontext begegnen, tatsächlich von großer gestaltender Kraft auch in anderen Kontexten ist. Manche dysfunktionale Ideen treten bei Klienten überhaupt nur im Kontext einer beratenden, therapierenden oder sonst wie betreuenden professionellen Beziehung auf. Dann besteht die wichtigste Therapie oft darin, diese Kontexte möglichst bald aufzulösen, da sich die Art und Weise, sich um Gesundung zu bemühen, selbst zur Krankheit entwickelt hat.

5.2 Definieren, Kodefinieren und Redefinieren

In der Kathexis-Schule hat man sich mit Kommunikationsmanövern von Patienten beschäftigt, wenn sie mit dem Bezugsrahmen von Therapeuten konfrontiert wurden. Dieser wurde aus therapeutischen Gründen zur gültigen Sicht von Wirklichkeit erhoben. Aus dieser Sicht wurde dann der Bezugsrahmen der Patienten konfrontiert. Die Versuche der Patienten, die Infragestellung der eigenen Ideen, Erlebens- oder Verhaltensweisen aus dem Bezugsrahmen der Therapeuten abzuwehren, wurden als Redefinitionen untersucht. Die entsprechenden Verhaltensweisen wurden Redefinitionstransaktionen genannt.

Wenn es eine Redefinitionstransaktion gibt, müsste es eigentlich auch eine Definitionstransaktion geben. Dies wäre dann eine Transaktion, die eine bestimmte Idee als wirklich, maßgebend oder möglich definiert und damit einen bestimmten Bezugsrahmen postuliert, der vom Empfänger akzeptiert wird. Bestätigt ein anderer diese Definition und/oder ergänzt sie durch dazu passende Ideen, könnte man diesen Vorgang Kodefinieren nennen und entsprechend von einer Kodefinitionstransaktion sprechen. Redefinitionstransaktionen wären dann Transaktionen, in denen die Konfrontation mit einer Idee, die vom gegenwärtigen Bezugsrahmen abweicht, abgewehrt wird.

Kodefiniert oder redefiniert eine Person in einer bestimmten Situation, heißt dies nicht unbedingt, dass die ganze Person dem konfrontierenden Bezugsrahmen zustimmt oder diesen abwehrt. Sondern es kann sehr wohl sein, dass z.B. in Bezug auf einen Ich-Zustand des exteropsychischen Systems eine Redefinitionstransaktion zu erwarten wäre, während in Bezug auf einen Ich-Zustand des archeopsychischen Systems eine Kodefinitionstransaktion möglich wäre.

Die Kathexis-Schule unterscheidet zwei Arten von Redefinitionstransaktionen, nämlich die Blockierungstransaktion und die tangentiale Transaktion. Das in den Fokus gebrachte Ideenmuster wird aus dem Fokus entfernt (Defokussierung) oder so verschoben, dass die vermutete Konfrontation des eigenen Bezugsrahmens nicht stattfindet (Fokusverschiebung).

Mit Kodefinition oder Redefinition ist nicht die Frage gemeint, ob eine Person eine bestimmte Idee für richtig, angenehm oder wertvoll hält. Vielmehr ist entscheidend, ob sie überhaupt bereit ist, die ihr entgegengebrachte Idee als eine mögliche gelten zu lassen und den eigenen Ideen prüfend gegenüberzustellen. Nebenbei sei erwähnt, dass der Wert eines Ideenmusters nicht in seiner »Wahrheit« liegt, sondern in der Lebensqualität, die entsteht, wenn diese Idee verwirklicht wird. Die Konsequenzen von Ideen – auch im Sinn- und Wertempfinden, das durch Ideen gestiftet wird – sind entscheidend.

Eine Kodefinition ist also eine Transaktion, mit der eine komplementäre Wirklichkeitsauffassung definiert wird, während eine Redefinition eine nicht komplementäre Wirklichkeitsauffassung definiert.

Die aus der klassischen TA vertrauten Konzepte der komplementären und nichtkomplementären Transaktionen könnten hier genauso Anwendung finden, wie die dazugehörigen Überlegungen im Zusammenhang mit Spielen. Man könnte z.B. von Redefinitionstransaktionen auf der vordergründigen Ebene und Kodefinitionstransaktionen auf der hintergründigen Ebene sprechen. Ein streitsüchtiges Paar, das auf der offenen Ebene ständig in unvereinbarer Weise sich und ihre Beziehung definiert, kodefiniert damit auf einer hintergründigen Ebene, dass intime Beziehungen nicht möglich oder nicht wünschenswert sind.

5.3 Wertung und Abwertung

Als wahrnehmungsbeeinträchtigend wird betrachtet, wenn eine Person die tatsächliche oder ihr mögliche Erfahrung oder die ihr begegnenden alternativen Ideen in der inneren Verarbeitung verfälscht, um eigene dysfunktionale Bezugsrahmen aufrecht zu erhalten. Diesen Vorgang nennt man Abwertung. Er wird in der TA als interner Mechanismus definiert, auf den z.B. auf Grund beobachteter Redefinitionstransaktionen geschlossen wird.

In der Kathexis-Schule wurden verschiedene Generalisierungsstufen und

Ideenbereiche der Abwertung unterschieden und als diagnostische Hilfsmittel verwendet (Abwertungshierarchie und -bereiche). Bezogen auf ungelöste Probleme werden vier Stufen der Nicht-Wertung unterschieden: Existenz, Bedeutung, allgemeine und persönliche Lösbarkeit von Problemen. Solche Raster dienen als Leitfaden dafür, in welcher logischen Reihenfolge Abwertungen konfrontiert und damit der Bezugsrahmen des Gegenübers erfolgreich in Frage gestellt werden muss.

Wenn es um die innere Auseinandersetzung mit Wirklichkeitsauffassungen geht, liegt nahe, den Begriff der Abwertung (discount) durch den Begriff der Wertung (account) zu ergänzen. Dann könnte man sinnvoll studieren, ob sich jemand auf eine andere Wirklichkeitsauffassung einlässt oder nicht. In einer fachlichen Diskussion kann jemand die Bedeutung einer bestimmten diagnostischen Beobachtung sehr wohl anerkennen, jedoch Vorstellungen bezüglich der Lösbarkeit resultierender Schwierigkeiten nicht akzeptieren. Hier könnte das Begriffsinventar aus der Auseinandersetzung mit Bezugsrahmen und Wirklichkeitserfahrungen auch zur Klärung von Konsens und Dissens bei der Konstruktion von und dem professionellen Umgang mit Wirklichkeitsauffassungen nützlich sein (SCHMID/CASPARI 1998d).

Die Begriffe Abwertung und Redefinition sollten nicht pathologisiert werden. Es kann einfach nur ausgesagt werden, dass jemand einer definierten Wirklichkeitsauffassung nicht komplementär begegnet und eine nichtkomplementäre Wirklichkeitsauffassung dagegen setzt. Dies kann aus der Sicht der inneren oder der interaktionalen Vorgänge im Zusammenhang mit der Wirklichkeitskonstruktion geschehen. Gerade wenn Definitionstransaktionen als äußeres Verhalten analysiert werden, muss nicht zwangsläufig geklärt werden, auf welche Weise der konfrontierenden Wirklichkeitsauffassung die innerliche Anerkennung verweigert wird. Dennoch kann zusätzlich interessieren, ob jemand eine Wirklichkeitsauffassung und Erfahrung sehr wohl bedenkt, ihr aber keine Gültigkeit einräumt, oder ob eine bestimmte Wirklichkeitsauffassung überhaupt nicht in Erwägung gezogen wird.

5.4 Fokusbildung

Beim Fotografieren hängt die Auswahl des Fokus einmal mit der Standortwahl des Fotografierenden zusammen, zum anderen mit den Möglichkeiten, die der Fotoapparat bietet. Nehmen wir an, dass der Standpunkt des Foto-

grafierenden festgelegt ist. Dann bietet ein Standobjektiv weniger Möglich-
keiten, die Größe des Bildausschnittes zu wählen. Nehmen wir weiter an,
man möchte eine einzelne Blume optisch hervorheben, kann aber vom ge-
wählten Standpunkt aus nur die ganze Wiese fotografieren. Man wird auf
dem Foto nur einen Gesamteindruck der Wiese haben, kann aber von der
einzelnen Blume zu den anderen Blumen keinen Unterschied bilden, der für
den Betrachter Bedeutung gewinnen könnte. Diese Hervorhebung wird eher
möglich, wenn man die Blume mit einem Zoom-Objektiv so weit heranholen
kann, dass sie durch eine geeignete Ausschnittswahl in einen Kontrast zu
den Blumen in ihrer Umgebung gesetzt werden kann. Durch diese Technik
der Fokussierung wird es dem Beobachter nun möglich, aus einem Gesamt-
bild manche Aspekte in den Vordergrund und andere Aspekte im Kontrast
dazu in den Hintergrund zu rücken oder ganz auszublenden.

Durch die Wahl des Blickwinkels kann man darüber hinaus auswählen, vor
welchem Hintergrund die einzelne Blume dargestellt werden soll. Dadurch
entsteht ein Kontext oder Rahmen für die Betrachtung. Es macht einen Un-
terschied, ob man Gänseblümchen von oben im Kontrast zur bloßen Erde,
von der Seite im Kontrast zu einer Tulpe oder zusammen mit einem davor
sitzenden, kauenden Häschen fotografiert. Obwohl das Gänseblümchen je-
des Mal das Gleiche ist, zeigt die Wahl der Betrachtungsperspektive und
des Kontextes unterschiedliche Dinge.

Rein technisch gesehen könnte man, muss wegen eines Festobjektivs und
eines schlecht verrückbaren Standpunkts ein großer Bildausschnitt gewählt
werden, bei entsprechender Qualität des Films im Nachhinein eine Vergrö-
ßerung versuchen, die eine Nahbetrachtung möglich macht. Dies wäre dann
der gewünschte, mit anderen Mitteln erzielte Effekt, ähnlich einer Aufnah-
me aus großer Nähe oder einer mit einem starken Teleobjektiv. Allerdings
hängt eine erfolgreiche Nachbearbeitung von der Körnung des Films und
dem Unterscheidungsvermögen der weiteren technischen Einrichtungen –
wie Vergrößerungsapparat, Fotopapier, usw. – ab. Ist der Film grobkörnig,
dann ist es auch durch Vergrößerung nicht möglich, feine Unterschiede si-
gnifikant herauszuheben. Besonders dann, wenn sie feiner sind als das Dif-
ferenzierungsvermögen des chemischen Beobachtungsrasters (Körnung).
Doch selbst durch die sehr feine Körnung eines Films könnte nicht der Ef-
fekt hervorgebracht werden, der durch einen geänderten Blickwinkel des
Fotografen entsteht.

Diese technische Metapher ließe sich in verschiedenen Varianten weiter-
führen. Denn außer der Körnung ist auch die Lichtstärke des Apparates,
das tatsächliche Tageslicht, die Chemie des Films, die auf unterschiedliche
Lichtarten unterschiedlich reagiert, die Tiefenschärfe, die bei verschiede-
nen Lichtverhältnissen unterschiedlich ausfällt usw., von Bedeutung. Doch
soll sich die technische Metapher an dieser Stelle nicht verselbständigen.

Veranschaulichen soll das Fotografiebeispiel, dass eine Wahrnehmung und die Konzeptionalisierung einer Wahrnehmung mehr mit vielfältigen Vorgängen seitens des Beobachters zu tun hat als mit dem beobachteten Objekt. Die Vorstellung, man könne naturgetreu und ohne gestaltende Vorgänge seitens des Beobachters Wirklichkeit wahrnehmen, erweist sich damit als Fiktion.

5.4.1 Fokusbildung durch den Therapeuten

Eine Information ist ein Unterschied, der einen Unterschied macht. Das heißt erstens, dass wir Dinge nur im Kontrast zueinander wahrnehmen können, und zweitens, dass es mit unseren eigenen Unterscheidungskriterien zu tun hat, welche der möglichen Kontraste wir als signifikant betrachten und welche nicht.

Schauen wir z.B. auf eine Wiese, sehen wir sehr viele Dinge, die anders sind als andere Dinge. Doch es hängt von dem durch den Beobachter eingeführten Unterscheidungskriterium ab, ob ein Unterschied einen Unterschied macht. So kann den Beobachter z.B. interessieren, welche Blumen rot und welche gelb sind, weil er daraus unterschiedliche Konsequenzen etwa für das Zusammenstellen eines Blumenstraußes zieht. Die Blütenform, die genauso einen Unterschied darstellen könnte, ist für ihn verglichen damit ein Unterschied, der keinen Unterschied macht. Für ganz andere Unterscheidungskriterien interessiert sich ein hungriges Schaf auf derselben Wiese.

Für klinische Beobachter ist es wichtig, dass sie eine Vorstellung davon entwickeln, welche Unterscheidungskriterien Begriffe und Konzepte implizit in sich tragen. Dies hilft, Entscheidungen bewusster zu fällen. Es muss außerdem ein Verfahren vorgeschlagen und von Fachkollegen akzeptiert werden, nach dem entschieden wird, ob eine beobachtete Erscheinung der einen oder anderen durch die Unterscheidungskriterien eingeführten Klasse zuzuordnen ist. Für eine Plausibilitätsprüfung ist es zudem wichtig, den Vorgang zu beobachten, wie die anderen eine vorgeschlagene Zuordnung überprüfen oder sich darüber abstimmen, ob diese Zuordnung gebilligt wird oder nicht.

Im klinischen Bereich interessieren solche Unterscheidungskriterien und Verfahren, mit denen Behauptungen als gültig oder ungültig beschieden werden, die der Abstimmung von Klinikern untereinander dienen. Sie haben Konsequenzen für den Umgang miteinander und das weitere therapeutische Vorgehen. Unterscheidungskriterien, die nicht zu unterschiedlichen Schlussfolgerungen im Bezug auf das weitere Vorgehen in der Behandlung führen, sind einfache Etikettierungsvorgänge. Sie dienen häufig eher der Bestärkung von Identitäts- und Zugehörigkeitsgefühlen als der professionellen Steuerung.

Viele TA-Konzepte sind deswegen so beliebt, weil sie eine Reihe von bewährten und nützlichen Vorgehensweisen mit sich bringen. Allerdings geschieht es häufig, dass die TA-Begriffe, die dabei verwendet werden, eher umschrieben als klar definiert werden. Dies führt dazu, dass in der detaillierten klinischen Diskussion nicht selten Verwirrung entsteht – sowohl über den Gebrauch der Begriffe, über den Betrachtungswinkel, über die Kontextbildung, als auch über die behaupteten Konsequenzen aus der einen oder anderen Diagnose.

Strenggenommen müsste bei jedem klinischen Begriff Klarheit darüber geschaffen werden, welche Unterscheidung bei der Beobachtung von Phänomenen vorgenommen werden soll. Inwiefern sind die Unterschiede, die mit Hilfe des Unterscheidungskriteriums gebildet werden können, bedeutsam? Welche spezifisch verschiedenen Schlussfolgerungen können gezogen werden, wenn in einem Unterscheidungsvorgang eine Erscheinung der einen oder der anderen Kategorie zugeordnet wird? Sonst geht es schlimmstenfalls wie in einem Kolloquium, in dem lang und breit über verschiedenste Diagnosen diskutiert wird, obwohl der Patient in jedem Fall eine schon bestimmte Behandlung bekommen wird.

In der Transaktionsanalyse erlauben die verschiedenen Definitionen von *Racket*, ganz unterschiedliche Aspekte von einander zu unterscheiden. Es wurden verschiedene Prüfkriterien vorgeschlagen, anhand derer wir entscheiden, ob eine Gefühlsäußerung der Klasse der *Rackets* oder der Nicht-*Rackets* angehört. Und je nachdem, zu welcher Entscheidung man kommt, steht ein unterschiedlicher Fächer an Vorgehensweisen, die dem gemachten Unterschied Rechnung tragen, zur Wahl. Im Bereich der Gefühlsäußerung mag es bei einem Klienten viele verschiedene Unterschiede geben, doch sind in diesem Zusammenhang nur die Unterschiede interessant, die dazu dienen, ein *Racket*-Gefühl von einem anderen zu unterscheiden. Diese Art der Unterscheidung erlaubt eine bestimmte Differenzierung im Umgang mit Gefühlen. Gleichzeitig wird in anderen Bereichen nicht weiter differenziert, wo eine weitere Differenzierung dort anhand von Unterscheidungskriterien sinnvoll wäre.

Zur geistigen Übung ist es wichtig, immer wieder Klarheit über die gebildeten Unterschiede zu schaffen und die Arten ihrer Gültigkeitsüberprüfung sowie die Konsequenzen, die zu ziehen wären (kurzum die diagnostischen Überlegungen) ausdrücklich zu formulieren. Sonst besteht –

insbesondere bei weniger erfahrenen Therapeuten – die Gefahr, dass sie reflexhaft bestimmte Erscheinungen etikettieren (etwa mit dem Begriff Symbiose) und dann ein bestimmtes Standardvorgehen aktivieren, das sich bei einer näheren Differenzierung als wenig adäquat erweisen könnte.

Um die hier benutzten Begriffe Fokus, Fokusbildung und Fokussieren abzuklären, sollen folgende **Definitionen** angeboten werden:

Fokus ist der Betrachtungsaspekt, unter dem ein Beobachter ein beobachtetes Phänomen abbildet. Es handelt sich also um eine Beziehung zwischen dem Bezugsrahmen des Beobachters und dem beobachteten Gegenstand. Der beobachtete Gegenstand kann sowohl ein Erleben oder Verhalten eines Klienten, wie auch dessen Bezugsrahmen oder dessen Art der Fokusbildung sein.

Fokusbildung ist die Art und Weise, wie jemand seinen Betrachtungsaspekt eines Ereignisses auswählt und wie er einen Gegenstand abbildet. Hierbei sind geistige Steuerungen in vieler Hinsicht notwendig, z.B. die Steuerung der Differenzierung der Betrachtung oder des Maßes an Konkretheit bzw. Abstraktion.

Fokussieren meint den Vorgang, mit dem einem Fokus im eigenen Erleben und Verhalten wie auch in Beziehungen zur Gültigkeit verholfen wird. Wenn in der Therapie von Fokussieren gesprochen wird, meint man im Allgemeinen den Vorgang, mit dem der Therapeut den von ihm gewählten Fokus in die therapeutische Interaktion einführt und ihm in der Interaktion mit dem Klienten Bedeutung verschafft. Als Fokussierungsstrategie kann man die Gestaltung dieses Vorgangs planen und durchführen.

Das **Defokussieren** stellt demnach einen Vorgang dar, mit dem ein vorherrschender Fokus aufgelöst wird. Dies kann ein Versuch des Klienten sein, bestimmte Fokussierungen zu vereiteln, kann aber auch ein therapeutisches Manöver sein, um dysfunktionale Fixierungen der Aufmerksamkeit des Klienten aufzulösen.

5.4.2 Störungen in der Fokusbildung

In diesem Abschnitt sollen einige konzeptionelle Entwürfe zur Abbildung von Störungen in der Fokusbildung dargestellt werden. Es wird beschrieben, wie Menschen in der Art und Weise, wie sie ihren Fokus wählen und Fokusbildungen vornehmen, unerwünschte oder verwirrende Ergebnisse hervorbringen. In Anknüpfung an Konzepte der Kathexis-Schule werden zunächst einige beobachtete Arten der Fokusbildung als Störungen, die in Therapien besonders auffallen, beschrieben. Pragmatische Unterscheidungskategorien bei der Fokusbildung allgemeiner Art werden im nächsten Abschnitt dargestellt.

Klienten stellen ihre erlebte Wirklichkeit oft in einer Weise dar, die untauglich dafür scheint, sich mit ihr überhaupt geistig auseinander zu setzen. Sie machen sich Bilder ihres Erlebens und Verhaltens sowie ihrer Beziehungen, mit deren Hilfe sie sich nicht steuern bzw. aus denen sie nichts lernen können. Oder sie bilden Nachvollziehbares so ab, dass es schwierig ist, gezielt Problempunkte zu verstehen oder Notwendiges hinzuzulernen.

Die Art und Weise, wie jemand seine Wirklichkeit konzipiert, kann Störungen aufweisen, die unabhängig vom jeweiligen Thema sind. Diese Störungen sind daher eine eigene Betrachtung wert. Dies kann helfen, Klienten insgesamt eine funktionalere Art und Weise nahe zu bringen, über ihre Wirklichkeit nachzudenken und sich auszutauschen. Für eigene Problembereiche können diese weiterentwickelten Kompetenzen dann besser genutzt werden. Dadurch könnte ein Metalerneffekt entstehen, der die Behandlung vieler Einzelfragen in der Therapie unnötig macht.

Die Betrachtung der eigenen Fokusbildung ist für professionelle Kommunikatoren besonders wichtig. Sie müssen sich nicht nur über ihre eigene Wirklichkeit Rechenschaft ablegen, sondern in besonderem Maße auch darüber, wie sie im Bezug auf die Wirklichkeit anderer Menschen fokussieren. Beim professionellen Lernen wird immer wieder neu gefragt, welcher Fokus weshalb und mit welchen Folgeüberlegungen vom Therapeuten gebildet und im therapeutischen Prozess fokussiert wird.

Die Störungen in der Fokusbildung, für die bislang Überbegriffe gefunden wurden, sind *z.B.*:

inadäquate Spezifizierung, womit eine übermäßige, zu geringe oder falsche Differenzierung bei einer Betrachtungsweise gemeint ist;

inadäquate Konkretisierung, womit Zusammenhänge zwischen Realität im Erleben und Handeln und ihren sprachlichen Abbildungen gemeint sind, die für eine Mitteilung oder Steuerung ungeeignet sind;

inadäquates Herstellen von Text-Kontext-Relation, womit gemeint ist, dass ein Phänomen in einen Kontext gestellt wird, aus dem heraus das Phänomen nicht befriedigend verstanden und nicht verändert werden kann.

Inadäquate Polarisierungen. Beim Versuch der Differenzierung wird übertrieben, so dass im Extremfall falsche und nicht integrierbare Positionen entstehen, die sich oft gegenseitig rechtfertigen.

> *Inadäquate Integration. Beim Versuch Unterschiedlichkeiten zu integrieren, werden sinnvolle Kontraste aufgelöst und Unterschiede verwischt.*

5.4.2.1. Inadäquate Spezifizierung

Hier interessiert, wie spezifisch ein Fokus gebildet, also z.B. eine Frage gestellt wird. Wenn die Frage zu unspezifisch formuliert ist, werden nicht die Unterschiede herausgestellt, die signifikant wären, sondern irgendwelche, deren Bedeutung unklar bleibt. Wenn zu grobe Unterschiede gebildet werden, die für die jeweilige Analyse wenig hergeben, kann dafür der von der Kathexis-Schule geprägte Begriff der **Übergeneralisierung** benutzt werden.

Manchmal wird viel zu differenziert an ein Problem herangegangen, so dass man vor lauter Bäumen den Wald nicht mehr sieht. Es werden viele Differenzen gebildet, die ein Herausarbeiten wesentlicher Unterscheidungsmerkmale auf einer generalisierten Ebene erschweren. Hier fehlt, dass viele Details zu Klassen zusammengefasst werden, damit sie zu einer Wirklichkeitsauffassung führen, aus welcher Einsichten abgeleitet werden können, die auch für andere, ähnliche Situationen zu Konsequenzen führen. Die Kathexis-Schule beschreibt diesen Vorgang als **Überdetaillierung**.

Unterscheidungen können nicht nur übermäßig spezifisch oder zu wenig spezifisch sein, sondern daneben auch belanglos. Auf Grund der gemachten Unterscheidungen sind keine Folgerungen möglich, die zu irgendeiner Klärung der Situation oder zu Entscheidungen führen. Hier läge der Fehler darin, dass für die Fragestellung ungültige Unterscheidungen getroffen wurden. Es müsste also eine **Umdifferenzierung** vorgenommen werden. Gemachte Unterscheidungen werden fallen gelassen, neue Unterscheidungen werden eingeführt.

5.4.2.2 Inadäquate Konkretisierung

Die Konzeptionalisierung, die in Bezug auf ein Erleben und Verhalten vorgenommen wird, muss genügend konkret bzw. konkretisierbar sein. Die Bezüge zwischen dem, worauf sprachlich oder in einer sonstigen Darstellungsweise Bezug genommen wird und dem konkreten Lebensvollzug müssen deutlich werden können. Manchmal bilden Menschen so unkonkrete gedankliche und/oder gefühlsmäßige Konstrukte, dass weder sie selbst, noch andere Menschen nachvollziehbare Bezüge zu konkretem

Erleben und Verhalten herstellen können. Dies hat den Nachteil, dass Verhaltens- und Erlebensänderungen nicht zu einer Veränderung der Vorstellung von Erleben und Verhalten führen. Umgekehrt führt eine Veränderung in der Vorstellung von sich selbst oder von der Welt nicht zu Erlebens- und Verhaltensänderungen, da der Zusammenhang zu unbestimmt ist. In manchen Therapien wird viel mit Symbolen und sprachlichen Abstraktionen gearbeitet. Zumindest gelegentlich muss dann die Aufmerksamkeit darauf gerichtet werden, ob und inwiefern ein wirksamer Bezug zur Lebensgestaltung außerhalb der Sprachbilder und der Therapiesituation besteht. Gerade diese Zusammenhänge zu überprüfen, ist oft entscheidend. Zum Beispiel kann sich jemand durchaus adäquat verhalten, dies jedoch falsch etikettieren und auf Grund dessen bestimmte Gefühle und Einstellungen entwickeln. Oder es ändert sich sprachlich viel, doch die Probleme im Lebensvollzug bleiben.

5.4.2.3 Inadäquate Text-Kontext-Relationen

Eine weitere Störung der Fokusbildung kann darin gesehen werden, dass ein bestimmtes Ereignis chronisch in einem zu beschränkten Ausschnitt betrachtet oder nicht in einen passenden Zusammenhang gestellt wird. Zum Beispiel kann der Klient ein bestimmtes Gefühl der inneren Leere chronisch in den Kontext der Idee stellen, als Kind vernachlässigt worden zu sein. Dies kann zu Stagnation führen, die auch in die aufgenommene Therapie hineingetragen wird, wenn der Therapeut diese Fokusbildung übernimmt, anstatt das Gefühl der Leere einmal in den Kontext anderer Lebens- und Sinnzusammenhänge (etwa der heutigen Paarbeziehung oder der Berufssituation) zu stellen.

5.4.2.4 Inadäquate Polarisierungen

Hilfreiche Wirklichkeitsbilder erfordern auf der einen Seite, dass Kontraste gebildet werden. Auf der anderen Seite müssen diese miteinander vereinbar sein. Sonst können wir es mit inadäquaten Polarisierungen von dadurch unvereinbaren Sichtweisen zu tun bekommen.

Die Sichtweisen der dadurch entstehenden Pole bilden die kontrastierenden Rechtfertigungen für die gegenteiligen Sichtweisen. Beide verfehlen abgestufte und differenzierte Kontrastierungen, die auch noch die Integration verschiedener Aspekte zu einem Gesamtbild zulassen. Salopp gesagt: »Auf der anderen Seite vom Pferd gefallen, ist auch nicht geritten!« (SCHMID 1998)[1]

5.4.2.5 Inadäquate Integration von Unterschieden

Eine andere Störung kann da beobachtet werden, wo kontrastierende Positionen nicht integriert werden, sondern eine Bezogenheit verschiedener Aspekte aufeinander durch eine Auflösung von Kontrasten und eine Verwischung von Differenzierungen und Unterschiedlichkeiten versucht wird. Man könnte dies eine inadäquate Integration verschiedener Wirklichkeitsaspekte nennen. Hier kann man vielleicht Ähnlichkeiten feststellen mit der Abgegrenztheit und der Individualität von Personen in Beziehungen bei gleichzeitiger Verbundenheit. Ein sinnvoller Umgang mit Unterschiedlichkeit kann durch eine übertriebene Polarisierung auf der einen Seite und grenzenlose Verschmelzung auf der anderen Seite verfehlt werden.

5.5 Pragmatische Unterscheidungen von Wirklichkeiten

Eine Beschreibung von Störungen in der Fokusbildung bringt die Gefahr mit sich, dass Eigenarten im Umgang mit Wirklichkeitsperspektiven und -bildern, die allgemeine Charakteristika sind, pathologisiert werden. Im Folgenden werden daher verschiedene, allgemeine Dimensionen von Wirklichkeitsbildern unterschieden. Sie können für Fokusbildungen und die daraus ableitbaren Fokussierungen von praktischer Bedeutung sein. Sie können insbesondere helfen, Gewohnheiten von Individuen und sozialen Systemen im Umgang mit Wirklichkeitsbildern zu beschreiben und eventuelle Einseitigkeiten der Vielfalt von Betrachtungs- und Fokussierungsmöglichkeiten gegenüberzustellen.

5.5.1 Konsistenz

Im Zentrum des Interesses steht hier, ob ein Wirklichkeitsbild in sich schlüssig ist, ob die innere Logik passt, ob die Unterscheidungen vage oder trennscharf vorgenommen wurden, ob notwendige Bezüge vollständig und stimmig sind, und dergleichen mehr. Diese Kategorie hat Ähnlichkeit mit dem aus der empirischen Sozialforschung bekannten Begriff der Reliabilität, also der Frage, ob die innere Struktur eines Bildes irgendeine zuverlässige Abbildung überhaupt erlaubt.

5.5.2 Stabilität

Unter dem Begriff der Stabilität eines Wirklichkeitsbildes kann danach gefragt werden, wie stabil ein Bild gegenüber Einflüssen durch andere Bilder einzuschätzen ist. Hier können Wirklichkeitsbilder den Einflüssen anderer Wirklichkeitskonstruktionen gegenüber zu labil sein, so dass das System unter einer Anfälligkeit für Wirklichkeitsaufweichung leidet. Ein solch labiles Bild kann dann nicht als Orientierungsmarke dienen und für Kristallisationsvorgänge von Prozessen eingesetzt werden. Es entstehen zu chaotische oder zu schnelllebige Prozesse der Wirklichkeitskonstruktion.

Schätzt man ein Wirklichkeitsbild eines Systems als zu rigide ein, meint man damit, dass Wirklichkeitsdefinitionen zu stark verhärtet und lebendige Konzeptionalisierungen neuer Wirklichkeitsbezüge kaum möglich sind. Eine solche **Wirklichkeitserstarrung** kann dazu führen, dass erstarrte Vorstellungen über Wirklichkeit lebendige Prozesse in ihre tote Konzeptionalisierung assimilieren.

5.5.3 Konstanz

Mit der Kategorie der Konstanz von Wirklichkeitsbildern kann ihre Stabilität in der Zeit beschrieben werden. Manchmal geht die schöpferische Kraft von Wirklichkeitsbildern nicht dadurch verloren, dass sie durch andere Bilder entkräftet werden, sondern dadurch, dass sie nicht angemessen konserviert und bei den beteiligten Menschen und sozialen System gegenwärtig gehalten werden. Hier könnte über eine geeignete Konservierung von Wirklichkeitsbildern, sei es durch Verankerung in psychischen Systemen bzw. in sozialen Organisationen oder durch Konservierung, über Medien nachgedacht werden.

Beispiele für fehlende Wirklichkeitskonstanz finden wir z.B. in Gremien, denen frühere Beschlüsse in Diskussionen nicht gegenwärtig bleiben. Oder in Gruppen, die dieselben Diskussionen wieder und wieder führen, weil sie kein Ergebnis festhalten. Wir finden sie auch bei Individuen, die dieselben Gedanken und Gefühle vielfach reproduzieren, weil die inneren Ergebnisse dieser Vorgänge immer wieder verloren gehen.

Auch könnte die Bedeutung der persönlichen Selbstverpflichtung (Commitment) bezüglich relevanter Wirklichkeitsbilder untersucht und Ideen darüber entwickelt werden, inwiefern Störungen durch zu geringe oder zu nachhaltige Verpflichtung der Beteiligten auf bestimmte Sichtweisen, Gewichtungen und Relationen zu beobachten sind.

5.5.4 Inhalt

Der Inhalt eines Wirklichkeitsbildes meint seine Semantik, also die Beziehung zwischen dem Bild und dem, was inhaltlich durch das Bild repräsentiert werden soll. In der empirischen Sozialforschung wird dieser Frage unter dem Etikett Validität nachgegangen. Wenn z.B. in der sexuellen Aufklärung von Bienen und Blumen erzählt wird, ist fraglich, ob der Inhalt dieser Wirklichkeitsbilder das, worauf mit ihnen Bezug genommen werden soll, treffend abbildet. Der Inhalt eines Bildes kann also z.B. mehr oder weniger treffend bzw. mehr oder weniger vollständig sein. Da diese wichtige Kategorie unserem Denken vertraut ist, soll sie hier nicht weiter erläutert werden.

5.5.5 Gehalt

Der Gehalt eines Wirklichkeitsbildes fragt nach der Beziehung zwischen dem Bild und der Fähigkeit zum Sinn derer, die dieses Bild haben. Es gibt Bilder, die inhaltlich treffend und vollständig sind und dennoch keine sinnstiftende Qualität haben. Sie werden nicht als wesentlich oder bedeutungsvoll erlebt. Den Gehalt eines Bildes kann man nicht objektiv bestimmen, sondern er hat etwas mit der von CARL GUSTAV JUNG beschriebenen seelischen Funktion des gefühlsmäßigen Gewichtens zu tun (SCHMID/CASPARI 1998c). Es geht darum, ob ein Bild das Gefühl für Sinn auslöst, oder ob Menschen, die sich auf dieses Bild beziehen, diesem Sinn und Bedeutung verleihen können. SCHELLENBAUM (1981) hat Dingbilder von Wirkbildern, die die Seele bewegen, unterschieden.

5.5.6 Belegbarkeit

Wirklichkeitsbilder müssen für die, deren Erleben und Handeln erreicht werden soll, eine gewisse Plausibilität haben. Plausibilität meint Glaubwürdigkeit, und das macht notwendig – wie oben beschrieben – sich über die Gewohnheiten und wirksamen Verfahrensweisen der Plausibilisierung von Behauptungen über Wirklichkeit in einer Gemeinschaft Gedanken zu machen.

Nimmt man den Begriff ›belegbar‹ wörtlich, meint dieser, Behauptungen auf eine Weise zu belegen, die von anderen als Gültigkeitsnachweis akzeptiert wird. Man kann z.b. **empirische Belege** erbringen, indem man einen Zusammenhang zwischen Ereignissen der Vergangenheit oder der Gegenwart und einem Bild über Wirklichkeit herstellt. In der Praxisberatung Professioneller wird nach solchen Belegen für diagnostische Bilder in den Transaktionen, etwa anhand von Tonbandaufnahmen, häufig gefragt.

Es sind aber auch **experimentelle Belege** möglich. Diese richten sich auf eine Behauptung und ihre Prognosefähigkeit für die Zukunft oder ihre Potenz für Schlussfolgerungen auf zunächst nicht Beobachtetes. Wenn ich also als Diagnose behaupte, dass bestimmte Einsichten und emotionale Bewegtheiten beim Klienten verhaltenssteuernde Bedeutung haben, so ist dies glaubwürdig, wenn neu erzeugte Einsichten und starke Gefühlsbewegungen prognostizierte nennenswerte Auswirkungen auf das Verhalten haben.

Schließlich kann man von einer **konsensuellen Belegbarkeit** von Wirklichkeit sprechen. Ein Wirklichkeitsbild gilt als belegt, wenn es gelingt, eine relevante Mehrheit einer Erkenntnisgemeinschaft für einen Glauben daran zu gewinnen. Es gibt Wirklichkeitsbilder, etwa im Bereich der Menschenbilder, für die es keine entscheidenden empirischen oder experimentellen Belege gibt. Sie können von daher nur per Übereinkunft in der einen oder anderen Weise bestimmt werden. Die Gültigkeit aller konsensuellen Belege hängt letztlich davon ab, ob Menschen daran glauben.

5.5.7 Bewegkraft

Die Bewegkraft von Wirklichkeitsbildern spricht man an, wenn von Interesse ist, welche Bewegungen sie hervorbringen. Hierbei können Bewegungen im Erleben und im Handeln unterschieden werden. Es gibt Bilder, die erlebnismäßig stark bewegen, handlungsmäßig aber nichts hervorrufen. Ich denke z.B. an die vielen Katastrophenbilder im Fernsehen. Oft kann es sinnvoll sein zu fragen, auf welcher Ebene ein Bild Bewegung auslösen soll. Manchmal lösen Bilder Handlung aus, wo doch mehr erlebnismäßige Beteiligung erwünscht wäre, oder umgekehrt.

5.5.8 Entstehung

Hier interessiert die Entstehungsgeschichte eines Wirklichkeitsbildes und das Zusammenwirken der daran beteiligten Kräfte. Zum Beispiel kann in einer Familientherapie die Entstehungsgeschichte der Etikettierung eines Kindes als Schulversager für professionelles Handeln viel aufschlussreicher sein als andere Betrachtungsaspekte. Wenn z.b. bekannt wird, dass ein solches Etikett von der ledigen Schwester der Mutter stammt, die als strenge Lehrerin mit ihrer verheirateten, aber nicht berufstätigen Schwester rivalisiert, eröffnet dies spezifische Diagnose- und Interventionsmöglichkeiten. Es kann interessant sein, ein soziales System daraufhin zu befragen, was genau geschehen müsste, damit ein vergessenes Wirklichkeitsbild im System neu entstehen würde.

5.5.9 Konsequenz

Fragt man nach den Konsequenzen von Wirklichkeitsbildern, so interessiert, was als Folge mit diesen Bildern verknüpft ist. Konsequenzen dieser Art sind oft nicht im Bewusstsein der Beteiligten, so dass sie nicht im Zusammenhang mit den Bildern gesehen werden. Von daher kann oft gar nicht entschieden werden, ob diese Konsequenzen angestrebt werden.

So sind z.B. im Verständnis eines Psychotherapie-Verbandes oder einer psychotherapeutischen Einrichtung mit der Diagnose ›Frühstörung‹ ganz bestimmte Konsequenzen im Umgang mit dem betroffenen Menschen angelegt. Oft sind diese Konsequenzen gar nicht beabsichtigt, und wenn sie ins Bewusstsein treten, liegt vielleicht nahe, andere diagnostische Sprachbilder zu verwenden. In der Organisationsberatung hat es ganz bestimmte Konsequenzen, wenn ein Abteilungskonflikt als Unverträglichkeit zweier Personen dargestellt wird. Dies kann zur Folge haben, dass über privatpersönliche Verträglichkeit und entsprechendes Beziehungsverhalten mehr nachgedacht wird als über Fragestellungen, die sich aus der Organisationsbeziehung und aus der professionellen Rolle heraus ergeben.

5.5.10 Sprache

Die Sprache eines Wirklichkeitsbildes ist dann wichtig, wenn interessiert, wie bestimmte vermutete Wirklichkeitsbilder zum Ausdruck kommen. Sie können als implizit oder explizit betrachtet werden. Sie können in körperlichen, sozialen, bildhaften, allgemeinsprachlichen oder fachsprachlichen Figuren zum Ausdruck kommen. Welche sprachliche Verfügbarkeit wird für sinnvoll und notwendig erachtet, um in einer professionellen Begegnung mit den Wirklichkeitsbildern umzugehen? Auch können wichtige Fragen zur professionellen Intuition und der Notwendigkeit einer qualifizierten Fachsprache für professionelle Qualifikation aus dieser Sicht gestellt werden.

5.5.11 Vernetzung von Texten und Kontexten

Unter diesem Stichwort kann untersucht werden, wie bestimmte Wirklichkeitsbilder mit anderen Wirklichkeitsbildern in Zusammenhang stehen. Wie fügen sich Bilder gemeinsam mit anderen Bildern zu einem Mosaik? Hier kann auch die Art der Verknüpfungslogik entscheidend sein, wie etwa im Rahmen des Zwickmühlen-Konzepts (SCHMID 1986b) dargestellt wurde. Bestimmte Wirklichkeitsvorstellungen werden hier so miteinander verknüpft, dass sie dilemmahafte Beschreibungen der Situation erzeugen. Fragen innerhalb der Logik solcher Bilder ermöglichen keine sinnvollen Lösungen.

5.5.12 Vernetzung von Subjekten und Systemen

Schließlich kann unter diesem Stichwort danach gefragt werden, welche Subjekte in welcher Weise mit einem Wirklichkeitsbild vernetzt werden oder werden können. Im Bereich der Organisationsberatung etwa ist es wichtig, Beschreibungen und Sprachbilder so zu wählen, dass diejenigen, die damit vernetzt werden sollen, auch angesprochen und aufeinander bezogen werden können. Wer wird durch neu eingeführte Begriffe angesprochen und zu anderen in Bezug gesetzt? Beziehungsweise: was ist zu tun, um Vorgänge dieser Art zu steuern und bewusst zu gestalten?

Anmerkung

1 Orginalton Bernd Schmid. *Sprüche aus dem Institut für systemische Beratung*, Wiesloch. Bezug dort möglich.

III.

ENTWICKLUNGSDIMENSIONEN PROFESSIONELLEN HANDELNS

6. SUPERVISION
UND PROFESSIONELLE KOMPETENZ

Bevor im nächsten Kapitel ein in der TA-Tradition gewachsenes Verständnis von professioneller Kompetenz beschrieben wird, ist es nützlich, zunächst Supervision oder Praxisberatung als Lehr- und Lernform zu beschreiben. Die Entwicklung professioneller Kompetenz wird dann an Hand des Toblerone-Modells (SCHMID 1990a) für Supervision dargestellt.

Professionelle Kompetenz ist nicht leicht zu beschreiben, da sie sich nicht durch bestimmte Inhalte, definierte Vorgehensweisen oder bestimmte typische Tätigkeiten in allgemeiner Form bestimmen lässt. Sie kann und soll sich in jedem Einzelfall in besonderer Weise zeigen. Daher nähert man sich einer Beschreibung vielleicht am besten dadurch, dass man typische Ausbildungsaktivitäten und Perspektiven, aus denen heraus professionelle Kompetenzen erfolgen, beschreibt.

Die drei Hauptelemente sind Theoriearbeit, Supervision und Selbsterfahrung. Die didaktische Kombination dieser drei Elemente kann in vielfältiger Weise variieren. Sie können als getrennte Veranstaltungen angeboten oder auch kombiniert werden. Für Theorie- und Methodendiskussionen sowie für praxisrelevante Selbsterfahrung geben die Supervisionen häufig den Anstoß. Supervisionen stellen aus der Sicht vieler Professioneller das Kernelement von Beratungsausbildungen dar.

Supervision wird meist übersetzt mit Praxisberatung. Das heißt, ein Ausbildungskandidat wird bezüglich seiner praktischen Tätigkeit in seinem Anwendungsfeld von einem Supervisor beraten. Supervision wird in diesem Rahmen hier nur als Mittel der Personenqualifikation dargestellt. Systemqualifizierende Maßnahmen – wie etwa die Teamsupervision – wären eine ergänzende Perspektive.

Supervision kann anlässlich eines direkten Miterlebens der Praxis vor Ort geschehen (Live-Supervision). In der Regel werden Praxisbeispiele aber innerhalb von Supervisionssitzungen vom Kandidaten dargestellt. Soweit es um konkrete Verhaltensweisen und Situationsgestaltungen geht, werden hierbei auch Ton- oder Videoaufnahmen abgespielt. Soweit es um übergreifende oder konzeptionelle Fragestellungen geht, sind Berichte bis hin zu ausführlichen Projekt- oder Falldarstellungen geeignet. Die Supervisionen werden ihrerseits häufig auf Tonband aufgezeichnet und dienen dem Kandidaten zur Nachbearbeitung der Supervision. Die Vorgänge und Ergebnisse der Supervision werden dann vom Kandidaten häufig in Form eines schriftlichen Supervisionsberichtes wieder in den Ausbildungsprozess eingebracht. Hierbei geht es meist weniger um die Darstellung der vorgestellten Praxis, sondern um den Supervisionsverlauf und besonders um den Lernprozess durch die Supervision.

Supervision stellt eine eigene professionelle Kompetenz dar, die im Rahmen der Ausbildung zum Lehrtrainer/Supervisor erworben wird. Supervision ist mehr als die gegenseitige Beratung von Kollegen unter Gesichtspunkten wie »Was fällt mir dabei auf?« oder »Wie hätte ich das Problem angepackt?«. Diese gegenseitige Beratung von Praktikern und Ausbildungskandidaten wird meist Intervision oder kollegiale Supervision genannt und hat einen wichtigen Stellenwert im Rahmen der Zusammenarbeit von Professionellen. Supervision ist auch mehr als eine Moderation von Intervision, kann jedoch im Stil der Intervisionsmoderation gegeben werden. Für Supervision ist entscheidend, ob durch die Beratung am Praxisbeispiel die professionelle Kompetenz des Ausbildungskandidaten entscheidend erhöht wird. Hierfür werden Supervisoren speziell ausgebildet.

Man kann sich professionelle Kompetenz wie ein Puzzle vorstellen. Zur Supervision werden einige Bestandteile angeboten, oft bunt durcheinander gewürfelt. Da in einem Supervisionsvorgang meist nur wenige Puzzlestücke richtig identifiziert und an einen geeigneten Platz für das künftige Bild gebracht werden können, findet eine Klärung zwischen Supervisand und Supervisor darüber statt, welche Puzzlestücke aufgegriffen werden sollen. Hierzu muss sich auch der Supervisor ein Urteil über eine sinnvolle Supervisionsfigur bilden. Einerseits soll zur gegenwärtigen Praxisfrage und – damit meist verbunden – zum Schutz des Klienten optimal beigetragen werden. Andererseits aber steht die einzelne Supervision in einem Weiterbildungszusammenhang und dient als Mittel, eine Qualifizierungsstrategie zu verfolgen. Es muss entschieden werden, auf welchem Stand der professionellen Kompetenz ein Kandidat ist, welche Bereiche gut entwickelt sind, wo der größte Entwicklungsbedarf besteht und wie dieser Bedarf gedeckt werden soll. Unter diesen Gesichtspunkten kann der Supervisor auch nach Puzzlestücken fragen, die ihm normalerweise nicht zur Begutachtung vorgelegt werden. Damit kann er Stellen in dem noch unvollkommenen Bild der professionellen Kompetenz aufzeigen. Für diese sollte der Kandidat dann nach Puzzlestücken suchen bzw. er sollte vorhandene Puzzlestücke vorlegen, so dass sie daraufhin überprüft werden können, ob sie an die aufgezeigte Stelle passen.

Supervision ist daher kompetenzorientiert. Einerseits orientiert sich Supervision an der Eigenart und dem Entwicklungsweg des Kandidaten. Andererseits tritt mit fortschreitender Ausbildung zunehmend der in einem Professionsverband gültige Maßstab als entscheidende Orientierung in den Vordergrund.

Vom Supervisionsstil her kann Supervision eher supervisand- oder supervisorzentriert organisiert werden. Hierbei können sich nicht-direktiv klärende, unterstützende und ermutigende, wie auch direktive und herausfordernde Varianten abwechseln. Ideal wäre eine Supervisionseinheit, die unter Berücksichtigung der aktuellen Praxisfrage die optimale Ergänzung für die professionelle Kompetenz des Kandidaten darstellt. Es geht also um das Puzzlestück, das eine bestmögliche Annäherung an eines der möglichen Kompetenzbilder bietet. Entscheidungen dieser Art werden oft auch im Kontext der Supervisions- oder Ausbildungsgruppe getroffen. Daher kommen Gesichtspunkte der beabsichtigten Kompetenzerweiterung der gesamten Gruppe hinzu, die unter Umständen die Optimierung für den einzelnen Kandidaten relativieren.

6.1 Supervisionsperspektiven

Zur didaktischen Illustration für mögliche Perspektiven, die bei der Supervision im Vordergrund stehen können, wurde ein Schema entwickelt, das »Toblerone-Modell« genannt wird (SCHMID 1990a). Mit einiger Phantasie kann man sich die Zeichnung in Abbildung 9 als einen Riegel der bekannten Schweizer Schokolade vorstellen.

Wenn man sich vorstellt, dass die verschiedenen Perspektiven der Supervision verschiedene Zutaten zur Schokolade darstellen, ist es sicher wichtig, jede Zutat an sich auf ihre Qualität und ihre angemessene Menge zu überprüfen. Die Qualität der einzelnen Zutaten macht aber eben noch nicht die Schokolade. Es ist wichtig, sie in angemessener Weise zu integrieren, und die dabei notwendigen Reihenfolgen und Prozesse zu beachten. Dem Schokoladenkoch oder -fabrikaten (Supervisand) stellt sich die Aufgabe, Kostproben von Zutaten und Schokoladenprodukten zur Verfügung zu stellen, die eine Beurteilung der Zutaten und ihrer Kombination ermöglichen und Einblicke in die Herstellungsweise zulassen.

Dem Supervisor wird in der Supervision ein Stück Schokolade, oder was dafür gehalten wird, angeboten. Er bekommt eine Kostprobe professioneller Arbeit und soll aufgrund dieser Kostprobe eine Einschätzung der Qualität vornehmen. Wenn notwendig, soll eine geeignete Verbesserung

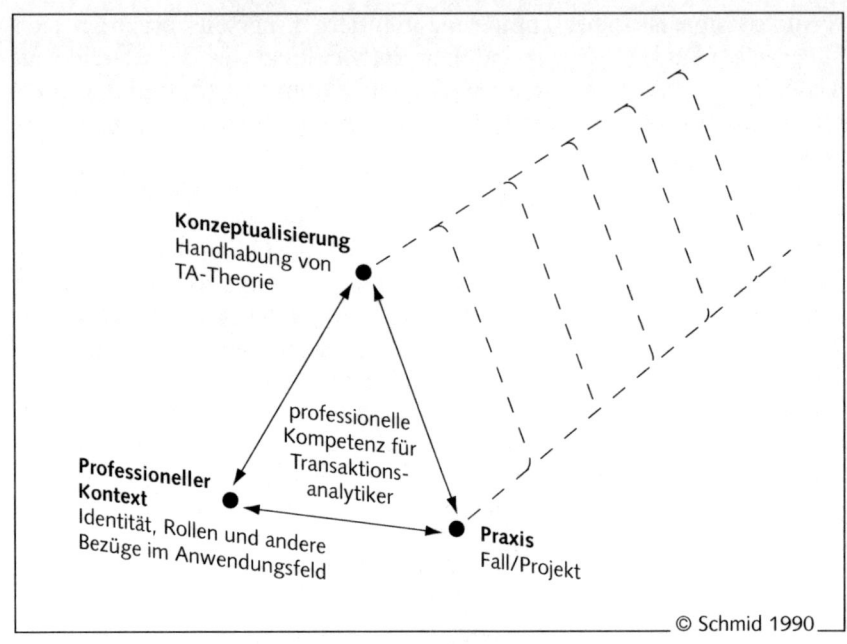

Abb. 9: *Perspektiven für professionelle Kompetenz und Supervision*
(Toblerone-Modell)

professioneller Vorgehensweisen eingeleitet werden. Beurteilungen sollen an Hand der in den Proben enthaltenen oder fehlenden Zutaten sowie der Art ihrer Kombination und Zubereitung geleistet werden. Hierbei können der Umgang mit Hauptzutaten und die damit verbundenen Fragestellungen (s. Dreiecks-Punkte Abb. 8) oder Fragen angemessener Kombinationen (verbindende Pfeile) im Vordergrund stehen.

Außer der Beurteilung dieser Kostproben durch den Supervisor spielt eine angemessene Beurteilung durch den Supervisanden selbst eine Rolle. Eine angemessene Einschätzung der eigenen Kompetenz stellt einen wesentlichen Aufmerksamkeitsfokus in der Ausbildung und ein wichtiges Lernziel dar. Erfahrungsgemäß gibt es unabhängig von der Qualitätserhöhung der Kostproben einen erheblichen Bedarf, positive und problematische Aspekte der eigenen Arbeit angemessen zu beurteilen und Interventionen diesbezüglich auszuwerten.

Natürlich gibt es auch nicht die eine gute Schokolade, sondern es gibt sehr verschiedene, mögliche, gute Schokoladenqualitäten. Dennoch ist Qualität keine Frage von Beliebigkeit. Es ist eine anspruchsvolle Aufgabe, eine optimale Entwicklung der Eigenart des Ausbildungskandidaten mit einer intersubjektiv bestimmbaren Anpassung an Leistungsstandards zu kombinieren.

Um die Puzzlemetapher abzurunden, kann man sich den Kompetenzstand bei der Prüfung so vorstellen: Genügend Puzzleteile müssen am richtigen Platz sein, dass man die professionelle Kompetenz erkennen und ihre vermutliche Weiterentwicklung abschätzen kann. Hierzu muss weder das Bild in allen Einzelheiten ausgeführt noch der Mensch vollkommen sein.

Die drei Perspektiven für professionelle Kompetenz und für Supervision, die in Abbildung 9 akzentuiert sind, sollen im Folgenden erläutert werden.

6.1.1 Kontext

Aus der Perspektive des professionellen Kontextes wird gefragt, ob der Supervisand sich selbst in einer Weise definieren kann, die für das beschriebene Praxisfeld eine sinnvolle Gestalt ergibt. Hier gilt es, oft komplexe Fragen zu beantworten. Sie ergeben sich z.B. aus den rechtlichen, organisatorischen und politischen Hintergründen der Praxissituation.

Prinzipiell ist jede Praxissituation so komplex, dass alle ihre Aspekte in einer Supervision genau so wenig erfasst werden können wie in der praktischen Tätigkeit selbst. Eine sinnvolle Komplexitätsreduktion und damit verbunden eine sinnvolle Auswahl der wichtigen Informationen ist notwendig. Hierfür sollten sich die an der Supervision Beteiligten über Anforderungen im Praxisfeld wie auch über Aufträge, Rollenverständnisse und Interessen des Supervisanden Klarheit verschaffen. Eine Supervision aus dieser Perspektive könnte man Kontext-Supervision nennen.

Im Bereich Pädagogik/Erwachsenenbildung sollte z.B. ein Lehrer, der Klassenlehrer und Beratungslehrer zugleich ist, beide Rollen bei einer spezifischen Beratung eines Schülers unterscheiden können. Dadurch kann er verschiedene Dimensionen eines Gespräches voneinander trennen und sich entsprechend definieren. Solche Dimensionen sind z.B. Nachhilfeunterricht, persönliche Beratung, Laufbahnberatung, disziplinarisch orientiertes Gespräch, Schlichtungsgespräch in einem Interessenkonflikt (Verbindungslehrer-Funktion), Entgegennahme und Klärung von Klagen, die ethische Fragen betreffen (Aufsichtsfunktion der zuständigen Behörden), usw. Da man von Schülern und oft genug auch von Lehrern und Eltern eine Trennung dieser verschiedenen Situationen, Aufgaben und Rollen nicht erwarten kann, ist es besonders wichtig, sie von Seiten des Professionellen her deutlich zu definieren und entsprechende Beziehungsvereinbarungen zu treffen. Oft wird dadurch der Rahmen definiert, innerhalb dessen einzelne Gesprächsstrategien und Vorgehensweisen überhaupt erst sinnvoll bewertet werden können.

6.1.2 Konzeptualisierung

Aus der Perspektive der Konzeptualisierung wird geklärt, ob der Supervisand sein Verständnis der Situation und seiner eigenen Arbeit so beschreiben kann, dass bewusste Lernvorgänge möglich sind. Hierzu muss das vorhandene Handlungswissen in eine konzeptionelle Sprache übersetzbar sein. Diese Sprache muss so verständlich und schlüssig sein, dass sie wiederum gedankliche Lernprozesse im geistigen Raum ermöglicht. Gleichzeitig sollte eine konzeptuelle Sprache so gefasst sein, dass sie auf nachvollziehbare Weise wieder in Handlung umgesetzt werden kann.

Welche Konzepte aus welchen Schulen hinzugezogen werden, ist bei der Bestimmung einer sinnvollen Konzeptualisierung zweitrangig. Wichtiger ist, dass diese Konzepte schlüssig dargestellt, sinnvoll integriert und in professionelle Kommunikation umgesetzt werden können. Eine Supervision aus dieser Perspektive könnte man Konzeptualisierungs-Supervision nennen.

Vorhandene Konzepte stellen gewonnene Erfahrungen dar, die auf diese Weise weitergegeben werden können. Es ist wichtig, ihnen gegenüber eine würdigende, aber auch kritische und konstruktiv-distanzierte Haltung einzunehmen. Bei Bedarf können sie durch andere Konzepte abgelöst, weiterentwickelt oder speziellen Kontextbedingungen angepasst werden.

Die Kompetenz zur Konzeptualisierung schließt das Verständnis der Implikationen und Konsequenzen der gewählten Konzepte ein. Das Verständnis der impliziten Annahmen, die Logik ihrer Verknüpfung sowie der aus ihnen abgeleiteten Konsequenzen macht aus Erfahrungen von gestern geistige Arbeitsmittel für morgen.

6.1.3 Praxis

Die dritte Perspektive für Supervision ist die der Praxis, also des konkreten professionellen Handelns in der Situation. Hierzu gehören Fragen der angemessenen Fremd- und Selbstwahrnehmung, Fragen der eigenen Erlebens- und Verhaltensspielräume, Fragen der angemessenen professionellen Strategien und deren Umsetzung.

Die punktuelle Überprüfung der Verhaltenskompetenz des Kandidaten und der richtigen Einschätzung einzelner Kommunikations- und Erlebensfiguren stellt den Querschnittaspekt einer solchen Praxissupervision dar. Der Längsschnittaspekt der Praxissupervision fokussiert eher auf Handlungsplanung und Handlungszusammenhänge im Verlauf einer Therapie oder Beratung. Tonbandaufnahmen eignen sich dafür weniger, da der Zusammenhang über eine längere Zeitspanne hinweg auf einer einzelnen Tonbandstelle nicht zu finden ist. Es gibt auch Praxissupervisionsaspekte wie etwa den Zusammenhang zwischen professioneller Strategie und den gewählten methodischen Vorgehensweisen, die nicht direkt zu hören, sondern eher im Gespräch zu erfragen sind. Allerdings können Tonbandaufnahmen Anlass für solche Fragestellungen sein und einzelne Aspekte in ihrer Umsetzung illustrieren.

Da professionelle Kompetenz derartig viele Facetten hat und Praxis in so vielen Figuren zum Ausdruck kommt, ist es aussichtslos, vorrangig mit einem Modell des Eintrainierens verschiedener Fertigkeiten zu arbeiten. Die Arbeit muss exemplarisch bleiben. Durch Supervisionen wird eigenes Lernen und Experimentieren inspiriert und kontrolliert.

6.1.4 Integration der Supervisionsperspektiven

Für umfassende Kompetenz ist die Integration der Supervisionsperspektiven wichtig. Obwohl es notwendig ist, zeitweilig Einzelperspektiven herauszugreifen, muss doch immer wieder eine Gesamtstimmigkeit beachtet werden. Beim Lernen in den vielen Schleifen von Inspiration, Studium, Experimentieren in der Praxis und wieder Kontrolle durch Supervision hängt erreichbare Stimmigkeit der Einzelperspektiven mit von einer sinnvollen Gesamtgestalt ab. Hier ist es manchmal schwierig die Balance zu finden. Einerseits wäre es in Ordnung, zunächst Einzelperspektiven stimmig zu machen, um sie dann zusammenzufügen. Auf der anderen Seite muss das Gesamtbild einigermaßen stimmen oder zumindest eine sinnvolle Integration als Ahnung vorhanden sein, damit Einzelperspektiven richtig verstanden und bewertet werden können. Ohne den Gesamtcharakter einer Musik im Ohr zu haben, können einzelne Passagen nur unvollständig begriffen und geübt werden. Lehrtrainer bevorzugen hier verschiedene Vorgehensweisen. Manche arbeiten vereinfachte Einzelperspektiven lange heraus und üben sie ein, bis schließlich Integration angestrebt wird. Andere muten von vornherein eine Begegnung mit der gesamten Komplexität zu, wobei am Anfang oft nur gefühlsmäßiges Verstehen oder Erahnen der Gesamt-Konturen zu erreichen ist. Diese Diskussion verschiedener Strategien bei komplexem Lernen ist auch in anderen Bereichen der Pädagogik bekannt.

6.2 Supervision für Entwürfe und Selbstpräsentation

Supervision bezieht sich klassisch eher auf die Gestaltung von Beratung oder Therapie bzw. den unmittelbaren Umgang mit denen, die beraten werden. Ob jemand als Berater beruflich erfolgreich ist, hängt insbesondere im Organisationsbereich aber auch vom Verhalten rund um die eigentliche Dienstleistung ab. Hierzu gehören Akquisegespräche mit Auftraggebern, Auftragklärungs- und Fortschrittbewertungsgespräche ebenso wie die Fähigkeit, sich auf Seiten anderer Berater oder mit anderen Partnern sinnvoll gemeinsam zu organisieren. Hierbei spielen Entwürfe, die Partner oder Kunden angeboten werden, eine wichtige Rolle.

Während also lange Zeit die optimale Beeinflussung von Klienten durch Beratungskommunikation im Zentrum stand, trägt man jetzt der Erfahrung Rechnung, dass Kunden ohnehin selbst aus dem Angebot auswählen und interessante Beschreibungen für eigenes Lernen kreativ nutzen. Oft genug fühlen sich Kunden besser beraten, wenn die Berater gute Beschreibungen und Ideen zur Verfügung stellen, als wenn sie ausdrücklich beraten werden.

Entsprechende Qualifikationen auf Seiten der Berater bekommen einen zunehmend gewichtigen Stellenwert in Weiterbildungsmaßnahmen.

Da Kreativität und Expertise sowie ihre angemessene Präsentation für manche Kontexte sogar wichtiger sind als das Führen von Therapie- oder Beratungsgesprächen, rücken Kompetenzen wie das Bilden und Vortragen von Expertenmeinungen auch als Supervisionsgegenstand ins Bewusstsein.

6.2.1 Designkompetenz

Oben wurde unter dem Stichwort »Konzeptualisierung« schon die Fähigkeit zur konzeptionellen Hinterlegung der Einschätzungen und Vorgehensweisen angesprochen. Ein dafür geeignetes Steuerungsmodell wird im nächsten Kapitel vorgestellt.

Am Institut für systemische Beratung wird Entwurfskompetenz in speziellen Designübungen in verschiedenen Varianten geübt und supervidiert. Grundsätzlich stellt dabei ein Klient eine Situation oder ein Problem vor. Die Berater dürfen nachfragen und müssen dann einen Entwurf für Situationsbeschreibung und Lösungen aus ihrer Sicht machen. Diese Entwürfe stellen sie sich gegenseitig vor. In kollegialer Supervision werden sie auf Plausibilität und innere Stimmigkeit geprüft. Konkurrierende Diskussionen zwischen verschiedenen Vorstellungen sind dabei untersagt, da viele sinnvolle Lösungen möglich sind. Es geht nicht um richtige Lösungen, sondern um qualitativ hochwertige Varianten. Das Nachfrageverhalten in der kollegialen Supervision stellt gleichzeitig eine gute Übung für die Exploration von Wirklichkeitsvorstellungen anderer dar. Diese Kompetenz braucht man sowieso. Fast immer geht es dabei um Exploration und Stimulation zu Klärung und Weiterentwicklung gleichermaßen.

Dass in Designübungen alle von der Gestaltung der Beratungsbeziehung mit dem Klienten entlastet sind, wird in der Regel als hilfreich empfunden. Allerdings fällt es auch manchen schwer, Entwürfe für Lösungen und die Gestaltung von Beratung zu machen ohne konkret zu beraten. Ihr Denken ist eng an ihr Handeln in der Beratungsbeziehung gebunden. Durch die Entlastung von der kommunikativen Umsetzung muss umgekehrt nicht jeder Entwurf durch das »Nadelöhr« Beratungskommunikation, muss also nicht auf das reduziert werden, was der Berater schon kommunizieren bzw. der Klient im Moment aufnehmen und verarbeiten kann. Hilfreich ist hier auch die am Institut übliche Tonaufzeichnung von Beratungen und Supervisionen. Sie ermöglichen beim späteren Hören ein vertiefendes Ausschöpfen der Angebote. Dadurch ist Lernen von der aktuellen Beanspruchung eines Beraters oder Supervisors entkoppelt. Interessant ist, dass sich die Klienten – wenn sie nur zuhören – oft mehr nehmen als wenn sie aktuell beraten werden.

6.2.2 Marktkompetenz

Die Präsentation von Entwürfen entscheidet oft darüber, ob man einen Auftrag, eine Zuständigkeit, ein Budget oder eine Autorisierung erhält. Daher ist interessant, auch für solches Marktverhalten Supervision zu bekommen. Weiterbildungsteilnehmer sind durch die Wahl ihrer Supervisoren innerhalb der Weiterbildungsgruppen im Markt für Intervision und Supervision Auftraggeber. In dieser Rolle dazuzulernen ist einerseits für berufliches Lernen durchaus bedeutsam. Andererseits sind viele Professionelle als Freiberufler, Unternehmer oder in ihrer Funktion in einem Unternehmen Auftraggeber für Beratung. Daher ist Supervision auch für die Auftraggeberkompetenz interessant.

Für solches Lernen sind »Beratermarktübungen« gut geeignet. Nach der Problemschilderung und einer sich eventuell anschließenden Befragungsphase bekommen mehrere potenzielle Berater Gelegenheit, ein Beratungsangebot abzugeben. Der Auftraggeber wählt aus und wird entsprechend seiner Wahl beraten. Später bekommt jeder Anbieter Feedback für sein Angebotsverhalten und es wird analysiert, wie die Beratungsbeziehung zustande gekommen ist. Dazu gehört auch, wozu der Ratsuchende/ Auftraggeber eingeladen, wie er ausgewählt und wohin beides geführt hat.

Man kann dieses Grundmuster in beliebige Komplexität hinein erhöhen. Zum Beispiel kann man um Kooperationsfragen in Beratersystemen erweitern, indem man die Teilnehmer als Beratergruppierungen Entwürfe für einen Auftraggeber erarbeiten und diese präsentieren lässt.

6.2.3 Experimentelles Vorgehen

Eine der wesentlichen Aufgaben von Beratern ist, mit einem Minimum an Recherche ein mögliches Handlungsfeld zu definieren und überzeugende Vorstellungen zu entwickeln, was dort von wem getan werden könnte. Hierbei ist oft die klassische Einteilung: erst Diagnose dann Beratung, erst alles ausführlich explorieren und dann über Lösungsansätze nachdenken schon aus Gründen einer sinnvollen Ressourcennutzung kaum noch realisierbar. Wichtiger und aus systemischer Sicht konsequenter ist es davon auszugehen, dass Berater sowieso vom ersten Wort an auf Grund von intuitiven Vermutungen arbeiten und Klienten beeinflussen. Wichtig ist, dass sie mehr und schneller erkennen, was sich längst konstelliert hat und dafür sorgen, dass diese Wirklichkeitsentwürfe auf Plausibilität geprüft und rechtzeitig verbessert oder verworfen werden. Salopp gesagt: Es ist keine Schande, dumm anzufangen – nicht dazu zu lernen allerdings schon. Beherzte Einstiege und freimütiges Lernen sind oft hilfreicher als Gründlichkeit der Vorabanalyse und Festhalten an den so gefundenen Meinungen. Solche Kompetenzen werden am Institut für systemische Beratung unter dem Stichwort »experimenteller Ansatz« geübt und supervidiert. Dabei ist weniger die inhaltliche Richtigkeit als das Entwickeln von Ansätzen und das Dazulernen im Prozess Gegenstand der Supervision.

7. DIE STEUERUNG DER PROFESSIONELLEN BEGEGNUNG IN THERAPIE UND BERATUNG

In professionellen Situationen begegnet man bei näherem Hinsehen enormer Komplexität. Diese wird normalerweise durch professionelle Gewohnheiten reduziert. Durch die Auflösung vieler solcher Gewohnheiten entstehen neue Fragen der Komplexitätssteuerung. Während bisher bestimmte Reduktionen, aber auch bestimmte Erhöhungen von Komplexität quasi automatisch vorgenommen wurden, stehen sie nun zur Disposition. Es gibt quantitative und qualitative Komplexitätssteuerung. Man fragt ab, wie viel Komplexität insgesamt, und bei welchen Aspekten welche Komplexität erforderlich ist. Hierbei spielt neben bewussten Entscheidungen Intuition eine wesentliche Rolle. Intuition ist ein komplexer Beurteilungsvorgang, bei dem vieldimensionale Selektion und Integration geleistet wird. Mit Intuition kann man Komplexität schöpferisch, aber auch gewohnheitsmäßig steuern. Intuition bedarf daher der Reflexion und Schulung.

Im Folgenden werden Steuerungsfragen am Beispiel psychotherapeutischer Beratung dargestellt. Die Ausführungen gelten aber analog für alle anderen Beratungen ebenso (Supervision, Coaching, Organisationsberatung), ja auch für viele andere professionelle Situationen.

Grundsätzlich gilt wohl, dass die durch beraterische Verfahrensweisen eingebrachte Komplexität so groß wie nötig und so gering wie möglich gehalten werden sollte. Komplexitätsbewältigung bei der Steuerung der professionellen Begegnung sollte, soweit sie nicht ausdrücklich Inhalt professioneller Arbeit ist, innerhalb des Beratersystems geleistet werden. Die Kapazität des Klientensystems sollte nicht unnötig mit Selbstorganisationsprozessen und identitätsstiftenden Ritualen des Beratersystems beschäftigt werden. Es braucht seine ›Komplexitätskapazität‹ für die eigene Selbstorganisation. Berater haben eine besondere professionelle Verantwortung dafür, sich eine Meinung zu bilden, ob bezogen auf die Beratung sie selbst und die Klienten angemessen mit Komplexität und ihrer Steuerung umgehen.

Abbildung 10 zeigt drei Dimensionen der professionellen Begegnung, in denen Entscheidungen getroffen werden müssen. Diese Entscheidungen müssen in einem sinnvollen Verhältnis zueinander stehen und Komplexität sinnvoll steuern.

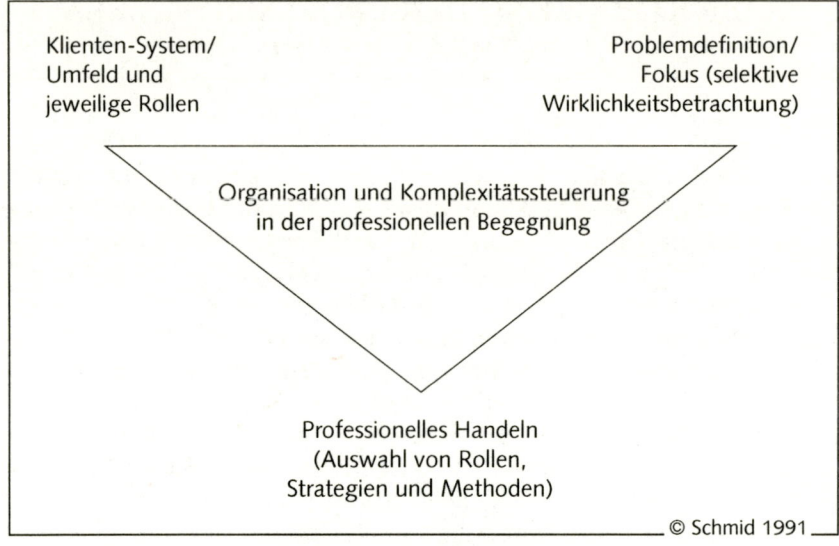

Klienten-System/
Umfeld und
jeweilige Rollen

Problemdefinition/
Fokus (selektive
Wirklichkeitsbetrachtung)

Organisation und Komplexitätssteuerung
in der professionellen Begegnung

Professionelles Handeln
(Auswahl von Rollen,
Strategien und Methoden)

© Schmid 1991

*Abb. 10: Dimensionen der Komplexitätssteuerung
in der professionellen Begegnung*

7.1 Definition der Klientensysteme und der Klientenrollen

Wir betrachten nicht mehr routinemäßig eine einzelne Person, ein Paar oder eine Familie als Klienten, sondern stellen zu Beginn und im Verlauf der Beratung immer wieder neu die Frage: »Welches ist für die jetzige Problemdefinition und das beabsichtigte professionelle Handeln das angemessene Klientensystem?« Klientensysteme sind diejenigen Systeme, die wir durch unser professionelles Handeln direkt oder indirekt erreichen wollen. Je nachdem, an welchem System sich unsere Fokusbildung und unser Handeln vorrangig oder nachrangig ausrichtet, können wir sie primäres, sekundäres oder tertiäres Klientensystem nennen. Systeme, die für das Klientensystem bedeutsam sind, die aber gegenwärtig nicht beeinflusst werden sollen, können wir Umweltsysteme oder kurz Umwelt nennen. Eine Anwesenheit der primären Klientensysteme ist hierfür nicht immer erforderlich. Die anwesenden Klienten können dem sekundären oder tertiären Klientensystem angehören. Sie werden vorrangig gemäß der angestrebten Veränderung beim primären Klientensystem beeinflusst.

Daneben fragen wir immer häufiger, in welchen Rollen die Klienten gesehen und therapiert werden. Hier macht es einen Unterschied, ob man in einer speziellen Sitzung einen Klienten als Partner in der Ehe, als Elternfigur in einer Stieffamilie, als Erbe in einem Clan oder als Geschäftsführer eines Unternehmens berät. Rollenbewusstsein und Rollendifferenzierungen machen spezifische Entscheidungen über das jeweils relevante System möglich.

7.2 Problemdefinition und Fokuswahl

Aus einer Vielfalt von Verhaltensweisen eines Systems müssen wir bestimmte Verhaltensweisen und Abläufe durch unsere diagnostischen Schemata auswählen. Diese betrachten wir dann als relevante Muster, die es zu verändern gilt, wenn eine bestimmte Symptomatik überwunden oder eine bestimmte Entwicklung angestoßen werden soll. Beratung heißt in diesem Zusammenhang, auf die Entwicklung solcher Muster zu zielen, die ein neuartiges Zusammenspiel im Klientensystem möglich machen. Problemverhalten müsste dann überflüssig oder unbedeutend werden. Wir müssen daher immer wieder neu Entscheidungen über Problemdefinitionen und Änderungen, die Unterschiede machen, treffen: Welche Änderungen eines Systems sind lediglich andere Spielarten eines problematischen Musters? Welche Änderungen sind Veränderungen des relevanten Musters selbst oder können diese hervorrufen?

Einzelereignisse oder Verhaltensweisen werden in Kontexten gesehen. Dies können z.B. innerpsychische Kontexte, private Beziehungskontexte oder Organisationskontexte sein. Bei der Auswahl und Beschreibung der Zusammenhänge verwenden wir Beschreibungsraster verschiedener Schulen. Dabei versuchen wir, nicht aus den Augen zu verlieren, dass diese zwar häufig Beschreibungssysteme mit hoher Plausibilität darstellen, über ihre Relevanz aber situationsspezifisch im Rahmen der eigenen Strategie entschieden werden muss.

Umdeutung heißt in diesem Zusammenhang, die Kontextbildung, die das Klientensystem selbst vornimmt, zu erfahren und dem Klientensystem neue Kontexte für dasselbe Phänomen anzubieten. Eine Deutung im psychoanalytischen Sinne ist z.B. für uns eine spezifische Umdeutung. Sie stellt ein Verhalten in den Zusammenhang intrapsychischer Prozesse und vergangener Erfahrungen. Das professionelle Handeln zielt dabei meist auf eine plausible Annahme dieser Umdeutungen, genannt Einsicht, ab.

7.3 Das professionelle Handeln

Mit dieser Perspektive soll auf die jeweils eingenommene professionelle Rolle und die Funktion hingewiesen werden, die der Professionelle in der spezifischen Situation hat. Die Besinnung darauf bietet Selektionskriterien dafür, was für den Berater gerade bedeutsam sein kann und muss, und was nicht. Geht es z.b. in einer Familientherapie in einem bestimmten Moment darum, das Funktionieren eines Familienmitglieds – etwa bezogen auf eine anstehende Prüfung – zu sichern, kann sich der Therapeut für diesen Moment auf die Rolle des strategisch handelnden Verhaltensbeeinflussers beschränken. Diese Rollenklärung hilft ihm, aus dem Bündel der möglichen professionellen Selbstverständnisse und aus dem professionellen Verständnis- und Verhaltensrepertoire wenige begrenzte Figuren für seine eigene Orientierung und Selbstorganisation auszuwählen. Je nachdem, welche Strategie er auswählt, kann er sein professionelles Handeln weiter spezifizieren. Die Auswahl seiner momentanen Funktion aus dem Bündel der möglichen erlaubt es ihm, von vielen Betrachtungen, die sich aus anderen Rollen ergeben würden, an dieser Stelle abzusehen. Die Komplexitätskapazität kann jetzt ganz für die Ausdifferenzierung der momentan eingenommenen Rolle und das damit verbundene Handeln verwendet werden. Die Klienten werden in ihren dazu komplementären Rollen behandelt. Würde statt eines strategischen ein aufklärerischer, ein pädagogischer oder ein verhaltensberaterischer Ansatz gewählt, müssten andere Rollenbündel und professionelle Handlungsmuster ausgewählt werden. Die Klärung und das Zusammenpassen von Verantwortung, Können und Einflussmöglichkeiten sind für Klienten und Therapeuten in ihrer Wirklichkeit allgemein und speziell in der Beratung wichtig.

7.4 Stimmige professionelle Figuren

Professionelle Selbstorganisation hat nun mit sinnvollen, aufeinander bezogenen Entscheidungen aus allen drei Perspektiven zu tun. Sieht man etwa die zunehmende Irritation eines Kindes in einer Familie im Zusammenhang mit konkurrierenden Eskalationen um Aufmerksamkeit anderer Familienmitglieder, müsste die Dynamik der Eskalation und ihre Entstehungs- oder Aufrechterhaltungsbedingungen spezifisch als Fokus definiert werden. Dann müsste entschieden werden, wer für diese Dynamik als relevant angesehen wird. Diejenigen würden dann als Klientensysteme angesehen werden, während andere, etwa Verwandte oder Nachbarn, als Umfeld betrachtet würden. Nun wäre denkbar, dass die Eltern für eine psychotherapeutische Beratung nicht verfügbar sind oder sein wollen. Hat man den Fokus aber so gewählt, dass man ihre Verhaltensweisen als die Dynamik vorrangig mitbestimmend ansieht, sie also für diesen Fokus zum primären Klientensystem bestimmt, dann wäre zu überlegen, wie sie z.b. durch strategische Maßnahmen über erreichbare Personen beeinflusst werden können. Hier wäre z.b. denkbar, Verhaltensverschreibungen an das irritierte Kind als Interventionsträger gegenüber den Eltern zu geben, wie dies ERICKSON (1999) häufig getan hat. Man könnte auch über das Schreiben eines Briefes oder das Einschalten eines Lehrers im primären Klientensystem intervenieren und so die Eskalation stören. Die gesendeten Botschaften können sich hier ganz am strategischen Zweck orientieren und müssen keine Deutungen enthalten, die zu einem aufklärerischen Ansatz passen, oder Beziehungsangebote, die vielleicht mehr zu einem begegnungsorientierten Ansatz einladen.

7.5 Aneinanderkoppeln und Begegnung

Bisher wurde die Wirklichkeitsgestaltung durch Beratung und die Beratungswirklichkeit als Aufgabe des Beratersystems beschrieben. Für die ›Beratung‹ genannte Begegnung müssen sich auch Klientensysteme organisieren. Dies ist im Bereich der Organisationsberatung viel sinnfälliger. Auch Klientensysteme entwickeln Vorstellungen davon, wer Klient und wer Umwelt, wer anwesend und wer unerreichbar, wer beeinflusst und wer nicht betroffen sein soll. Darüber hinaus bilden sie sich Vorstellungen, wer für sie das Therapeutensystem darstellt. Sind es der überweisende Hausarzt, die Klinik oder der jeweils behandelnde Arzt, auf die sie sich in ihrem Wirklichkeitsverständnis beziehen? Wer ist für die Klienten bei spezifischen Fragestellungen Therapeutensystem? Diese Frage erhebt sich z.B. bei der medikamentösen Behandlung im Rahmen von Psychoseberatungen. Wer wird als erreichbar und wer als bedeutsam betrachtet?

Ebenso bringen Klientensysteme ihre Wirklichkeit und einen daraus gewählten Ausschnitt ihrer Problemdefinitionen in die Beratung. Oft leben sie mit ihren eigenen Vorstellungen weiter, auch wenn sie sich in der Beratung zunächst ganz auf die Welt des Therapeutensystems einlassen.

Klientensysteme bringen auch eigene Vorstellungen von ihren Klientenrollen wie ebenso von den Therapeutenrollen mit.

7.6 General- und Spezialschlüssel

Erst bei genauerem Hinsehen wird klar, wie viele Abstimmungsprozesse zu einem Koppelungsvorgang zwischen Therapeuten- und Klientensystemen gehören. Man erkennt erst langsam, welche Herausforderung es bedeutet, wenn Therapeuten ihre Beziehungen zu Klienten nicht gewohnheitsmäßig gestalten und diese darin unterrichten, sondern immer wieder neue und spezifische Begegnungen finden wollen. Für Professionelle entsteht im Rahmen von Ausbildung und Supervision die Notwendigkeit, sich solcher Steuerungsprobleme bewusst zu werden. Wir stehen erst am Anfang, eine Sprache dafür zu finden. Diese müsste ein größeres Spektrum von sinnvollen professionellen Figuren, zwischen denen wir uns qualifiziert bewegen können, zusammen mit ihrer Didaktik beschreiben.

Nun könnte man meinen, dass das Ganze lediglich eine komplizierte Darstellung der Beschreibung des Durcharbeitens von Übertragung oder von Heilung durch verständnisvolle Begegnung darstellt. Ähnlichkeiten sind vorhanden, denn übertragungsorientierte Begegnungstherapie ist ein Spezialfall, der aus der allgemeinen Perspektive professioneller Begegnung sinnvoll beschrieben werden kann. Ihr käme die Funktion eines Spezialschlüssels in einem Schließsystem zu. Die allgemeine Beschreibung professioneller Begegnung entspräche der Funktion des Generalschlüssels desselben Schließsystems. Hält man den Generalschlüssel hinter einen der Spezialschlüssel, so entdeckt man nur die Gleichheit, nicht die Unterschiedlichkeit. Die Notwendigkeit für den Generalschlüssel wird nicht erkannt. Erst wenn man das Verhältnis umdreht, erkennt man, dass der Generalschlüssel andere Konturen hat. Wenn man verschiedene Spezialschlüssel eines Systems abwechselnd hinter den Generalschlüssel hält, lassen sich deren einzelne Konturen im Verhältnis zum Generalschlüssel besser beschreiben. Stellt man sich dann schnelle Wechsel von Spezialschlüsseln hinter dem Generalschlüssel – im Zeitraffer dargestellt – vor, bilden sich die Dimensionen ab, um die herum die Spezialisierungen gruppiert sind. Die Betrachtung der professionellen Begegnung aus der systemischen Perspektive könnte diese Funktion haben. Jedoch wäre verständlich, wenn nicht jeder, der einen für ihn selbst passenden Spezialschlüssel hat, sich dafür interessiert.

8. GEDANKEN ZUR SITUATION IM BEREICH PERSONALENTWICKLUNG, ORGANISATIONS-ENTWICKLUNG, TRAINING UND BERATUNG

Welche Ausrichtungen, welche Aspekte unserer gegenwärtigen Arbeit beurteilen oder vermuten wir als zukunftsweisend? Ich möchte an dieser Stelle Gedanken zu zukunftsträchtigen Entwicklungen im Bereich Personalentwicklung (PE), Organisationsentwicklung (OE), Bildung und Beratung formulieren.

Die Anforderungen an Flexibilität und Dynamik sind enorm gestiegen, und wir müssen dementsprechend unsere Fähigkeiten, mit beidem umzugehen, erheblich verbessern. Wir brauchen die Fähigkeit, mit Dynamik und Flexibilität aus der Perspektive verschiedener Rollen heraus in wechselhaften Situationen umgehen zu können. Dies nennt RIECKMANN (1993) »*Dynexability*«.

Jedoch: Die neu entstandene und entdeckte Komplexität droht uns zu überwältigen. Oft genug suchen wir bei reflexhaften, unprofessionellen Vereinfachungen Schutz. RIECKMANN (1993) hat der »Dynexability« die »Weisheit« zur Seite gestellt. Weisheit ist die Fähigkeit, intelligent situative Überschaubarkeit und Handlungsfähigkeit herzustellen. Wir entwickeln ein geläutertes Gefühl für das Machbare und für den günstigen Moment, den *Kairos*. Hierzu brauchen wir *funktionale Intuition*; funktional bezogen auf professionelle Situationen und professionellen Steuerungsbedarf. Funktionale Intuition sollte künftig noch ernster genommen, differenzierter betrachtet und sorgfältiger geschult werden.

Im Folgenden sollen einige orientierende Gedanken zur aktuellen Situation und zu meines Erachtens notwendigen Entwicklungen dargestellt werden.

8.1 Professionalisieren

Auch vor meiner Tätigkeit als Lehrtrainer und Organisationsberater war ich professionell tätig, und zwar als Psychotherapeut und Ausbilder von

Psychotherapeuten. Durch jahrelange Ausbildungen hatte ich für beide Tätigkeiten professionelle Identität und umfassende, selbstverständlich funktionierende Selbststeuerungen entwickelt. Das große Interesse der Wirtschaft an Psychologie im Allgemeinen und systemischen Sichtweisen und Methoden im Besonderen erlaubte mir, zunehmend in und für Organisationen tätig zu werden. Da ich etwas von Menschen verstand, hielt ich mich für kompetent, mit Menschen in Organisationen zu arbeiten. Später musste ich erkennen, dass mein Engagement über weite Strecken hin laienhaft war.

Im Bereich Humanressourcen begegnet man vielen engagierten Laien, die durchaus kompetent sein können, jedoch eher in anderen Disziplinen als in denen, für die sie Kompetenz in Anspruch nehmen. Es ist Vorsicht angebracht, wenn Professionswirklichkeiten aus bestimmten Berufen und Gesellschaftsbereichen auf andere übertragen werden. Stattdessen ist zu prüfen, wie wir uns für neue Professionsbereiche spezifisch professionalisieren und ergänzend professionell qualifizieren müssen.

Professionalisieren heißt, Denk- und Verhaltensweisen zu einem Professionsverständnis zusammenzufügen und in der Persönlichkeit zu verankern. Das hat mit Feldkenntnissen zu tun, mit Rollen- und Methodenkenntnissen sowie mit Selbsterkenntnis. Es ist wichtig, ein Gefühl dafür zu haben, wer ich im Moment bin, der ich mit Flexibilität und Dynamik umgehe. Wer keinen inneren Bezugspunkt für sein Handeln hat, geht in der Vielfalt verloren. Durch die Ausrichtung auf professionelle Identität kommt eine neue Art von Beständigkeit in unsere Arbeit. Wir brauchen innere archimedische Punkte, von denen aus Perspektiven entwickelt und Handlungsweisen organisiert werden können.

In vielen Organisationen gilt noch die Meinung, dass jeder einigermaßen vernünftige Mensch im Bereich Bildung, Organisations- und Personalentwicklung tätig werden kann. Im EDV-Bereich käme niemand auf die Idee, jeden, der zum Eigengebrauch einen PC bedienen kann, als Fachmann für technische Kommunikationssysteme in einer Organisation anzusehen.

Man stelle sich die Auswirkungen auf eine Organisation vor, wenn jeder seine eigenen Hardware- und Softwarevorlieben pflegen oder sie als Ressortleiter oder Berater anderen als umfassende Systematik nahe legen dürfte. Für Newcomer bietet eine solche Bereitschaft zu babylonischer Vielfalt die Möglichkeit, in interessante neue Berufsfelder hineinzuwachsen. Dies ist auch eine Chance. Bei den sich entwickelnden Anforderungen können wir jedoch hier nicht stehen bleiben. Zu oft stagnieren die

Arbeiten am großen Turm aufgrund der babylonischen Verwirrung der Ansätze und Vorgehensweisen.

8.2 Entromantisieren

Wir neigen dazu, eine humanistische Bildungswelt in privilegierter und manchmal betulicher Form in Wirtschaftsorganisationen hineinzutragen. In unserem Bedürfnis nach Erneuerung frönen wir gelegentlich auch wilder Experimentierlust. Wir selbst und – durch Krisendruck und Begeisterungsfähigkeit gefördert – auch unsere Kunden glauben unkritisch an das Neue und sind bereit, Ressourcen zu investieren, die in einer sinnvoll modifizierten Fortschreibung von Bestehendem vielleicht besser untergebracht wären. Andererseits: Wenn das Geschäft gut läuft, sind wir auch in Gefahr, umsatzträchtige Bauchladensortimente aufzubauen und – solange der Kunde es will – diese auch fortzuschreiben.

Wir haben uns lange Zeit zu wenig Rechenschaft darüber abgelegt, welche kulturökologischen Folgen das gewohnte Bildungsgeschäft, aber auch viele unserer Experimente hatten, welche Konsequenzen z.B. durch eine Verwirrung der Maßstäbe zu tragen waren. Also: *Entromantisierung* ist angesagt. Doch lauert als Gegengefahr die *Banalisierung*. Kulturmaßnahmen werden z.B. nur noch durch die Kosteneinsparungs- oder Umsatzerwirtschaftungsbrille gesehen. Wie jedoch können wir entromantisieren ohne zu banalisieren? Was sind *effiziente* und *gehaltvolle* Ansätze?

8.3 Ansprüche und professionelle Bescheidenheit

Wir werden in vielerlei Hinsicht an uns selbst und an andere stärker qualitative Ansprüche stellen müssen. Zum Beispiel müssen wir lernen, komplementäre Verhaltensweisen und Beiträge unserer Kunden besser zu formulieren, in Kontrakten zu klären und im Prozess einzufordern. Viele OE-Maßnahmen scheitern daran, dass die Kunden ihre Hausaufgaben nicht machen. Oft sind diese nicht genügend verständlich gemacht worden oder wurden nicht wichtig genommen. Gerade weil unsere Arbeit ohne verantwortliches komplementäres Handeln der Kunden nicht erfolgreich sein kann, müssen wir gegenüber den Kunden anspruchsvoll sein. Anspruchsvolle Konzepte lassen sich schwerer vermarkten und erbringen quantitativ nicht so leicht hohe Umsätze. Lange war das Geld mit einfach gestrickten Programmen, die an noch wenig erfahrene, neue Kundenkreise verkauft wurden, leichter zu verdienen. Ob dies weiterhin noch möglich ist und was professionsethisch noch vertreten werden kann, ist fraglich.

Umgekehrt müssen wir uns selbst auch mehr in Anspruch nehmen lassen. Wir müssen würdigen, dass die Kunden Anliegen für Wirklichkeitsgestaltung aus ihrer Sicht haben, auf die wir für sie verständliche und ihrer Beurteilung nach wertvolle Beiträge liefern müssen – sie wollen sich ohne unangemessen hohen Aufwand daran ankoppeln können. Im Bemühen dem entgegenzukommen, werden wir viel über unterschiedliche Wege zwischen Willfährigkeit und Überbewertung eigener Weltsichten diskutieren müssen. Mit einer soliden, intelligenten und menschlichen Professionalisierung wird auch zunehmende professionelle Bescheidenheit einhergehen müssen.

8.4 Systemlösungen

Anschlussfähigkeit an die Anforderungen unserer Kunden bedeutet auch, dass wir uns selbst den Herausforderungen stellen, denen diese gegenüberstehen. Das heißt z.b., dass wir uns nicht auf Prozessorientierung und Standardseminare zurückziehen dürfen. Statt dessen müssen wir aus Ideen Produkte entwickeln, die in ein zu uns passendes und gut differenziertes Produktprogramm passen. Oft ist entscheidend, welche Professionskultur durch unsere Produkte transportiert wird. Anstatt gleich großflächig zu klotzen geht es eher darum, zunächst qualifiziert zu kleckern. Das heißt, Produkte beispielhaft konfigurieren, prototypische Anwendungen unter sinnvollen Bedingungen im Kundenunternehmen anbieten und uns selbst wie auch dem Kunden Bewährungskriterien und Beurteilungsverfahren deutlich machen.

Gute Ideen müssen zu Produkten sowie zu Produkteinführungs- und Pflegeprogrammen entwickelt werden. Wir müssen uns also über die gezielte Vermarktung und die Implementierung von Systemen in Kundenorganisationen Gedanken machen. Aufwendungen für die Implementierung und Pflege sollten von vornherein angemessen konzeptionalisiert und bezüglich des Ressourcenverbrauchs kalkuliert werden. Wie oft waren die Berater von dannen gezogen, wenn die Probleme mit Kulturdienstleistungen erst richtig deutlich wurden. Wie oft haben allerdings auch Kunden schon das Interesse verloren, wenn nach A auch B und C gesagt werden musste.

Um *Systemlösungen* bieten zu können, müssen wir uns überlegen, wie das, was wir jeweils anbieten, zu einem System, einer Produktpalette oder einer Philosophie passt und wie wir damit einen wirksamen Beitrag für die Kundenorganisation und deren Kultur leisten können. Natürlich haben wir nicht immer die Chance, gleich eine umfassende Lösung zu verwirklichen. Es werden oft genug Insellösungen sein. Aber wir sollten Vorstellungen davon entwickeln, an welche Systemlösung diese Insellösungen anschlussfähig sein können.

8.5 Kulturinvestition und längerfristige Amortisierung

Im EDV-Bereich ist längst klargeworden, dass man zwar einzelne Hardware- oder Softwareelemente zu günstigen Preisen kaufen kann, aber in vielen Fällen die Folgeprobleme mit dem Handling so groß sind, dass es besser gewesen wäre, ein stimmiges System mit einem entsprechenden Produkteinführungs- und Pflegeprogramm als das Kernprodukt zu definieren und für die Wirtschaftlichkeitsrechnung zu kalkulieren. Den Begriff »Pflege« verwende ich im Sinne der Erhaltung des aktuellen Funktionierens und der längerfristigen Gebrauchsfähigkeit eines Systems. Ähnliches werden wir für die Produkte im Bereich Humanressourcen leisten müssen. Unsere Kunden müssen lernen, dass Produkteinführungs- und Pflegeleistungen zum Wesen unserer Produkte gehören. Werden diese als Beigabe zu Standardprodukten gehandelt, kommt ihnen nicht die notwendige Sorgfalt zu. Wir sollten einen Unterschied zur üblichen Definition von Dienstleistung betonen, indem wir von Kulturinvestitionen und deren längerfristiger Amortisierung sprechen. Zwar scheint dies schwierig und schlecht abwägbar im Bereich Unternehmenskultur. Aber ist das im Bereich der EDV denn wirklich anders?

8.6 Schlanke Eigenorganisation

Wichtig ist, dass Beratungsunternehmen und entsprechende Abteilungen in Großunternehmen effiziente und schlanke Eigenorganisationen entwickkeln. Zunehmender Rentabilitätsdruck erfordert es, sich über Kosten und Umsätze, über den externen und internen Verkauf und über Deckungsbeiträge Gedanken zu machen. Jedoch bedeutet unternehmerisches Denken auch im Bereich Humanressourcen mehr: z.B. angemessene Personalentwicklungs-Strategien zu haben und eine Professionskultur im eigenen Bereich zu entwickeln; des Weiteren Entwicklungsstrategien für Produkte und Produktprogramme, Positionierung in der Organisation, Entwicklung von Teamstrukturen, Managementabläufe, fachliche Führung usw. usw. Kommunikations- und Führungskultur im eigenen Bereich sind häufig eher Stiefkinder der Kulturprofis. Dies untergräbt oft genug die fachliche Autorität beim Kunden.

8.7 Topographie der Zuständigkeiten

Organisations- und Personalentwicklung ist vorrangig Managementaufgabe. Wenn das Management OE und PE nicht verantwortlich gestalten, entsprechende Kapazitäten bereitstellen und Qualifikationen erwerben will, können Berater auch nicht wirklich helfen. Oft nehmen überlastete Manager PE und OE als kontinuierliche Management- und Führungsaufgaben im Können und Tun nicht wirklich ernst. Zu gern beschränkt man sich auf Verkündungen und Anschubveranstaltungen. Danach ist Druck angesagt, statt Management und Führung bei der nachhaltigen Umsetzung der Vorhaben zu unterstützen. Oft soll das erkennbare Manko durch Stabsfunktionen behoben werden – dies ist meist ein Irrweg. Stabsfunktionen können nur komplementär zu wirksamer OE und PE durch das Management wirklich funktionieren. Sie können dem Management lediglich helfen, PE und OE zu implementieren, durchzutragen und zu pflegen.

Externe, die von dieser Erkenntnis geleitet ihre Kunden in die Pflicht nehmen, geraten leicht ins Abseits. Umso wichtiger ist die Drehscheibenfunktion der internen Fachleute für Personal- und Organisationsentwicklung. Sie können in einem Maße Anschlussfähigkeit an die Organisation herstellen, wie es Externe kaum können. Selbstverständlich müssen sie hochqualifiziert sein und ihre Identität als Intendanten und Programmverantwortliche entwickeln. Externe werden als Schauspieler, als Dramaturgen, als Gastregisseure, vielleicht auch als Intendanzberater engagiert. Kulturträger können dauerhaft nur die Internen sein.

Unterentwickelte Managementstrategien im Bereich Humanressourcen und eine fehlende fachkundige Organisation und Ankopplung von strategieorientierter Beratung stellen häufig einen Engpass für die Wirksamkeit von PE-/OE-Maßnahmen dar. Fehlende Steuerung durch Interne lässt sich durch noch so teuren Einkauf von externen Experten nicht wirklich kompensieren. Deren Wirksamkeit bleibt – von einem ersten Begeisterungseffekt abgesehen – durch den Wirkungsgrad interner Kulturträger beschränkt. Dass in interne Kulturträger oft nicht so bereitwillig investiert wird wie in den Einkauf externer Leistungen, hat wohl mit der Unterbewertung der

Propheten im eigenen Land zu tun. Illusionäre Erwartungen, die man mit Externen verbindet, ist man eher bereit, teuer zu bezahlen als solide arbeitende Interne, die das Management bald an die eigenen Verantwortlichkeiten erinnern.

PE-/OE-Stellen müssen so ausgestattet werden, dass qualifizierte Menschen darin auch eine längerfristige Karrieremöglichkeit sehen, in die zu investieren sich lohnt. Fachkarrieren verhindern das Abwandern und bieten Aufstieg, ohne Linienverantwortung übernehmen zu müssen. Ob trotz Neidgefahr eine marktgerechte Bezahlung für interne OE- und PE-Fachleute möglich ist, hängt vom Stellenwert dieser Funktionen ab. Im EDV-Bereich gibt es hierfür genügend Beispiele.

8.8 Dezentralisierung

Innerhalb der Großorganisationen gibt es eine Bewegung in Richtung einer Dezentralisierung von fachlichen Leistungen im Bereich Humanressourcen. Dies ist vernünftig in dem Sinne, dass die entsprechenden Dienstleistungen an den Ort des Geschehens gebracht werden müssen. Ein größerer Teil von Personal- und Organisationsentwicklung soll nun wieder als elementarer Bestandteil von Management und Führung vor Ort begriffen werden. Doch wird das Dezentralisieren oft übertrieben, wenn man glaubt, die zentralen Abteilungen plündern und ihre fachlichen Leistungen ohne weiteres in der eigenen Abteilung erbringen zu können. Oft geht dabei das Wesentliche verloren. Die sinnvoll entwickelte Professionskultur kann und sollte einen kreativen Kontrast zur sonstigen Organisationskultur bilden. Es ist, als würde einem der Äpfelkauf zu umständlich und man begäbe sich in eine Apfelplantage, sägte einen Ast vom Baum und grabe ihn im eigenen Garten ein. Die Hoffnung, künftig Äpfel bei Bedarf leichter und frischer zugänglich zu haben, trügt jedoch.

Allerdings haben die zentralen Stabsabteilungen auch die Aufgabe, wirklich plausibel zu machen, was an ihrer Expertise eine notwendige zentrale Kulturleistung ist, die nur zentral optimal gepflegt, den Entwicklungen der Profession gemäß erneuert und in ihrem Nutzen wieder zur Verfügung gestellt werden kann. Wir müssen hier selbst Vorstellungen entwickeln und verständlich darstellen, was eine intelligente Zentralisierung und Dezentralisierung im Bereich Humanressourcen meinen und leisten kann. Dann können weise Mittelwege gefunden werden.

8.9 Der systemische Ansatz und der Aufbau von Kulturen

Der systemische Ansatz, aber auch andere OE-Ansätze wirkten für viele wie ein Wundermittel im Sinne einer Befreiung von rigiden, eingefahrenen und schwerfälligen Organisationen. Man lernte zu hinterfragen und durch das Hinzuziehen vielfältiger Perspektiven und Kontexte Komplexität auf überraschende und oft inspirierende Weise zu erhöhen. Systemische Vorgehensweisen dienten vorrangig der kreativen Verstörung rigider Systeme. Heute aber sind viele Unternehmen in einer völlig anderen Situation. Eher häufig durch interne Umwälzungen und erdrutschartige Verschiebungen in der Umwelt als durch Beratereinfluss ist zuviel in Bewegung gekommen. Die Unternehmen leiden unter den dadurch entstandenen Anforderungen an Flexibilität und Dynamik. Hinzu kommen vielfältige, wenig durchdachte Innovationsversuche, um diesen Anforderungen gerecht zu werden. Das Unternehmen, in dem ein- und derselbe Vertriebsbereich gleichzeitig von mehr als einem Dutzend verschiedener und unkoordiniert gefahrener, innovativer OE-Projekte betroffen war, ist kein Einzelfall. Häufig wird die Innovationskapazität der Organisation und der Menschen in ihr völlig überlastet. Dies führt nach anfänglicher Begeisterung dann zu Komplexitätsstress und nicht selten zu zynischer Resignation bis hin zu Tot-Stell-Reflexen.

Kreatives Hinterfragen allein kann also unmöglich die zentrale Tugend bleiben. Es müssen sorgfältige Vorstellungen entwickelt werden, woraufhin wir hinterfragen. Damit können die Energien im Dienste von Leistbarem gebündelt werden. Wir müssen lernen, unsere Fähigkeit zur Kulturkritik in Konzepte zum Kulturaufbau und zur Kulturpflege zu überführen. Hierzu müssen wir zunehmend Designerfähigkeiten entwickeln. Wir müssen Produkte und Ansätze, die in sich schlüssig sind, sowie ihre Implementierung und ihre Anschlussfähigkeit an die Kundenorganisation mit geringem Ressourcenverbrauch skizzieren lernen. Wir brauchen designgesteuerte Innovationsansätze. Diese müssen top-down, also in der Führungshierarchie von oben nach unten, gesteuert werden. Sie müssen eine angemessene Bottom-up-Beteiligung aufweisen und vorrangig vom Management durch Führung und tägliche Kommunikation umgesetzt werden.

8.10. Erschließungsstrategien

Wir brauchen bewusste Strategien, wie wir unsere Kunden – bezogen auf unsere Dienstleistungen – sowohl nach innen als auch im Kontakt mit uns qualifizieren. Viele Kunden kennen die Logik und Bedeutung unserer Arbeit zu wenig oder können sie nicht richtig einschätzen. Daher können oder wollen sie sich nicht komplementär darauf ausrichten. Wir müssen Erschließungsstrategien entwickeln und die Entscheidungsträger und Anwender schrittweise an eine sinnvolle Nutzung unserer Dienstleistung heranführen. Dies ist für die Kunden jedoch viel komplizierter als der schnelle Einkauf eines Seminarpakets. Es ist auch deshalb schwierig, weil die Unternehmen selbst bei der Berücksichtigung von PE und OE im Hinblick auf die Vitalität des Unternehmens in den Anfängen stecken. Die Situation ist vergleichbar damit, ein Unternehmen an die Integration von EDV in seine Selbstorganisation heranzuführen. Bezüglich der Motivation lässt es sich eher mit der Einführung ökologischer Gesichtspunkte in ein Unternehmen oder eine Volkswirtschaft vergleichen.

Mit unerfahrenen Kunden ist es oft zu leicht, aber auch oft zu schwer, Geschäfte zu machen. Sie leisten sich Entwicklungsmaßnahmen, wenn sie genug Geld haben und etwas für die Unternehmens- und Incentive-Kultur tun wollen. Dann sind sie aber nicht elementar. Sind sie aber wirklich in einer Krise, dann nehmen sie an, nicht die Zeit und nicht die Ressourcen für die Projektierung solider Erneuerungsmaßnahmen zu haben. Hinzu kommt der Beurteilungsnotstand. Sie können oft die verfügbaren Dienstleistungen nicht richtig beurteilen und sind lediglich auf ihre Intuition angewiesen, woher Hilfe kommen könnte.

In einer Art Doppelstrategie müssen wir einerseits auch unter eigentlich unmöglichen Bedingungen Soforthilfe versuchen. Andererseits sollten wir dies aber auch zum Anlass nehmen, über Chancen und alternative Kulturentwicklungen, die aus der Krise erwachsen können, nachzudenken. Es geht um strategische Kompromisse, also um Abstriche von unseren Vorstellungen davon, was eigentlich sauberes Arbeiten wäre – zu Gunsten aktueller Hilfe und der Anschlussfähigkeit. Wir sollten jedoch nicht aus den Augen verlieren, was oder wen wir beim Kompromiss kompromittieren, damit wir selbst nicht zu lebenden Kompromissen werden. Was also ist jeweils die Wunschstrategie? Und inwiefern ist der Kompromiss eine Übergangsstrategie, um an der Implementierung der Wunschstrategie zu arbeiten?

8.11 Kodramaturgie und die Qualifizierung der Kunden

Beratung allein ist für viele Situationen zumindest am Anfang nicht hinreichend. Oft sind wir auch genötigt, Kodramaturgie zu bieten. Wir müs-

sen den Verantwortlichen in den Unternehmen gestalterisch zur Hand gehen, um überhaupt einmal etwas zu etablieren. Auch hier besteht die Kunst
darin, zwar Managementfunktionen zu ergänzen, aber dabei nicht in Ma-
nagementverantwortung zu geraten. Dies ist ein schwieriger Balanceakt,
der als Gegenstand unserer Professionalisierungs-Überlegungen Sorgfalt
verdient. Wir können kaum von unseren Kunden erwarten, dass sie diese
Balance finden und halten können. Wir müssen jedoch als Fachleute selbst
Konzepte für diese schwierige Thematik entwickeln und unsere Kunden
verantwortungsvoll beraten können.

Es geht um Ansprüche, etwas wirklich Elementares beitragen zu können, ohne andere durch die Übernahme ihrer Verantwortung zu entwürdi-
gen. Es geht auch um die Beschränkung auf schlanke und wirksame Dienstleistungen, wobei externe Leistungen in der Regel nur in homöopathi-
schen Dosen verabreicht werden sollten. Es geht also um Professionalität,
um Ethik und um unseren Geldbeutel. Ich finde, dass wir uns qualifizierte
Kunden gönnen sollten. Das Schöne daran ist, dass sie uns für unsere Professionalität interessantere Herausforderungen bieten. Das Schwierige
daran ist, dass uns kritische Kunden für unsere eigene Professionalität, für
die Konfiguration unserer Produkte und für die Organisation unserer Dienstleistungen Maßstäbe setzen, die ohne erhebliche Entwicklungen nicht zu
erfüllen sind.

8.12 Breiten- und Spezialprogramme

Vermutlich müssen wir zwischen multiplizierbaren Breitenprogrammen
und Spezialprogrammen unterscheiden. Breitenprogramme sind solche,
die von den Organisationen übernommen und zum regelmäßigen Bestandteil ihrer Kultur gemacht werden können. Dies muss dann ohne erhebliche
Dienstleistungen Externer möglich sein. Externe agieren hier vorrangig
als Implementierungsexperten. Diese Programme müssen schlank, arbeits-
platznah, in ihrer Logik verständlich sowie von der Organisation leicht
erlernbar und aus eigenen Kräften pflegbar sein.

Daneben brauchen wir Spezialprogramme, die nur mit viel Expertise
und hohem Einsatz gefahren werden können. Ihre Notwendigkeit und
Funktion bedarf einer besonderen Begründung.

Schäden werden verursacht, wenn mit Spezialprogrammen Maßstäbe
gesetzt werden, die vernünftige und leistbare Breitenprogramme blass
aussehen lassen. Wie oft kommen zentrale Fachabteilungen oder Externe
in ein Tochterunternehmen oder ein Werk, um dort unter Beiseiteschieben

der Internen zu zeigen, was OE sein könnte. Implizit werden damit Standards gesetzt, die als Breitenprogramm von Niemandem geleistet werden können. Es gibt genügend Beispiele dafür, dass die Lieferfähigkeit dieser externen Anbieter sofort zusammenbricht, wenn Maßnahmen dieser Art in breitem Umfang nachgefragt werden. Die Situation wäre vergleichbar mit einem normalen Familienhaushalt, der von einem 3-Sterne-Koch heimgesucht wird. Dieser zeigt, wie man eine Supermahlzeit kocht, übersieht dabei aber, dass diese Mahlzeit möglicherweise nicht jedem in der Familie schmeckt und außerdem bei der Herstellung das Haushaltsgeld eines ganzen Monats verbraucht wird. Eine qualifizierte Ergänzung der Esskultur, die zu den Möglichkeiten und der Lebenskultur der Familie passt, wäre weniger spektakulär und viel schwieriger zu bewerkstelligen.

8.13 Ökologie

Es geht bei Professionalität neben der Entwicklung neuer Möglichkeiten auch um ein ökologisches Bewusstsein. Ökonomie und Ökologie sind eng miteinander verbunden, wenn man den Betrachtungshorizont und den Verantwortungsbereich genügend weit wählt. Prinzipiell müssen wir Verantwortung nicht nur für Wirkungen und Ressourcenverbrauch, sondern auch für Nebenwirkungen bei unseren Kunden, im eigenen Markt und in der Kultur unserer eigenen Organisationen übernehmen. Wir müssen eine gewisse Verantwortung für die Moden unserer Profession und die geistigen Infektionen, die wir in die Welt tragen, übernehmen. Als problematisch betrachte ich z.B. Sprüche wie:

- »Spiele spielen sich selbst.« Soll das heißen, dass niemand persönlich verantwortlich gemacht werden soll?
- »Aus dem Chaos entsteht dann Ordnung.« Heißt das, dass wir uns nicht im Bewusstsein begrenzter Kontrollierbarkeit um bestmögliche Steuerbarkeit bemühen müssen?
- »Ratschläge sind auch Schläge.« Heißt das, dass wir uns nicht darum bemühen sollten, Lebens- und Berufserfahrung auf gute Weise weiter zu vermitteln und stattdessen die begeisterte Neuerfindung des Rades als Wert an sich ansehen?

Wie beim Umweltschutz wäre die Vermeidung von geistiger Umweltverschmutzung schon bei der Produktion die beste Vorsorge. Über die Entsorgung unserer Weisheiten, wenn sie sich als nicht oder nicht mehr gebrauchsfähig erweisen, machen wir uns selten Gedanken. Mit ähnlicher Mentalität, mit der wir übermäßig schadstoffproduzierende Kraftfahrzeuge oder Fabrikanlagen in weniger kritische Drittländer verkaufen, laufen wir Gefahr, PE- und OE-Konzeptionen, deren Wirksamkeit unklar und deren Nebenwirkungen bedenklich sind, als Dienstleistungen an unerfahrene Kunden, z.b. in Ostländern, zu verkaufen. Auch vertreten wir unsere Werte oft begeistert in Umgebungen, wo sie fehlgewichtet sind oder zumindest ohne Umwandlung nicht relevant werden können. Wenn wir versuchen, unsere Werte nicht in Reinform zu propagieren, sondern in ein umweltverträgliches professionelles Handeln einzubetten, bemerken wir erst die enormen Herausforderungen, die mit kontextgerechtem und wertorientiertem Handeln verbunden sind.

8.14 Neue Schwerpunkte in der Eigenqualifikation

Aus den bisher genannten Herausforderungen an unsere Professionalität ergeben sich auch neue Schwerpunkte für Eigenqualifikationen und entsprechende Weiterbildungsprogramme. In einem großen Unternehmen haben wir z.B. verschiedene Rollen und Funktionen in Beratungsprojekten mit dazugehörigen Qualifikationen definiert. Als Junior-Berater sind dort Mitarbeiter tätig, die nach einer mindestens zweijährigen Zusatzausbildung im Rahmen von professionell gesteuerten Gesamtprojekten beraten. Sie werden angeleitet durch Senior-Berater und begleitet von Supervisoren, wenn sie auf Fragestellungen stoßen, die sie mit ihrer Erfahrung nicht genügend abdecken können. Senior-Berater verfügen über eine umfassende Weiterbildung in systemischer Beratung sowie über wesentlich mehr Beratungserfahrung und spezifische Feldkenntnisse. Zusätzlich müssen sie in der Lage sein, Beratungsprojekte zu steuern. Das heißt, sie sind kompetent, die darin tätigen Berater auf eine gemeinsame Dienstleistung hin zu organisieren und an die Kundenorganisation anzukoppeln.

Zunehmend wichtig in der Beratungswelt wird dabei auch, elementare Kompetenzen von Organisationen zusammenzuführen – etwa im Bereich des Controlling, der Organisation oder der Personalentwicklung – und daraus ein gemeinsames Beratungsprodukt zu machen, das die entsprechenden Belange der Kunden koordiniert berücksichtigen kann. Bislang bleibt den Kundenorganisationen meist das Problem, verschiedene Beratungen und andere Dienstleistungen selbst zu integrieren. Wir müssen Ausbildungen entwickeln, die das hier Mögliche auf der Seite der Beratung leisten. Es ist ein gutes Kriterium für Beratung, ob dem Kunden eine in sich integrierte, möglichst einfach nutzbare Oberfläche geboten werden kann. Die Kunden haben mit ihren verbleibenden Belastungen noch genug zu bewältigen.

Wir müssen also über neue Prioritäten in der Spezifikation von professioneller Kompetenz nachdenken. Hier besteht Klärungsbedarf. Einerseits sind wir insbesondere von den psychologisch orientierten Schulen her eher aufgeblähte Ausbildungen gewohnt. Andererseits gibt es unverantwortliche Schnellbleichen und einen Kauderwelsch von Vorstellungen, was man danach ist und kann. Wir brauchen Ordnungssysteme, die erforderliche Qualifikationen und die dafür notwendigen Weiterbildungen und Berufserfahrungen definieren. Zumindest ist es notwendig, dass sich ein einigermaßen gültiger Sprachgebrauch einbürgert, der eine gewisse Markttransparenz für Kunden und Anbieter ermöglicht.

8.15 Bewusste Kulturbegegnung

Professionelle Begegnung ist immer auch Kulturbegegnung. Jede Fachdisziplin, jeder Teilorganismus eines größeren Ganzen hat seine eigene Kultur, seine Orientierungsgesichtspunkte, seine gewohnten Funktionsweisen und seine Interessen, mit denen er sich selbst organisiert und die Begegnung mit der Umwelt beurteilt. Es ist nur zu verständlich, dass jeder Teilorganismus zunächst versucht, die ihm eigene Kultur um sich herum auszubreiten und dem Gesamtorganismus als Orientierung anzubieten. Oft dürfen die verschiedenen Kulturvorstellungen nicht unverbunden nebeneinander existieren, sich aber auch nicht dogmatisch gegenseitig polarisieren. Dafür ist es hilfreich, professionelle Begegnung unter dem Gesichtspunkt der Begegnung verschiedener Kulturen zu sehen. Hier begegnen sich Männer und Frauen, Stabs- und Führungsleute, Controller und Personaler, Kaufleute und Techniker, ›Psychos‹ und ›Technos‹, Ökonomen und Ökologen usw. Im Ausland kommen noch viele andere Kulturdimensionen hinzu.

Kulturbegegnungen zwischen den verschiedenen Ressorts und anderen Kulturperspektiven finden im Management und in Führungsbeziehungen ständig statt und müssen bewältigt werden. Entsprechend sollten PE- und OE-Maßnahmen – z.B. in Beratungsprojekten – Kulturbegegnungen dieser Art selbst leisten und bewusste Hilfestellungen für das Management bereitstellen. Eine Schwierigkeit besteht darin, einerseits begegnungsfähig zu sein, andererseits aber die Eigenart beizubehalten und weiterzuentwickeln. Polarisierungen und undifferenzierter Mischmasch sind die Fehlformen von Abgrenzung und Begegnung. Die Kompetenz, Kulturbegegnung bewusst zu steuern und zum Gegenstand unserer Management- und Beratungsstrategien zu machen, ist eine zunehmend wichtige Perspektive professioneller Qualifikation.

Andererseits: Bei aller Bereitschaft zur Begegnung möchte man in einer überschaubaren eigenen Welt beheimatet bleiben. Stabile Eigenarten sind notwendig, damit die Teilsysteme ihre Identitäten erhalten können und damit sich die Begegnung untereinander auf Grund dieser Unterschiedlichkeit auch lohnt. »Die Begegnung mit dem Andersartigen dynamisiert die Eigenart«, wie RUPERT LAY[1] sagt. Anderen Eigenarten zu begegnen ist wichtig und kreativ. Alles in die persönliche Eigenart aufnehmen zu wollen, führt in vielseitige Belanglosigkeit.

8.16 Professionsverbände

Die Organisationen von Fachleuten im Bereich Humanressourcen und ihre Verbandskultur wird sich in ihrem Charakter verändern. Wichtig wird werden, dass sie zunehmend bestimmte Professionskulturen vertreten und ihren Mitgliedern professionelle Identität bieten – unabhängig von den Organisationen, in denen diese arbeiten. Professionelle Identität meint etwas, was man – neben allen Einzelansichten, Techniken und Vorlieben – als gemeinsame Orientierung spüren kann. Sie lebt von Kommunikation und sorgfältigem fachlichem Austausch und geht oft einher mit entsprechender Weiterbildungs – und Zertifizierungskultur. Sie gibt Identität und Stabilität durch professionelle Zugehörigkeit. Es wird nicht mehr lange taugen, sich als NLP'ler oder Systemiker, TQM'ler oder Moderationstechniker auszuweisen. Schulenspezifikation dieser Art und Identitäten auf Grund von sehr begrenzten und modisch bestimmten Teilperspektiven sind Auslaufmodelle der professionellen Evolution. Professionsverbände werden auf neue Weise Feldspezifikationen, Rollenspezifikationen und Kompetenzbeschreibungen zu Identitäten bündeln müssen.

Als Beispiel für eine neue professionelle Gemeinschaft im Bereich Organisation möchte ich das NETZWERK SYSTEMISCHE PROFESSIONALITÄT erwähnen. Die darin organisierten Professionellen spezifizieren das Feld, in dem sie sich kundig machen und auf das sie sich ausrichten. Sie spezifizieren Professionen, Tätigkeitsbilder, Philosophien und die Professionskultur, die sie dort vertreten. Die Grundberufe, aus denen die Mitglieder kommen, und die Organisationen, für die sie arbeiten, sind für die Identität sekundär. Wesentlich wichtiger sind die Lernkulturen in den Weiterbildungsgängen, die Verfahren für die Verleihung von Zertifikaten, sowie die sich aus diesem Professionsverständnis ergebenden Arbeitsformen, kollegialen Beziehungen und Präsentationen am Markt.

8.17 Veränderung geistiger Haltungen

Die genannten Notwendigkeiten, uns selbst zu verändern, haben mit den Veränderungen des Zeitgeistes zu tun. Sie stehen im Spannungsfeld der Diskussionen um Gesellschaftssysteme, Autorität und Führung, Hierarchie und Demokratisierung, usw. Die Klärung von Fragen der Organisations- und Professionskultur ist ohne Positionierung im geistig-politischen Raum schwer möglich. Hierzu müssen wir uns mit einigen in der jüngeren Vergangenheit entstanden Meinungskonventionen auseinander setzen. Zum Beispiel steht an, dass viele Personalentwickler und Organisationsentwickler ihr Verhältnis zu Direktivität und Expertentum neu formulieren. Wichtige Tendenzen zur Demokratisierung der Gesellschaft müssen auf ihre Tauglichkeit als Bestandteil von professionellen Haltungen und Strategien in Organisationen neu geprüft werden. Wir werden einige Glaubenssätze, die zur Zeit noch sehr verbreitet sind, überdenken müssen. Zum Beispiel, dass Bottom-up-Prozesse besser sind als Top-down-Prozesse. Wie viel Frust wurde und wird dadurch erzeugt, dass sich solche gutgemeinten Ansätze totlaufen oder quergepflügt werden, wenn sie ernsthaft an die Steuerungslogik der Organisation stoßen. Um hier etwas dagegenzuhalten, biete ich folgenden Slogan an: »Top-down intelligent steuern und bottom-up sensibel beteiligen!«

Daneben gibt es noch weitere bedenkenswerte Punkte zu Direktivität und Expertentum.

In vielen Bereichen wird Kraft unnötig verbraucht, weil zu viele Personen zum falschen Zeitpunkt beteiligt werden. Die Verantwortung der Experten und Entscheidungsträger dafür, die Architektur dessen zu bestimmen, was sie bauen wollen, wird oft genug nicht hinreichend wahrgenommen. Statt dessen hofft man, dass sich eine verantwortungsvolle Architektur durch die Beteiligung vieler schon irgendwie ergeben wird. Manche Verantwortungsverteilung verschleiert, dass vieles von überhaupt Niemandem verantwortet wird. Zunehmende Verantwortungserosion kann über längere Zeit unerkannt bleiben. Hier wäre eine Bilanzierungsmethode zu wünschen, mit der abgebildet werden kann, welche Verantwortungen in einem Unternehmen wirklich wahrgenommen werden, welche nur formal oder von den falschen Instanzen, und welche gar nicht vertreten werden. Die Klärung von Verantwortung meint Klärung, wer worauf Antwort geben muss.

Neben Prozess- und Beteiligtenorientierung muss es wieder erlaubt sein, das eigene Expertentum in die Waagschale zu werfen, um in bestimmten Situationen eine besondere Gewichtung in Entscheidungen und Steuerungsmöglichkeiten zu begründen. Direktiv sein heißt, Richtung und Orientierung zu bieten. Dafür haben wir einen dringenden Bedarf. Dies wird oft verwechselt mit unsensibler, rigider Anmaßung. Zum Beispiel müssen in Beratungsausbildungen viele erst wieder die Scheu verlieren, ihr eigenes Können und ihre Lebenserfahrung anderen als Orientierungsmöglichkeit anzubieten. Selbst die Gesellschaft für wissenschaftliche Gesprächspsychotherapie, in deren Umfeld jahrzehntelang die Nichtdirektivität als der Königsweg zur Entwicklungsförderung gepredigt wurde, hat jetzt wohl erkannt, wie beschränkt einsetzbar dieses Konzept ist, welches zeitweilig viele Menschen beseelt hat. Sie hat jetzt zielführende Beratung in ihr Programm aufgenommen.

Die oft zum Auslaufmodell erklärte *Hierarchie* hat noch lange nicht ausgedient. Allerdings enthält die Diskussion darüber oft einige Verwirrungen und nicht selten wird unprofessionelles und unsensibles Wirtschaften von oben nach unten verwechselt mit einer hierarchischen Steuerung von Prozessen. Hierarchische Steuerungen sind oft die einzige Chance, in sehr komplexen Situationen, die durch Entscheidungen geordnet werden müssen, Überschaubarkeit und Handlungsfähigkeit herzustellen. Projektmanagement ist wichtig und weiterhin zu entwickeln. Jedoch wird Hierarchie als Struktur in Unternehmen für Kontinuität und Identität, für Kulturerhaltung und bewusste Kulturwandlung wichtig bleiben, ja wahrscheinlich noch wichtiger werden. Projekte sind für die situative und themenbezogene Bündelung von Kräften wichtig. Sie sind aber von ihrer Eigenart her nicht besonders für Kulturerhaltung und Kulturtransformation eines Organismus geeignet.

Auch über Führungsbeziehungen werden wir neu diskutieren müssen. Zum Beispiel auch über die Kompetenz und Verantwortung der Geführten beim Einfordern von Führung. Zu einseitig wird Führung als Problem der Führenden geschult. Führung ist eine Beziehung, die auch vom Geführten kompetent gestaltet werden muss. Umgekehrt wird im Bereich des Projektmanagements die Schulung und Supervision von Auftraggebern und Entscheidungsverantwortlichen vernachlässigt und den Projektleitern und -gruppen die Gestaltung der Auftraggeber-/Auftragnehmerbeziehung überdimensional aufgebürdet. Hier werden wir sicher noch einige Einseitigkeiten unserer Blickwinkel erkennen müssen, die sich auch in der Einseitigkeit unserer für Problemlösungen angebotenen Produkte ausdrücken. Es gibt einen ganzen Schwall von Begriffen, die unsere Bildungslandschaft überfluten, wie z.B. Redesigning, Reengineering, Lean-Management usw. Das epidemische Auftreten solcher wert- und hoffnungsbehafteter Modebegriffe ist solider Entwicklung nicht unbedingt zuträglich. Auf der anderen Seite fehlen aber auch einige Begriffe in unserer Bildungslandschaft, die als Benennung konkreter Kräfte aber eine erhebliche Rolle spielen. Als Beispiel möchte ich Urteilswillen und Urteilsfähigkeit nennen, also die Bereitschaft und die Kompetenz, etwas leitend und orientierend zu beschreiben. Hinzu käme die Urteilskraft, mit der aus einem Urteil auch ein Kraftfeld wird, in dem sich andere orientieren können. Außerdem ist die Urteilsverantwortung zu nennen, also die Bereitschaft, qualifizierte Antworten auf Fragen an die Qualität von Urteilen, an die Bedeutung für diejenigen, die sich daran orientieren und an die Folgen der daraus entstehenden Prozesse zu geben.

8.18 Überforderung?

Wenn man sich nun die sich aus den dargelegten Ansichten ergebenden Anforderungen vor Augen führt, stellt das Ganze eine Überforderung für alle dar. Ähnlich würde es aussehen, wenn wir über andere gesellschaftlich relevante Funktionen und Professionen nachdächten. Dennoch bleibt uns in der Komplexität unserer heutigen gesellschaftlichen Fragestellungen keine andere Wahl. Beim Rückzug in überschaubare Nischen müssten wir auch das unbeachtet Gelassene verantworten. Dennoch ist es nicht hilfreich, uns selbst und andere mit immer neu aufgehäuften Ansprüchen zu plagen. Es geht um die Kunst, uns auf menschenfreundliche Weise damit auseinander zusetzen, ohne uns in der Überkompliziertheit zu verlieren, aber auch ohne Überschaubarkeit durch illusionäre Ausblendung herzustellen. Daher zum Abschluss ein Wort von KURT BIEDENKOPF: »Fortschritt ist der Weg von der primitiven über die komplizierte zur einfachen Lösung.«

Anmerkung

1 Vortrag über Ketzerei auf der Ronneburg, 1993.

IV.
ÜBERGEORDNETE BETRACHTUNGEN UND EIN BEISPIEL

9. ANFORDERUNGEN AN PERSÖNLICHKEIT UND DIENSTLEISTUNGEN IN EINER KOMPLEXEN WELT[1]

Hervorstechendes Merkmal der postmodernen Gesellschaft ist eine fast explosionsartige Zunahme von Dynamik und Komplexität. Die Zeitperspektiven und Rhythmen sind erheblich in Bewegung geraten. In diesem Kapitel sollen die Auswirkungen, Ansprüche und Herausforderungen dieser Entwicklungen an Persönlichkeit und persönliche Kompetenz beschrieben werden. Dabei wird u.a. einer Kulturorientierung als Gegengewicht zu rasanten Veränderungen und sich auflösenden Selbstverständnissen zugesprochen sowie mit »Dilemmakompetenz« eine bedeutsame Qualifikation in Veränderungsprozessen identifiziert. Zudem wird deutlich, dass Persönlichkeit und insbesondere persönliche Integrität eine Schlüsselqualifikation der Zukunft darstellt, ohne die komplexe und dilemmahafte Probleme nicht zu lösen sind.

Unternehmen stehen in den kommenden Jahren vor großen Herausforderungen. Die Globalisierung der Märkte vollzieht sich in rasantem Tempo, der Wettbewerbsdruck steigt, Qualitätsansprüche wachsen, die Halbwertzeit von Produkten wird kürzer. Insgesamt ist eine Dynamik des »ständigen Aufbruchs« zu verzeichnen. Verbunden ist diese Entwicklung damit, dass durch moderne Informationstechnologien die Orte, von denen aus sich Menschen und Abläufe sinnvoll organisieren können, zum Teil verloren gehen, zum Teil eine andere Gestalt bekommen. Immer mehr Menschen haben kein bestimmtes Büro, keinen Ort mehr, von dem aus sie sich organisieren können. Und: bewährte traditionelle Berufsverständnisse, mit deren Hilfe Situationen organisiert werden können, lösen sich auf oder wandeln sich. Auch innerhalb der Organisationen werden die Organisationsrollen und -funktionen wesentlich flexibler, Übergänge fließender. Die Menschen können sich nicht mehr so leicht auf die Organisationsfunktion beziehen, aus der heraus sie sich organisieren. Insgesamt verflüchtigen sich archimedische Orte, Orientierungspunkte, von denen aus Menschen sich selbst und die Welt um sie herum ausmessen und sinnvolle Prozesse mit einem passenden Maß organisieren können.

Diesem Umstand ist sicherlich ein deutlicher Teil der Verunsicherungen und Identitätsängste von Menschen und Organisationen zuzuschreiben. Aber können diese Rahmenbedingungen nicht auch als Chance betrachtet werden? Wurden Prozesse in der Vergangenheit nicht allzu lange nur fortgeschrieben?

Sicher kann sich Erstarrung einstellen, wenn Dynamik und Flexibilität nicht genügend Rechnung getragen wird. Dennoch ist ein Mindestmaß an Stabilität für die seelische Organisiertheit von Menschen und deren Wohlbefinden notwendig.

9.1 Kulturorientierung

Es gilt daher, lebbare Kombinationen von Flexibilität und stabilem Selbstverständnis zu finden. Die Fähigkeit, Rollen und Kontexte zu begreifen, zu konfigurieren und situativ aus der möglichen Vielfalt heraus zu bestimmen, gehört zunehmend zu einer professionellen Kommunikations- und Selbstorganisationskompetenz. Das heißt: Die Menschen können nicht mehr nur als Schauspieler in ihnen geläufigen Rollen auf die Bühne gehen, sondern sie müssen gleichzeitig auch Drehbuchautoren- und Regisseurqualitäten mit entwickeln. Wenn der Vorhang für eine professionelle Szene aufgeht, ist es gut zuerst sicherzustellen, dass man im gleichen Stück spielt, dass man ähnliche Drehbuchideen für dieses Stück hat und dass die Beteiligten sich selbst im Klaren darüber sind, in welchen Rollen sie an diesem Stück beteiligt werden wollen und in welchen Rollen sie die anderen sehen. Die Konfiguration dieser Verständnisse und Rollen in Abläufen und Inszenierungen mit zu bedenken, wird in Zukunft für das Gelingen professioneller Begegnungen immer wichtiger werden. »Kultur vor Inhalt« könnte ein diesbezüglicher Slogan der Zukunft lauten. Heute wird zu oft versucht, Stücke stegreifartig zu spielen, ohne dass genügend Aufmerksamkeit, Kraft und Wahrnehmungskompetenz darauf gerichtet würde, festzustellen, welcher Art die Stücke überhaupt sein können.

Im Rahmen der Beratung lässt sich dieser Zusammenhang durch Abbildung 11 verdeutlichen.

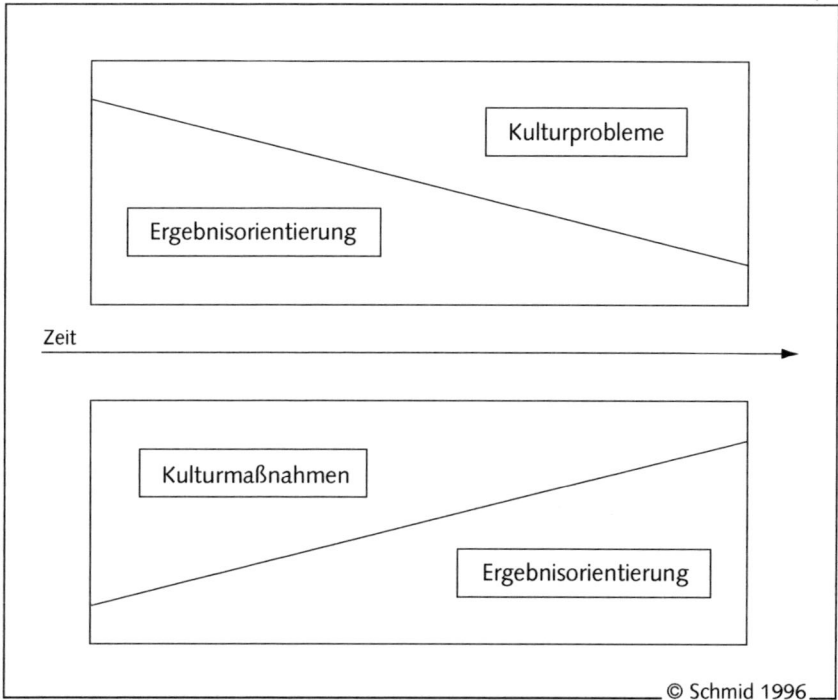

Abb. 11: Schema zum Verhältnis von Ergebnis- und Kulturorientierung in Organisationen

---

Zwei Komponenten sind bei der Entwicklung von Prozessen in unserem Feld von Bedeutung:

- der Aufbau einer Kultur der Inszenierung: Was und wie soll hier überhaupt gespielt werden und
- Ergebnisse, die durch diese Inszenierung entwickelt und kommuniziert werden sollen.

Der obere Teil von Abbildung 11 macht deutlich, dass wir gewöhnlich wenig Zeit auf die Entwicklung einer Kultur der Zusammenarbeit verwenden, weil uns der Inhalt wichtig ist. Wir verwenden nur ganz wenig Zeit darauf festzustellen, um welche Art von Stück es sich eigentlich handeln soll und stürzen uns unmittelbar auf Inhalte. Diese Art der Gestaltung professioneller Situationen funktioniert, wenn durch Konvention und

Selbstverständlichkeit genügend Anschlussfähigkeit vorhanden ist, damit Komplexität auf diese Weise sinnvoll gesteuert werden kann. In dem Maße, in dem das nicht mehr der Fall ist, werden mit voranschreitender Zeit nicht geklärte Kulturprobleme in Form von Störungen immer mehr Aufmerksamkeit und Ressourcen verbrauchen. Die Effizienz bezogen auf den Inhalt wird zunehmend kleiner werden. Deswegen ist es wichtig ein Bewusstsein zu entwickeln, dass es ineffizient ist, den Schwerpunkt nur auf den Inhalt zu legen, wo Selbstverständlichkeiten der Kultur, innerhalb derer man Inhalte behandeln möchte, nicht gesichert sind.

9.2 Kultur und Inhalt

Kulturentwicklung muss natürlich bezogen auf einen Inhalt erfolgen. Aber der Inhalt selbst darf zunächst etwas Beispielhaftes, Fragmentarisches haben. Man befasst sich nicht direkt mit dem ganzen Stück, sondern einigt sich auf eine Szene, von der man sagen kann, dass sie elementar für das ganze Stück sein wird. Anlässlich dieses Beispiels wird gemeinsam entwickelt, in welcher Kultur man sich bewegt oder bewegen möchte.

Für diese Kulturentwicklungen können folgende Fragen von Bedeutung sein:

- Was wird momentan inszeniert?
- Welche dramaturgischen Ideen sollen inszeniert werden?
- Wer sind die Drehbuchschreiber?
- In welchem Maße wird von welchem Drehbuchschreiber ein Rahmen vorgegeben? (Neben aller Stegreifkompetenz, die die Schauspieler natürlich in der Situation haben sollen.)

Je mehr am Anfang einer Arbeit Kompetenz und Ressourcen für diese Fragen der Kulturentwicklung verwendet werden, desto höher wird mit fortschreitender Zeit der Output bezogen auf den Inhalt sein. Das heißt, wenn uns Inhalt wichtig ist, müssen wir mit Kultur anfangen. In fast allen Innovationsprojekten, die darüber hinausgehen, Bestehendes zu verbessern, befinden wir uns in dieser Situation von sich auflösenden Selbstverständlichkeiten und gemeinsamer Kultur.

Für Persönlichkeitsentwicklung bedeutet dies: Wenn wir Kompetenzen bezogen auf Dienstleistungen und Inhalte beim Menschen entwickeln wollen, ist es wichtig, die Arbeits-, Lern- und Persönlichkeitskultur in verschiedenen Dimensionen zu fördern.

Persönlichkeitsarbeit in diesem Zusammenhang heißt zu klären, wie die Dinge zusammenspielen müssen, damit die beteiligten Personen in Szenerien, die zur Sache, aber auch zum Menschen passen, wirksam werden können. Die Szenerien müssen so gestaltet werden, dass sich die Beteiligten ihrem eigenen Wesen entsprechend entfalten und gleichzeitig der effektiven Aufführung des gewünschten Stückes zutragen können. Neben der Frage nach schauspielerischen Grundübungen sollte Persönlichkeitsarbeit also immer auch den Blick auf die Frage eröffnen, was die Zutaten für gute Inszenierungen sind.

Neben diesen Rahmenbedingungen eines kulturorientierten Vorgehens, welches sozialen Systemen hilft, mit zunehmender Komplexität und Dynamik umzugehen, gilt es auch, Herausforderungen für jeden Einzelnen in den Blick zu nehmen.

9.3 Dilemmakompetenz

Persönlich finden Menschen meist immer wieder Mechanismen, mit der Zunahme von Dynamik und Flexibilität umzugehen und Wege, ihre archimedischen Orte wiederzufinden Es gibt allerdings Zeiten oder Konstellationen, in denen wir unsere persönlichen Bezugspunkte allzu leicht verlieren und gar nicht oder nur mit Mühe wiederfinden. Diese Entwicklungen gehen bis hin zu dilemmaartigen Dynamiken, die uns ins Strampeln und eine zunehmende unterschwellige Verzweiflung bringen (SCHMID/HIPP 1998a).

Meist lösen sich Selbstverständnisse, die wir uns intuitiv und erfahrungsorientiert erarbeitet haben, auf, wenn wir z.B. in neue Bereiche hinein wechseln wollen, auf neue Formen der Komplexität oder neue Zeitrhythmen stoßen. Das hat damit zu tun, dass in solchen Momenten der Gestaltungsbedarf unsere Gestaltungsfähigkeit übersteigt. Oft geht dies spiralförmig damit einher, dass wir uns selbst und unsere archimedischen Orte verlieren von denen aus wir die Dinge bemessen und klären könnten. In solchen Situationen müssen wir das Kunststück schaffen, uns selbst zu finden, damit wir von uns selbst ausgehend das Wesen der Situation und das Wesen der Aufgabe begreifen, sowie unsere Rolle darin definieren können. Es handelt sich um ein Dilemma gegenseitiger Bedingtheit: man bekommt die Sache nicht in den Griff, weil man nicht zu sich selbst findet und findet nicht zu sich selbst, weil man die Sache nicht in den Griff bekommt.

Die Kompetenz mit Verschränktheiten dieser Art umzugehen, könnte auch als *Dilemmakompetenz* bezeichnet werden.

Innovationsprotagonisten werden entsprechend der obigen Überlegungen vermehrt mit Anforderungen dieser Art konfrontiert werden. In dilemmaartigen Situationen konstruktiv und steuerungsfähig zu bleiben und persönlich zwar die Verzweiflung zu spüren, die uns eine Unmöglichkeit anzeigt, aber ihr nicht zu verfallen, sondern vielschichtige Formen von Kompetenz zu entwickeln, wäre eine wichtige Entwicklungsaufgabe für alle Träger von Innovationen.

Dilemmakompetenz geht noch einen Schritt hinaus über das, was bisher als Komplexitätskompetenz formuliert worden ist. Verschiedene Umwelten und Entwicklungsszenarien bei Entscheidungen zu berücksichtigen hat in das Selbstverständnis vieler Generalmanager bereits Eingang gefunden. Als immer häufiger anzutreffende Standardfrage haben wir noch nicht ins Auge gefasst, dass auf Grund von Komplexität verschiedene Verschränkungen bereits im Vorfeld viele Lösungen unmöglich machen.

9.4. Persönlichkeit und Bildung

Die Einsicht, dass ein lösungsorientierter Umgang mit Komplexität allein durch Herstellen von Übersichtlichkeit nicht zu schaffen ist, birgt unserer Ansicht nach auch eine Verheißung: Handlungsfähigkeit kann nur dann sinnvoll hergestellt werden, wenn Menschen gleichzeitig auch zu sich finden. Es ist wichtig, *wesentlich* zu werden. Wesentlichkeit als eigener archimedischer Punkt, der sich in verschiedenen Heimatorten, seien es Büros, seien es Arbeitsbeziehungen, seien es Themen etc. niederschlagen kann. Die Form, wie Menschen wesentlich werden, wird zunehmend ein entscheidendes Kriterium dafür sein, überschaubare Komplexität herzustellen und für sich selbst und andere gangbare Wege plausibel zu machen.

Inwiefern spielen persönliche Lebens- und Bildungswege eine entscheidende Rolle für die Entwicklung dieser Form von professioneller Kompetenz?

Unsere Hypothese ist, dass in Zukunft diejenigen Menschen tragende Rollen in Organisationen übernehmen sollten, die sich nicht nur in bestimmten Lebensbereichen optimieren – in bestimmten Managementfunktionen und in bestimmten Beratungsstilen – sondern auch in ihren privaten Lebensvollzügen. Menschen, die beispielsweise im Gemeinwesen aktiv sind und dies für sich nicht als eine getrennte Welt erleben, sondern auch gewisse Zusammenhänge herstellen bzw. Übergänge zwischen ihren verschiedenen Welten schaffen, werden sich zunehmend als die besseren Generalmanager erweisen.

Gleichzeitig ist eine Entwicklung hin zu generalistischem Wissen zu beobachten. Die Doktrin, dass Spezialwissen notwendig sei, um Managementpositionen zu übernehmen, da sich das Wissensfeld zunehmend differenziere, löst sich mehr und mehr auf. In der Wirtschaft scheint angekommen zu sein, dass eine Integration des Ganzen verloren geht, wenn Menschen durch Spezialisierung eine Grundorientierung bzw. ihre Kulturorientierung verlieren. Deswegen gibt es jetzt wieder eine neue Offensive: »Fachwissen Allgemeinbildung«.

Die vielerorts angewandte Didaktik, in kurzer Zeit einen inhaltlichen Verschnitt von Kulturwissen zu vermitteln, ist aber sicher keine gute Lösung. Erfolgversprechender scheint dagegen die Strategie zu sein, anhand von konkretem professionellem Gestaltungsbedarf wieder in die geistigen Dimensionen der didaktischen Arbeit zu gehen und dabei die professionelle Arbeit immer mit den Entwicklungen und Gestaltungen in anderen Lebensgefügen desselben Menschen zu verbinden. Dadurch kann die Schlüsselkompetenz »Allgemeinbildung« um die sich steuernden Menschen herum organisiert werden und ist so kein zusätzliches Lernfach.

Abgesehen von Fachqualifikationen entwickelt sich die professionelle Arbeit, die fragmentarisch in vielen Dimensionen besprochen wird, also immer nur anhand von Beispielen, die für das Ganze stehen können. Hierfür eignen sich besonders supervisionsorientierte Weiterbildungen.

Die Frage, die wir uns dabei immer wieder stellen, lautet: Wie entwickeln sich entscheidende sinnstiftende Haltungen dieser Menschen, die mit den Fachqualifikationen Wirklichkeiten zu gestalten versuchen?

Die Art von Bildung, auf die wir hinzielen, zeigt sich in dem, was übrig bleibt, wenn die Beispiele und Fragmente vergessen worden sind, an Hand derer Haltungen und Kompetenz erworben wurden. Dieses Vorgehen erinnert an den Bildungsbegriff von HARTMUT VON HENTIG: »Bildung ist das, was bleibt, wenn die Inhalte vergessen sein werden«.

Anmerkung

1 In Zusammenarbeit mit J. Hipp.

10. ANWESENHEIT UND KRAFTFELD[1]

Um sich innerhalb von Komplexität und Dynamik orientieren und einen eigenen Platz finden zu können, scheint es uns mehr und mehr bedeutsam, den Sinn für Wesentliches zu schärfen und Professionelle darin zu schulen, Wesentliches bei sich und anderen wahrzunehmen. Damit verbunden ist der Aufbau von persönlichen Kraftfeldern, der eng damit verknüpft ist, ob und wie wir sowohl in beruflichen wie in privaten Kontexten anwesend sind oder nicht.

10.1 Das Wesentliche erkennen

Zunächst ist es geboten, das Konstrukt »Wesentliches« in einen wirklichkeitskonstruktiven Rahmen einzubetten. Auch bei der Frage nach dem »Wesentlichen« kann natürlich nicht davon gesprochen werden, dass eine Art objektiver Realität herausgefunden werden könnte. Erkenntnisse werden weder aus der Wirklichkeit herausgefunden noch hineinerfunden. Es kann vielmehr von einer Wechselbeziehung ausgegangen werden, die sich am besten mit der Formulierung »Wirklichkeit finden« charakterisieren lässt (SCHMID 1994c).

Die Wechselbeziehung von Erkennendem und Erkanntem deutet bereits darauf hin, dass Menschen sich nicht an das Wesentliche eines anderen Menschen oder einer Sache anschließen können, ohne dabei selbst wesentlich zu sein. Wenn ich anwesend bin, wenn ich daran angeschlossen bin, was meine Seele interessieren könnte, dann heißt »das Wesentliche finden«, eine Wesensbeziehung zu meinem Gegenüber aufzubauen. Das Wesen der *Dinge* zu erforschen ist deswegen interessant, weil auch ich dabei Wesentliches in mir entdecken kann.

Eine hilfreiche Metapher zu diesem Thema stammt von PETER SCHELLENBAUM. Er weist darauf hin, dass Menschen das Sakrale oft in der Qualität der Gegenstände suchen. Ein Kruzifix hat beispielsweise vordergründig etwas Sakrales, ein Schraubenzieher dagegen erscheint profan. Diese Beschreibung geht allerdings fehl, indem sie Sakrales in den Eigenschaften der Objekte zu finden glaubt. SCHELLENBAUM (1981; 1989) unterscheidet dagegen

Wirk- und Dingbilder. Wirkbilder sind solche, die in der eigenen Seele etwas bewirken, wenn ich mich zu ihnen in Beziehung setze. In diesem Sinne kann auch ein Schraubenzieher ein sakrales Objekt sein. Ich erkenne beispielsweise mein eigenes Schicksal in diesem Schraubenzieher, der so unermüdlich seinen Dienst tut, ohne dass jemals ein Mensch ein Gedicht über ihn geschrieben hätte. Ich begreife in diesem Objekt die Rolle einer Mutter, die an Krebs gestorben ist, nachdem sie nie aufschien und doch ein Leben lang gedient hat. Ein Kruzifix kann dagegen ein Dingbild sein, das zwar zu einem religiösen Kult gehört, jedoch die Seele nicht bewegt.

Wird eine Wesensbeziehung zu einseitig, besteht allerdings die Gefahr, sich in dem, was dort ist, zu verlieren. Die Jung'sche Psychologie hat hierfür den Begriff der *Blendung* eingeführt: Ich suche das Wesentliche, indem ich mich beiseite lasse und mich zum Abbild von etwas Faszinierendem mache. Wenn Menschen in der Beziehung nicht aufscheinen, kann auch keine Wesensbeziehung entstehen und das Wesentliche geht verloren. Ich leuchte nicht mit in der Beziehung, sondern beginne von dem scheinbar Höherwertigem geblendet zu sein.

Wenn man einen Menschen trifft, der vieles von dem verkörpert, was in einem selbst angelegt ist, besteht die Schwierigkeit einerseits darin, von dieser Qualität zu profitieren und sich davon leiten zu lassen. Es gibt Menschen, die aus überkritischer Distanz nie durchdrungen werden von etwas und so mit nichts wesensverbunden sind. Andererseits besteht die Gefahr darin, sich im Anderen zu verlieren. Das Jonglieren mit dem passenden Abstand macht die Sache wesentlich. Dieser Abstand kann durchaus auch variieren. Für eine Zeit kann es auch sinnvoll sein, voll identifiziert zu sein. Wie beim Verdauungsvorgang gilt es dann darauf zu achten, dasjenige abfallen zu lassen, was nicht das Eigene werden kann.

10.2 Anwesenheit und Kraftfelder

Die Frage nach der Bedeutung von Anwesenheit und Kraftfeldern für professionelles Handeln kristallisiert sich bei den weiteren theoretischen Überlegungen an der Überlegung »Was muss ein Trainer, was ein systemischer Berater können?«

Wir haben bisher sehr viel darüber nachgedacht, was von theoretischer, fachlicher und didaktischer Seite her für Professionalität notwendig ist. Es zeichnet sich aber mehr und mehr ab, dass daneben auch Anwesenheit und der Aufbau von Kraftfeldern wichtige Parameter professionellen Handelns sind.

Mit Anwesenheit ist gemeint, mit seinem Wesen da zu sein und Energie und Lust zu haben, das eigene Wesen zu verströmen. Anwesenheit meint in unserem Verständnis allerdings nicht die Verherrlichung des Wesens an sich. Sondern gemeint ist vielmehr die eigene Anwesenheit bezogen auf die Rolle, in der man tätig ist.

Der zweite bedeutsame Parameter ist der Aufbau eines Kraftfeldes. Mit Hilfe von Kraftfeldern kann die Vielfalt möglicher Prozesse in einer Gruppe geordnet werden.

Wenn ein zu schwaches Kraftfeld durch den Trainer erzeugt wird, versuchen die Semiarteilnehmer mit ihrem eigenen Kraftfeld zusammenzuwirken und die Prozesse zu steuern. Das kann sehr gut gehen und zu einem ausgezeichneten Gruppenerlebnis führen. Wenn die Beziehungsverhältnisse aber nicht genügend geregelt sind oder sich selbst organisieren, um einem der Kraftfelder Vorfahrt zu geben, kommt es oft zu Misserfolgen, weil keiner aus einer informellen Rolle heraus ein genügend großes Kraftfeld aufbauen könnte, um die Prozesse zu ordnen.

Auf die Frage, wie man ein eigenes Kraftfeld aufbauen kann, gibt es keine einfache Antwort. Der Aufbau eines Kraftfeldes ist so unterschiedlich möglich wie Menschen vielfältig sind. Der Begriff verweist darauf, dass über die Anwesenheit hinaus im sozialen Raum eine ordnende Kraft entsteht. Der Begriff der »natürlichen« Autorität weist vielleicht eine Verwandtschaft zu dem des Kraftfeldes auf.

Viele Menschen kennen das Phänomen, von der Ausstrahlung eines Lehrenden ergriffen zu sein, ohne genau zu wissen, wovon man ergriffen wird. Ohne Kraftfeld würde dem Lehrenden vielleicht vorgeworfen, unverständliches Fachchinesisch zu reden. Mit Kraftfeld vertraut man sich jemandem an, lässt man sich von etwas bewegen, was noch nicht das Eigene ist.

Manche Menschen können ein großes Kraftfeld aufbauen. Das hilft dabei, eine seelische Vielschichtigkeit und Dichte zu vermitteln, die natürlich nicht gleich umgesetzt werden kann. Die sich darin entfaltenden Seelenbilder helfen aber, eigene Such- und Findungsprozesse über Monate, vielleicht Jahre hinaus zu strukturieren. Es gibt Lehrer, die hat man in einem einzigen Seminar erlebt, und sie prägen trotzdem lebenslang die persönliche Selbstorganisation mit. Die Gefahr großer Kraftfelder besteht darin, dass man sich darin nicht spiegelt, ihnen nicht standhält und letztendlich kollabiert.

Ich versuche diese Zusammenhänge am Beispiel meiner Erfahrungen am Institut zu erläutern. Die Menschen, die am Institut als Lehrtrainer arbeiten, finden mein Kraftfeld gut und wollen darin mitwirken. Wenn sie in anderen Kontexten ihr eigenes Kraftfeld aufbauen, sind sie sehr erfolgreich. Am Institut entsteht aber gelegentlich das Problem, dass ihr Kraftfeld kollabiert. Sie fühlen sich hin- und hergerissen zwischen »Ich will der Kultur hier entsprechen« und der Gefahr, zu kopieren und nicht das Eigene zu finden. So entsteht ein Haltungsdilemma: »Ich will mir entsprechen, aber ich kann dieses Kraftfeld nicht richtig entfalten, weil hier ein anderes Kraftfeld herrscht, das ich gut finde und unterstützen will. In dieser Interferenz einen Weg zu finden, dauert selbst bei sehr gut ausgebildeten Leuten manchmal Monate. Erst dann wird ihnen möglich, in dem hiesigen Kraftfeld das Eigene voll zu entfalten – mit einem eigenen Stil und komplementär zur Kultur des Instituts – und manche schaffen es auch nicht. Diese Menschen merken, dass sie ihr Kraftfeld nicht entfalten können. Das bestehende Kraftfeld lediglich zu imitieren funktioniert auch nicht, weil die Umgebung dies als Nicht-Anwesenheit bemerkt und sanktioniert.

In diesem Zusammenhang spielen auch Geschlechtskomponenten eine bedeutende Rolle. Die Frage nach der Geschlechtskomponente hat vermutlich mit Fragen des Generationenzusammenspiels zu tun. Ich vermute, dass wir es hier mit biologisch tief sitzenden Engrammen zu tun haben. Meine professionellen Söhne haben beispielsweise größere Probleme, ihr Kraftfeld zu entfalten, als meine professionellen Töchter. Die professionellen Töchter haben kein Konkurrenzproblem. Sie können mein Kraftfeld genießen und sich dazu in Beziehung setzen.

Diese professionellen Generationenzusammenhänge haben übrigens nichts mit dem biologischen Alter zu tun, sondern mit Rollenkonstellationen und professioneller Nachfolge. Mit Gleichgeschlechtlichen entwickelt sich also oft eine Spannung, die vermutlich mit der Herausforderung zu tun hat: »Wie kann ich meine Geschlechtsidentität aufbauen und halten, wenn ein anderer von der gleichen Art ebenfalls ein Kraftfeld aufbaut.«

Leichter ist es in der Enkel-Großvater/-mutter-Relation. Hier ist der Generationenabstand vermutlich so groß, dass der Aufbau eines Kraftfeldes davon nicht bedroht ist. Hier spielen vielleicht auch verhaltensbiologische Zusammenhänge der Fortpflanzungskonkurrenz eine Rolle.

10.3 Der Aufbau von Kraftfeldern

Entscheidend für den erfolgreichen Aufbau eines Kraftfeldes ist vermutlich das Wissen darüber, zu welcher Qualität von Kraft man sich eignet. Ist dies meine Bühne? Passt meine Art, ein Kraftfeld aufzubauen, zu dem

Ort und den Menschen, die sich hier bewegen? Bin ich dort mit meinen eigenen Lebensthemen beschäftigt?

Hier gilt es sich immer wieder zu prüfen. Hängt mein Misserfolg damit zusammen, dass ich schlecht vorbereitet war und mit meinen unleserlichen Flipcharts die Teilnehmer verprelle? Oder liegt die Ursache eher darin, dass ich mich nicht auf der richtigen Bühne bewege? Passen die Arten, wie diese Menschen Kraftfelder aufbauen und Sinn suchen, mit meiner Art noch nicht, nicht mehr oder grundsätzlich nicht zusammen? Es ist also eine Frage des Selbstmanagements, sich über geeignete Bühnen klar zu werden und sich mit den Themen zu verbinden, die dem Holz, aus dem man geschnitzt ist, angemessen sind. Wenn mich ein Mensch mit einem Sektglas erwartet, ich ihm aber einen Eimer voll eingießen möchte, entstehen für uns beide Frustrationen.

Daneben gibt es Variationen über die Lebensphasen hin. In späteren Lebensphasen lässt die Willenskraft nach, die notwendig ist, um Kraftfelder zu errichten. Dinge, die leicht gehen, werden bevorzugt. Den Kutschbock zu verlassen und diesen den Jüngeren zu überlassen, mehr nebenher zu reiten und hie und da zu schauen, ob der Tross noch auf dem richtigen Weg ist, gehört zu Lebensphasen gemäßer Kraftfeldentwicklung.

NIETZSCHE hat in seinem Zarathustra für diese Formen menschlicher Entwicklung drei Bilder gefunden: das Kamel, den Löwen und das Kind.

Das *Kamel* ist ein Bild für den, der sich Dinge auflädt, Pflichten übernimmt, Durchhaltevermögen entwickelt und dadurch viel in der Welt bewegt.

Daraus entsteht Kraft der *Löwen*, sich ein Revier herrschaftlich zu eigen zu machen und diesem den eigenen Willen aufzudrängen.

Danach kommt die Phase des *Kindes*, in der man weder Lust hat das Kamel, noch den Löwen zu spielen. Man neigt vielmehr zu Unbefangenheit und Spielfreude und zur Verweigerung der Pflicht und dem Willen gegenüber. Diese Verweigerung ist notwendig, um sich auf spielerische Weise ein Stück zu verlieren und selbst neu zu finden.

In unserer Gesellschaft tun sich die, die mal Kamel und Löwe waren, oft schwer damit, Kind zu werden. Auch wenn sie es eigentlich wollten. Denn sie müssten dann ihre Löwenposten räumen – mit den entsprechenden Veränderungen der Einkommensverhältnisse. Für Organisationen wäre es aber sinnvoll, wenn diese Übergänge schneller und fließender stattfinden könnten. Auch damit die Menschen, die eigentlich keinen Lust mehr haben, den Karren selbst zu ziehen, in begleitende »Beipferdpositionen« gehen und die Jungen den Kutschbock erklimmen und mit ihren Muskeln spielen können.

Eine Organisation sollte alle drei Qualitäten integrieren. Das geht vermutlich um so besser, je mehr es eine Würdigungskultur gibt, in der durch Kontakt an den anderen Qualitäten Anteil genommen werden kann. Menschen können dann auch Qualitäten, die für sie noch nicht dran sind, miterleben und sich darin spiegeln, so dass die Impulse wach und lebendig bleiben. Wenn Weiterentwicklung ansteht, haben sie dann einen leichteren Weg, sich auf die neue Qualität zu beziehen. Sie müssen z.b. nicht weiter als Löwe auftreten, Konkurrenten vertreiben oder ein weiteres Revier erobern, wenn sie eigentlich nur spielen wollen.

Zur Kernkompetenz von Beratern gehört es wohl, solche Lebensweisheiten zu sammeln und zum Gegenstand zu machen. Es tut uns und unseren Kunden gut, wenn diese Qualitäten in unserer professionellen Arbeit zumindest mit hindurchtönen.

Anmerkung

1 Unter Mitarbeit von J. Hipp

11. Perspektiven fraktaler Beratung[1]
Das Große im Kleinen, das eine im anderen sehen!

In diesem Abschnitt geht es darum, verschiedene Perspektiven, wie z.B. die der Fraktale oder des Hologramms, mit systemischer Beratung sowie Personal- und Organisationsentwicklung zu verknüpfen und sie so für eine lernende Organisation fruchtbar zu machen.

In den Weisheitslehren gibt es einen Spruch: Wie im Großen so im Kleinen. Dieser Spruch enthält die Idee, dass sich wesentliche Konstruktionsprinzipien, wesentliche Ausdrucksformen im Großen genauso zeigen wie im Kleinen. Mikrokosmos und Makrokosmos repräsentieren aufeinander bezogene Prinzipien.

11.1 Perspektive der Parallelprozesse

In Beratung und Psychotherapie hat sich in den letzten Jahrzehnten die Idee der Parallelprozesse, der strukturähnlichen Vorgänge etabliert. Dabei geht man davon aus, dass das, was sich in der Beratungssituation abspielt, Ähnlichkeit hat mit dem, was der Klient in seiner Praxis erlebt. Diese Idee ist oft sehr nützlich und sollte durchaus als gute Gewohnheit im Blickfeld bleiben. Doch ist sie zeitweise zu sehr in den Vordergrund gerückt und zu undifferenziert benutzt worden. Denn es ist eben nicht alles nur ähnlich, sondern auch einmalig oder besonders oder situationsbedingt und kein Abbild von etwas anderem.

Die Denkweise in Parallelprozessen ist im medizinischen Bereich durch die sogenannten Balintgruppen entstanden. Der Arzt Michael Balint rief Kollegen zusammen, um mit ihnen über deren Patienten zu sprechen. Er meinte, dass sich in der Art und Weise, wie über Patienten gesprochen wird, etwas von dem manifestiere, was sie intuitiv über diese Patienten wissen, mit ihnen erleben und mit ihnen gestalten. In diesen Gesprächsrunden beobachteten sich die Beteiligten, was in und zwischen ihnen entstand und sprachen es aus. Dadurch schufen sie ein Diagnose- und Verstehensfeld, aus dem heraus sie dem Arzt, der seinen Patienten, bzw. den Umgang mit seinem Patienten vorstellte, Hinweise und Hilfestellungen geben konnten, mehr von den Vorgängen der Krankheit zu verstehen und in eine heilende Beziehung einzutreten. Sie nahmen intuitiv die Informationen aus der Situation, der erzählenden Person, der Reaktionen der Gruppe und aus der sich bildenden Atmosphäre. Sie glaubten, das eine aus dem anderen lesen zu können und hatten damit erstaunlichen Erfolg.

11.2 Die Analogie des Hologramms

Die Idee, dass etwas von der Substanz des Gesamten auch im Kleinen, bzw. in jedem Teilprozess spürbar ist, drückt sich auch in der technischen Metapher des Hologramms aus. Die Metapher des Hologramms besagt, dass in jedem Teil eines Wirklichkeitsbildes die gesamte Information enthalten ist, allerdings in unterschiedlicher Dichte. Aus jeder Betrachtungsperspektive kann die gesamte Information erschlossen werden. Sie ordnet sich aber in unterschiedlicher Dichte, in Vorder- und Hintergründigkeit an. Daher ist es möglich, aus verschiedenen einzelnen Perspektiven in ein Bild hineinzuschauen und doch das Ganze zu begreifen, wenn das Hintergründige auch bei geringer Dichte mit erfasst wird. Diese Idee rechtfertigt auch, in einer Beratungssituation kleine Stichproben zu nehmen und sich darin zu üben, vielfältige Betrachtungen anzustellen, anstatt große Stichproben mit relativ einfältigen Betrachtungsmustern zu nehmen. Beim Bildungscontrolling oder bei Bildungsbedarfserhebungen werden z.B. oft mit einfachen Schemata viele Leute befragt. Meist erfährt man dann quantitativ gesichert, was man schon wusste. Dabei könnte von viel weniger Leuten Besseres erfahren werden, wenn ein vielschichtiger Geist auf Seiten der Befragung tätig wäre. Das wirkt sich natürlich auch ökonomisch aus. Menge bei Einfalt ist teuer und dumm, Qualität bei Vielfalt ist intelligent und außerdem billig. Qualitative Verfahren sind daher auch in der Wissenschaft wieder auf dem Vormarsch.

11.3 Verborgen oder ungesehen?

Eine weiter verbreitete Idee legt uns nahe, das Wichtige zu entdecken, also aus der Verborgenheit ans Licht zu holen. Sherlock Holmes als Urvater der Analytiker lässt grüßen. Die Psychoanalyse hat viel dazu beigetragen, dass Berater das Wichtige im Verborgenen suchen. Sie hatte die Suche nach dem Verborgenen zum Königsweg psychologischer Beratungsarbeit erhoben.

Der Gestalttherapeut FRITZ PERLS betrachtete demgegenüber Ereignisse »phänomenologisch«. Die Welt wird dabei nicht als besonders versteckt, sondern als reichlich überdeterminiert konzipiert, weil sich Wesentliches immer in vielfältiger Weise ausdrückt. Die Frage ist nur, ob wir die dazu passende Wahrnehmungshaltung einnehmen können.

Bei dieser Betrachtungsweise versucht man, das Offensichtliche der Erscheinung zu erkennen und nicht das, was scheinbar dahinter verborgen liegt. PERLS' Slogan[2] lautete:

Zum Schwierigsten gehört es, das Offensichtliche zu sehen.

Die wichtigen Dinge sind nicht verborgen, sondern der Beobachter muss sich verändern, um sie sehen zu können. Man muss eine eigene Struktur- und Wahrnehmungsänderung vornehmen, um in die innere Landkarte aufzunehmen, was dann problemlos abzubilden ist. Das Verborgensein des Gegenstandes ist somit ein Nicht-bereit-Sein des Beobachters. So gesehen lässt sich Verborgenes nicht dadurch erkennen, dass man bohrt, sondern indem man bezüglich der eigenen Wahrnehmungs- und Verstehensmöglichkeiten dazulernt. Der Betrachter wird in dieser Haltung auf sich selbst, sein Weltverstehen oder Erkenntnisvermögen zurückgeworfen statt eingeladen, den Erkenntnisgegenstand so zu manipulieren, dass er seine Geheimnisse offenbart. Hier treffen wir Vorläufer der wirklichkeitskonstruktiven Perspektive im systemischen Ansatz. Im Rahmen dieser Perspektive geht man ebenfalls davon aus, dass Erkenntnis von den Erkenntnismöglichkeiten und -interessen des Beobachters oft mehr abhängt als von den Eigenschaften des Betrachtungsgegenstandes.

11.4 Ist mehr Information bessere Information?

Eine ebenfalls reflexhaft als gültig angesehene Idee ist die, dass die Chance zur Erkenntnis größer wird, wenn möglichst viele Daten in möglichst viele Kategorien verarbeitet werden.

Doch die Vielfalt von Daten und Kategorien ist im Gegenteil eher dazu geeignet, Informationen zu vernichten. BATESON definiert Information als einen Unterschied, der einen Unterschied macht (s.o. S. 48ff.). Mit Informationen arbeiten heißt demnach, nur solche Daten zu berücksichtigen, die für die notwendige Beurteilung und Steuerung in einem bestimmten Kontext einen Unterschied machen. Es geht darum, nur die als wichtig angesehenen Kontraste zu erzeugen, mit Hilfe derer man eine relevante Figur erkennen kann.

Analogie der Scheinwerferbeleuchtung

Die Aufgabe kann man mit der Beleuchtung eines Kunstwerkes vergleichen. Nehmen wir an, ein vielgestaltiges Objekt steht in der Mitte eines Raumes und wird von Scheinwerfern in verschiedenen Varianten angeleuchtet. Je nach Beleuchtungswahl werden andere Eigenarten des Gegenstandes lebendig und geben andere Verstehensmöglichkeiten frei. Was da an Gestalten aufscheint, wird außer vom Gegenstand selbst wesentlich dadurch bestimmt, in welchem Licht er dargestellt wird.

Man könnte glauben, den Gegenstand besser erkennen zu können, indem man möglichst viele Scheinwerfer einschaltet. Doch wenn man die Schatten ausmerzt, gehen auch Informationen verloren, vielleicht sogar die für eine bestimmte Betrachtungsweise wesentlichen. Das heißt: Etwas in einem bestimmten Licht zu sehen, bedeutet, durch Beleuchtung etwas hervorzuheben, wobei man den Kontrast zum nicht Beleuchteten braucht. Beides zusammen schafft die Information. Wem das klar ist, der merkt, dass die wesentliche Entscheidung beim Betrachter liegt: die Entscheidung, was ins Licht gerückt werden soll.

Der wesentliche Punkt ist also, dass Wahrnehmung eine Frage der Beobachtungsabsicht ist, der eigenen Haltung, des Erkenntnisinteresses und des nachfolgenden Steuerungsinteresses, für das man Informationen generiert.

In der Beratung kann man im Prinzip mit der Vorstellung arbeiten, dass sich im Großen etwas vom Kleinen und im Kleinen etwas vom Großen abbildet. Daneben muss man sich aber die Frage stellen, was von dem Vielen, das sich immer abbildet, das ist, was man eigentlich betrachten will. Dazu muss man sich, seine Profession und seine Professionskultur sozusagen im Rückspiegel anschauen. Dieses holographische Gegenbild in der professionellen Begegnung gehört zum Verstehen des Vorgangs.

11.5 Die Perspektive der Fraktale

Seit einigen Jahren beschäftigt sich die Wissenschaft mit **Fraktalen**, mit sich selbst ähnlichen Strukturen. Die fraktale Betrachtungsweise legt entsprechend nahe, jeweils jene Strukturen zu betrachten, die aus jeder Entfernung, bei Weitwinkel – wie bei Telebetrachtungen ähnlich bleiben.

Inzwischen sind Fraktale in Kreisen der systemisch Interessierten zu einer ähnlichen Mode geworden wie zuvor der legendäre Flügelschlag des Schmetterlings, der einen Wirbelsturm auslösen kann. Dagegen sind fraktale Betrachtungen praktisch bedeutsamer. Für Berater produktiv ist es, in Ähnlichkeitsrelationen wahrzunehmen und sich zu organisieren, weil die Selbstorganisation über Ähnlichkeiten sehr viel schneller und effektiver ist als über systematische Betrachtungen. Mit großer Wahrscheinlichkeit organisieren wir uns auch in unserem Erfahrungslernen nicht analytisch, sondern über Ähnlichkeiten. Viele haben Ähnlichkeitskategorien von Menschen im Sinn: die Sorte Mensch kenne ich schon. Dabei sind diese Menschen natürlich verschieden. Trotzdem bezieht man sich auf sie und experimentiert mit relativ gutem Erfolg, indem man erlebte Ähnlichkeiten zur Wahrnehmung und zur Aktivierung von Begegnungsprogrammen nutzt. Allerdings weiß jeder aus schwierigen Erfahrungen, dass die Schnelligkeit und Steuerungswirksamkeit solcher Ähnlichkeiten nicht automatisch Richtigkeit oder auch nur Nützlichkeit gewährleisten. Hier sind Umsicht und Lernen angesagt. Wenn kein Erfolg erzielt werden konnte, hat man vermutlich zu viel Verschiedenes in einen Topf getan und muss anders oder qualifizierter differenzieren oder andere Betrachtungswinkel aktivieren.

Vermutlich arbeitet das Gehirn in hohem Maße mit Ähnlichkeiten. Diese Idee trifft sich auch mit der Definition von *Intuition* als blitzschnelles, wahrscheinlich über Ähnlichkeitsrelationen erklärbares Zusammenziehen von Eindrücken zu einem Urteil über Wirklichkeit, das unmittelbar in Handlung umgesetzt werden kann (SCHMID et al. 1999b).

11.6 Vertikale und horizontale Fokussierung von Wirklichkeiten

Wirklichkeitsbetrachtungen innerhalb einer bestimmten Ebene oder Inszenierung können als horizontale Fokussierung bezeichnet werden.

Dazu ein Beispiel: Innerhalb eines Projektteams kommt es zu Problemen, weil Verabredungstermine nicht eingehalten und Zeitpläne und Vereinbarungen über zu erbringende Leistungen laufend verschoben werden. Die Verantwortlichen identifizieren das Problem als ein Fehlen von Verbindlichkeit und entscheiden sich für eine Lösung durch ein entsprechendes Training. Die Konzeptualisierung des Problems und die Lösungssuche innerhalb der Szene entspricht der Kategorie der horizontalen Fokussierung.

Vertikale Fokussierung meint, Prinzipien oder Wesensverwandtschaften über verschiedene Dinge hinweg zu betrachten. Das heißt, es wird versucht, Prinzipien oder Ähnlichkeiten über verschiedene Szenen hinweg zu erkennen.

Im obigen Beispiel des Verbindlichkeitsproblems in einem Projektteam könnte gefragt werden, in welchen anderen Feldern das Prinzip »Verbindlichkeit« eine Rolle spielt und wie es dort gehandhabt wird, etwa im Umgang mit Kunden, bezüglich Urlaubszusagen gegenüber Mitarbeitern usw. Inwiefern ist Verbindlichkeit im Projektteam ein Beispiel für den Umgang mit Verbindlichkeit in anderen Bereichen? Von hier aus kann dann wieder gefragt werden, in welcher Szene das Thema Verbindlichkeit am effektivsten inszeniert werden kann. Dies entspricht einer vertikalen Fokussierung. Das Erlernen eines vertikalen Verständnisses von Wirklichkeit ermöglicht größere Freiheitsgrade innerhalb der Inszenierung horizontaler Szenen. Die Rigidität eines Menschen kann z.b. in verschiedenen Feldern konkretisiert werden, z.b. in der Art und Weise, wie Sitzungszeiten ausgehandelt oder der eigene Führungsstil gestaltet wird.

Wenn man beginnt in vertikalen und horizontalen Fokussierungen zu denken, wird der eigene Handlungsspielraum sehr groß. Wenn man für bestimmte Bühnen kein Mandat hat oder Lernen heikel ist, kann auf anderen Bühnen ein Lösungsmuster abgerufen oder gelernt werden, das dann auch für diese Bühne hilfreich ist. Das heißt, diejenige horizontale Ebene, auf der ein Problem verstanden werden kann und neue Lösungsmuster entwickelt werden, muss nicht die Ebene sein, auf der das Problem relevant wird. Damit können viele indirekte Beratungseinflüsse genutzt werden.

In der Supervision sind die Bearbeitungen dort, wo sie innerhalb einer Szenerie bleiben, dem Finden horizontaler Lösungen verpflichtet Gleichzeitig sollen aber auch Lernprozesse auf der vertikalen Ebene stimuliert, bzw. nachfolgendes kreatives Anwenden der extrahierten Prinzipien auf verschiedenen horizontalen Ebenen angeregt werden. Sowohl der Verbleib auf der abstrakten Ebene ohne das Erlernen konkreter Handlungsoptionen (das Fehlen des Handwerklichen), wie auch das Verharren im Konkreten, ohne Essenzen zu gewinnen und auf neue Fälle zu übertragen, führt zu Einschränkungen professionellen Handelns. Daher sollten Steuerungskonzepte und Lernprozesse durchgängige Schleifen vom Konkreten zum Abstrakten und zurück vorsehen (deduktives und induktives Lernen).

11.7 Sinn und der fragmentarische Ansatz

Der fraktalen Perspektive verwandt ist der fragmentarische Ansatz. Ein Fragment ist ein Teil, der für das Ganze steht. Dabei geht es um die Frage, ob eine Person oder Organisation in allem das sein muss, wofür sie steht, oder ob es nicht zum menschlichen Maß gehört, dass dies oft nur in Fragmenten gelingt. Jeder ist Repräsentant einer Idee oder einer Kultur, wenn auch fragmentarisch, von etwas Wesentlichem. Repräsentant zu sein und um gelungene Fragmente des Repräsentierten zu ringen, schafft bereits Sinn

(SCHMID/HIPP 1998r/2002e). Sonst wären auch weniger geglückte Fragmente nicht so begeisterungsfähig. Umgekehrt erlaubt uns der fragmentarische Ansatz in der Personalentwicklung bzw. Organisationsentwicklung qualitativ hochwertige Beispiele zu entwickeln und auf qualitativen Transfer zu setzen, anstatt flächendeckend und dann notgedrungen oberflächlich zu arbeiten. Auch die holographische Idee verlangt nicht, dass Sinn vollständig präsent sein muss. Aus der momentanen Perspektive einen Blick auf ein dahinterliegendes Sinngefüge freizugeben, ist schon viel.

Im Umgang mit einer Rolle kann beispielsweise eine Essenz spürbar sein – wenn auch in einer großen Verdünnung. Und für viele Rollen ist es auch angemessen, dass diese Essenz so verdünnt ist, da z.b. eher das Funktionieren im Vordergrund steht. Trotzdem ist es wichtig, durch die Rolle hindurch Sinn und Wesenshintergrund erspüren zu können. Mit Wesentlichem Berührung zu suchen, ist die Grundstrebung jeder Spiritualität.

11.8 Randscharfe und kernprägnante Betrachtungen

Allerdings stehen dieser Herangehensweise einige uns antrainierte Denkgewohnheiten entgegen. Wir haben gelernt, uns das Wesentliche durch Definieren zu erschließen. Definieren meint abgrenzen. Man versucht alles, was dazugehört, innerhalb der Grenzen zu versammeln und alles andere auszuschließen. Was innen ist, kann nicht auch außen sein und umgekehrt. So haben wir tiefsitzende Gewohnheiten erworben, durch Grenzziehung und Grenzverteidigung Wesentliches für uns in Anspruch zu nehmen, statt auf Wesentliches aus vielerlei Blickrichtungen zu schauen und komplementär zum Wesentlichen beizutragen.

Bezogen auf die Aussagekraft von Begriffen wird in der Linguistik zwischen randscharfen und kernprägnanten Begriffen unterschieden. Randscharfe Begriffe sind solche, die sich definitorisch genau von angrenzenden Begriffen abgrenzen lassen. Kernprägnante Begriffe sind solche, die an den Rändern unscharf werden, jedoch vom Kern oder Wesen des Begriffs her bei allen ein komplementäres und vielschichtiges Verständnis auslösen. Randscharfe Begriffe sind für mechanistische Verständnisse von Wirklichkeit geeignet, kernprägnante für vielschichtig-kulturelle.

Man kann diese Perspektiven auf Konzepte, auf Teamidentität, auf Kerngeschäfts-Verständnis, auf Corporate Identity oder Definitionen von Kernkompetenzen oder Kernelementen der Unternehmenskultur anwenden. Gerade in Fragen der Identität oder der Unternehmenskultur sind in der Regel grenzziehende Diskussionen weniger hilfreich als die Anreicherung der Kernprägnanz des gemeinsamen Verständnisses, worum es geht. Dies kann am besten mit Hilfe von Metaphern und Beispielen, die für den Wesenskern stehen, vorgenommen werden.

Natürlich muss bei der Abgrenzung von Verantwortung für komplexe Aufgaben und Ähnliches eine gewisse Randschärfe der Verantwortlichkeiten und der Anschlüsse gegeben sein, weil die Prozesse sonst nicht ineinander greifen würden. Auf der anderen Seite können komplexe Prozesse letztlich nicht dadurch verstanden und organisiert werden, dass man ganz auf Durchorganisiertheit und Randschärfe setzt. Stattdessen geht es im Sinne eines Kulturansatzes von Personalentwicklung und Organisationsentwicklung (SCHMID 2002d) darum, ein vielschichtiges Kernverständnis zu entwickeln, aus dem heraus sich alle Beteiligten komplex und intuitiv organisieren können und sich nur situativ und bei Bedarf mit Randschärfe und genauer Passung befassen.

11.9 Vitale und sterbende Systeme

Als Hintergrundmetapher bieten sich die Erkenntnisse der Ethnologen MARGRET MEAD und GREGORY BATESON zu Merkmalen sterbender bzw. vitaler Kulturen an. Sterbende Kulturen sind demnach solche, die in allen Vollzügen Genauigkeit herzustellen versuchen, und dabei das Wesensverständnis der Kultur verlieren. Vitale Kulturen zeichnen sich dagegen dadurch aus, dass vieles nur bei Bedarf genau geregelt wird, jedoch ein gelebtes gemeinsames Verständnis der Kernelemente der Kultur besteht.

Anmerkungen

1 Unter Mitarbeit von Joachim Hipp.
2 Mündliche Mitteilung, Eric Marcus (Gestalttherapeut, Los Angeles).

12. DIE BEDEUTUNG DES KONTEXTES

Ein Praxisbeispiel: Das Beratungsseminar »Auslandsmontage«[1]

Im Folgenden werden wir ein viertägiges Beratungsseminar skizzieren, das die Autoren für ein Industrieunternehmen durchführten. Hierbei wird weniger die Methodik der Moderation vorgestellt, als vielmehr herausgearbeitet, welche Kontexte zu beachten und in der Gestaltung des Seminars zu berücksichtigen sind, will man sich professionell auf den Rahmen der Organisation, innerhalb derer und für die man arbeitet, beziehen. Neben dem Organisationskontext arbeiten wir auch privatpersönliche Kontexte der Seminarteilnehmer heraus.

Wir beschäftigen uns also mit den Kontexten, innerhalb derer unser Auftrag steht und die bei der Durchführung des Seminars wohl kaum vernachlässigt werden dürfen.

Zur Erinnerung: Unter Kontexten verstehen wir Zusammenhänge, in die beobachtete Ereignisse gestellt werden, und aus denen heraus Betrachtungen über Vernetzungen, manchmal Verstrickungen, angestellt werden. Ein Fokus ist ein Betrachtungsaspekt, unter dem ein Beobachter ein beobachtetes Phänomen abbildet. Insofern es dabei der Beobachter ist, der diesen Betrachtungsaspekt definiert, handelt es sich also um die Beziehung zwischen dem Bezugsrahmen des Beobachters und dem beobachteten Gegenstand. Fokusbildung ist demnach die Art und Weise, wie jemand einen Betrachtungsaspekt eines Phänomens auswählt, damit den Gegenstand abbildet und Wirklichkeit erfindet.[2]

Die von uns im Seminar herausgearbeiteten Zusammenhänge sind eine Auswahl der möglichen Kontexte, die gewählt werden können. Andere Kontextbildungen schaffen andere Verständnisse und andere Beratungswirklichkeiten sowie Folgen für die zu ergreifenden Maßnahmen. Es wird im Verlauf dieser Arbeit deutlich werden, dass viele Beratungsmaßnahmen neu durchdacht werden müssten, würde man sich erst einmal auf eine sorgfältige Abklärung des Arbeits- und Auftragskontextes einlassen. Allerdings könnte die Effizienz von Maßnahmen ebenso wie die Arbeitszufriedenheit des Beraters erheblich steigen, würde er sich in der Lage fühlen, die Vielfalt der möglicherweise entstehenden Situationen zu berücksichtigen.

12.1 Die Teilnehmer und das erklärte Seminarziel

Anwesend waren sechs Mitglieder der Kundendienstabteilung eines größeren Industrieunternehmens, von denen vier Teilnehmer als Außendienstmonteure vorwiegend im Ausland mit dem Aufbau von technischen Außenanlagen beschäftigt sind. Die beiden anderen Teilnehmer, nämlich der Gruppenleiter»Elektrik« und der Gruppenleiter»Mechanik« – beide früher ebenfalls im Außendienst tätig – sind gegenwärtig vor allem im Unternehmen in der BRD beschäftigt. Der Gruppenleiter»Mechanik« ist neben dieser Funktion auch noch Leiter der ganzen Abteilung.

Die Außendienstmonteure fungieren bei ihrer Tätigkeit im Ausland häufig als sogenannte»Teamleader«. Das heißt, ihnen unterstehen vor Ort entweder die im jeweiligen Land für die entsprechenden Arbeiten angestellten»local people« oder bereits in der BRD angeworbene firmenfremde Leasing-Arbeiter.

Das von den Teilnehmern anfangs definierte Seminarziel sollte auch darin bestehen, durch das Training von kommunikativen Fertigkeiten für diese Leitungsfunktionen und den Kontakt mit dem Kunden im jeweiligen Land besser qualifiziert zu sein. Mit dieser Zieldefinition war die»Skill- und Qualifikationsebene« angesprochen.

12.2 Auftragskontexte (und verdeckte Seminarziele)

Bei der Abklärung der Auftragskontexte im Seminar wurde deutlich, dass als Ziel auch von dem nächsthöheren Vorgesetzten der Abteilung die Skillverbesserung definiert wurde. Allerdings wurde in der weiteren Exploration ersichtlich, dass neben dieser expliziten Zieldefinition sowohl auf Seiten der Teilnehmer als auch auf Seiten des direkten Vorgesetzten (als Auftraggeber) mit diesem Seminar noch diverse andere Absichten verbunden waren. Sofern die Teilnehmer das Seminar als Qualifizierungsmaßnahme ansahen, verband sich damit auch die Absicht, sich gegenüber nicht eingeladenen jüngeren Monteuren der Abteilung im Sinne einer Höherqualifizierung abzugrenzen, um damit höhere Einkommensansprüche zu begründen. (Seminar als Rechtfertigung für Abgrenzung und Ansprüche.)

Andererseits wurde im Verlauf des Seminars deutlich, dass diese Maßnahme vom Vorgesetzten eher als Sonderzuwendung und damit als Ersatz für eine Höherstufung und damit verbundenen finanziellen Verbesserungen gedacht war, da eine Gehaltserhöhung vorerst nicht in Aussicht stand. (Seminar als Anerkennung oder als »Trostpflaster«: Du bist auch dann etwas Besseres, selbst wenn sich das nicht auf deinem Gehaltskonto zeigt.)

Wie die Teilnehmer weiter berichteten, sei es zu erwarten, dass sie bei ihrer Außendiensttätigkeit auf Grund der angespannten Auftragslage vermehrt allein auf Montage geschickt werden, um dann in der eingangs erwähnten Teamleader-Funktion zusammen mit firmenfremden Arbeitern mit dem Aufbau von Anlagen beauftragt zu werden. Im Unterschied dazu wurden sie früher meist als firmeninterne Gruppe gemeinsam mit dem Anlagenaufbau beauftragt.

In diesem Zusammenhang kann vermutet werden, dass vom nächsthöheren Vorgesetzten aus betrachtet das Seminar auch dazu dienen sollte, entstehende Mehrbelastung mit einer Trainingsmaßnahme abzufangen. Darüber hinaus sollte aber auch die »Belastungsakzeptanz« der Monteure durch die Sonderzuwendung »Qualifizierungs-Seminar« gewährleistet und erhöht werden. (Seminar als Unterstützung und »Bestechung«.)

Es stellte sich bald heraus, dass die anwesenden Monteure durch vielfältige Ausleseprozesse und praktische Erfahrungen im Ausland virtuos mit schwierigen Situationen zurechtkamen, und es ihnen dabei nicht an kommunikativen Fertigkeiten fehlte. Es war auch im Verlauf des Seminars kein einziges Praxisbeispiel aus ihnen herauszulocken, in dem sie die eigene Kommunikationskompetenz als zu gering erlebt hätten. Die einzigen Kommunikationsprobleme, die überhaupt genannt wurden, bezogen sich auf entstehende Spannungen und Konflikte bei monatelangem Zusammenleben auf engstem Raum mit bestimmten, ihnen zugeordneten Kollegen, mit denen sie nicht gut auskamen. Insofern ergab es auch bei sorgfältiger Exploration für den offiziellen Seminarauftrag keine sinnvolle Basis. Hätten wir uns allein am offiziellen Auftrag orientiert, hätten wir ihn nach der Abklärung dieses Aspektes zurückgeben müssen. Tatsächlich haben wir uns – durch die Beiträge der Teilnehmer angeregt – Vorstellungen über implizite Aufträge gebildet.

Dabei erschien es uns am wichtigsten, dass sich die Teilnehmer über ihre Situation Klarheit verschafften und sich konstruktiv mit ihrer gegenwärtigen Tätigkeit und den Möglichkeiten, die darin liegen, auseinander setzten. Gleichzeitig sollte aber auch über den Preis, der für den jeweiligen Vorteil zu zahlen war, gesprochen werden. Die Intention dabei war, sowohl innerhalb der Abteilung als auch im organisatorischen Umfeld der Abteilung einen Reflexions- und Kommunikationsprozess anzuregen

Wahrscheinlich wären wir von der Abteilung »Auslandsmontage« für einen solchen Seminargegenstand nicht angefragt worden. Wir wussten aber, dass wir diese Art der Fokussierung mit Billigung unseres Auftraggebers »Managementtraining« innerhalb des Unternehmens vornehmen konnten. Dies taten wir außerdem in der festen Überzeugung, dass es für das Unternehmen und die berufliche Lebensqualität der Beteiligten langfristig die beste Lösung wäre, ohne Illusionen über die eigene Situation nachzudenken. Davon abgesehen, fühlten wir uns hier an Prinzipien unserer Berufsethik gebunden.

12.3 Das Seminar im Kontext der beruflichen Rahmenbedingungen

Wie die Teilnehmer auf Befragen hin berichteten, dauert es ca. fünf Jahre, bis die Kenntnisse und Erfahrungen erworben werden, um den komplexen Anforderungen im Außendienst nachkommen zu können. Im Durchschnitt ist man dann nochmals ca. fünf Jahre im Außendienst tätig, bevor man – meist auf Grund von Heirat/Familiengründung – dies wieder aufgibt, um ins Unternehmen in der BRD zurückzukehren.

Die Teilnehmer berichteten, dass es wegen der häufigen und oft langen Auslandsaufenthalte schwierig sei, soziale Beziehungen in der BRD überhaupt zu etablieren und aufrecht zu halten. Auch Beziehungen und Freundschaften, welche noch in der Schul- und Lehrzeit entstanden seien, würden sich deshalb nach und nach auflösen. Auf Grund dieser »sozialen Verarmung« geschehe es häufig, dass man diese Außendiensttätigkeit länger ausübe als man eigentlich geplant habe, eben noch mal ein Jahr dranhänge – mit dem Resultat der weiteren Isolation. Dieser Teufelskreis sei dann unter Umständen im Laufe der Jahre nur noch schwer zu durchbrechen.

Dieser Prozess werde zusätzlich dadurch verstärkt, dass im Vergleich zur Arbeit im Ausland die Berufsausübung im Werk weit weniger attraktiv sei, da hier die Privilegien und Freiheiten des Außendienstes wegfallen. (»Draußen ist man sein eigener Chef, hier muss man nach der Pfeife der anderen tanzen.«) Auch gebe es von der Personalabteilung ihres Unternehmens keine Vorgaben für eine adäquate Weiterbeschäftigung nach der Außendiensttätigkeit. Das heißt, im Vergleich zum Außendienst bedeute die Berufsausübung im Werk de facto ein Abstieg. Diese Situation erschwert es den Außendienstmitarbeitern zusätzlich, nach einigen Jahren den »Absprung« zu schaffen und bedingt die Wiedereingliederungsproblematik entscheidend mit.

Sieht man es so, dass das Seminar implizit als »Sonderzuwendung« gedacht war, um damit die Monteure weiterhin zu verpflichten und von einer eventuellen demotivierenden nüchternen Betrachtung ihrer Lage abzulenken, dann heißt das, dass hier die unreflektierte Bestätigung des »offiziellen« Seminarziels seitens der Berater wahrscheinlich die Aufrechterhaltung der geschilderten Problematik zur Folge hätte.

12.4 Hierarchiebeziehungen und Abteilungsrituale

Im Verlauf der Seminartage fiel auf, dass die Teilnehmer einen eher »kumpelhaften«, relativ distanzlosen Umgangsstil miteinander pflegten, worin auch der Abteilungsleiter mit einbezogen zu sein schien. Es wurde deutlich, dass dieser Umgangsstil in der Abteilung eine Beeinträchtigung der Weisungsfunktionen des Abteilungsleiters zur Folge hatte, d.h. man schätzte ihn zwar als Kumpel, umging ihn aber als Vorgesetzten. In wichtigen Belangen, wie z.B. Organisationsfragen, Materialbeschaffung und finanziellen Angelegenheiten, sprachen seine Mitarbeiter gleich bei dem nächsthöheren Vorgesetzten vor und entwerteten damit den Abteilungsleiter in seiner Funktion. Von den Teilnehmern wurde dieses Vorgehen mit dem gespannten Verhältnis zwischen dem Abteilungsleiter und dessen Vorgesetzten begründet. (Hier kann nur vermutet werden, dass sich der Vorgesetzte neben dem expliziten Seminarziel auch für diese Situation vom Seminar Klärung erhoffte.)

Ein weiteres Abteilungsritual ließ sich im Verlauf des Seminars vor allem aus der Interaktion zwischen Teilnehmern und Trainer, d.h. auf der Ebene des Beratungsprozesses ableiten. Ein hier häufig zu beobachtendes Interaktionsangebot der Teilnehmer ließe sich als ein »Ist-das-nicht-schrecklich-Spiel« kategorisieren. Auf das Angebot der Berater, Beispiele aus dem Berufsleben für die zuvor vorgestellten und interessiert aufgenommenen kommunikationspsychologischen Konzepte einzubringen, reagierten die Teilnehmer häufig so, dass eher schwierige, extreme oder ausweglos erscheinende Situationen berichtet wurden. Geschildert wurden dann meist solche Problemsituationen, in denen es so schien, als ob die Teilnehmer selbst für deren Entstehung und Aufrechterhaltung nicht verantwortlich seien. Vielmehr entstand das Bild, dass sie eben mit den von anderen gesetzten, ungünstigen Bedingungen zurechtkommen müssten (z.B. Auslandsmontage mit unqualifizierten Leasing-Arbeitern).

Nahmen die Berater diese »Herausforderung« an, indem z.b. mit der Analyse der Problemsituation begonnen wurde, war zu beobachten, dass in der Folge entweder noch schwieriger erscheinende Situationen angeboten wurden oder unvermittelt versucht wurde, den thematischen Fokus zu wechseln (»Hasenjagd«).

Es war zu erkennen, dass dieses Interaktionsmuster (»Ist-das-nicht-schrecklich«) auch innerhalb der Abteilung inszeniert wurde, folglich kann gefragt werden, welche Funktion dieses Interaktionsmuster hier hat. – Eine erste Antwort ergibt sich auf Grund der von den Teilnehmern genannten Glaubenssätze und Ideen, welche diese bezüglich ihrer beruflichen Situation äußerten. Genannt wurde z.B.:

- »Das (Berufs-)Leben ist Kampf!«
- »Probleme lassen sich nur durch Manipulation lösen; d.h. wenn man andere nicht hereinlegt, wird man selbst hereingelegt.«
- »Wir tun unser Möglichstes, die anderen (u.a. Vorgesetzte) sind für Probleme (schlechte Arbeitsbedingungen) verantwortlich.«

Die Inszenierung von »Ist-das-nicht-schrecklich«, sowohl im Beruf als auch im Seminar, kann damit als Interaktionsmuster betrachtet werden, welches zur Aufrechterhaltung und Stabilisierung dieser »Weltsicht« beiträgt. Eigene Mitverantwortlichkeit hinsichtlich der Entstehung von Problemsituationen wird ausgeschlossen, kämpferisches Gebaren und Manipulation (im hier geschilderten Sinn) mit den Versäumnissen der anderen gerechtfertigt.

Ein weiterer Nutzeffekt des »Ist-das-nicht-schrecklich« kann hinsichtlich seiner »identitätsbildenden Funktion« (für die ganze Abteilung und ihre Mitglieder) angenommen werden. Indem es inszeniert wird, ergibt sich daraus innerer Zusammenhalt und ein Gefühl von Zugehörigkeit (»vereint im Glauben«) und zwar in Abgrenzung gegenüber anderen wie z.B. anderen Abteilungen oder anderen Vorgesetzten.

12.5 Dysfunktionale Symbiose

Hinsichtlich des Auftragskontextes kann das »Ist-das-nicht-schrecklich« konzeptuell als Teil eines dysfunktionalen symbiotischen Dreiecks aufgefasst werden.

Unter dysfunktionalen Symbiosen verstehen wir Beziehungen, innerhalb derer die Beteiligten ihre Kompetenzen nicht voll entfalten bzw. nicht entwickeln. Diese Symbiosen zeichnen sich dadurch aus, dass innerhalb der Beziehung Verantwortung bzw. das Unbehagen, welches entsteht, wenn Verantwortung nicht übernommen wird oder Kompetenzen nicht eingebracht oder entwickelt werden, verschoben wird. Die Übernahme von verschobener Verantwortung trägt aber zur Erhaltung der dysfunktionalen Symbiose bei (Helfersyndrom).

Wie wir erfuhren, ließ es der Abteilungsleiter wegen seines kumpelhaften Verhältnisses zu den Monteuren an einer angemessenen Kontrolle der Abrechnungen und ihres Umgangs mit Arbeitszeiten, Werkzeug und Material fehlen. Auch konnte der nächsthöhere Vorgesetzte über den Abteilungsleiter keinen kontrollierenden Zugriff auf die Monteure bekommen. Denn dieser deckte dann aus Angst vor Solidaritätsverlust mit den »Kumpeln« diese in Spießmanier gegenüber dem Vorgesetzten ab, anstatt die Situation deutlich zu klären und eigene Verantwortung als Vorgesetzter zu übernehmen.

Durch die Übernahme der eigenen Verantwortung hätte er eine Basis gehabt, die Monteure mit deren Verantwortung zu konfrontieren. So wäre es ihm möglich gewesen, sie das Unbehagen an ihrem problematischen Verhalten tragen zu lassen, damit sie eine (wenn auch zunächst nur externe) Motivation zur Verhaltenskorrektur hätten entwickeln können. Dazu wäre eine ähnliche Auseinandersetzung zwischen dem Abteilungsleiter und seinem Vorgesetzten notwendig geworden. Jedoch vermied es auch dieser, entsprechende Verantwortung zu übernehmen.

Die Teilnehmer zeigten im Seminar gegenüber den Trainern die gleichen symbiotischen Verhaltensmuster (nämlich die Inszenierung von »Ist-das-nicht-schrecklich«). So entstand ein Abbild der Problematik im Dreieck Abteilungsleiter, seinem Vorgesetzen und den Monteuren, wobei die Berater die Rolle des Vorgesetzten bekommen hätten.

Konsequenterweise bestand hier das Verhalten der Berater zunächst darin, darauf zu bestehen, dass Probleme so formuliert wurden, dass sie durch Verhaltensveränderungen der Beteiligten gelöst oder zumindest verändert werden könnten. Sie widerstanden dem Druck, auf Lösungen hinzuarbeiten, obwohl die Probleme als unlösbar definiert worden waren und keine Verantwortung von den Teilnehmern übernommen wurde. Sie erwehrten sich des Unbehagens, welches aus der Verantwortungsvermeidung der Teilnehmer entstand, und ließen dieses bei den Teilnehmern entstehen, indem sie sich weigerten, das »Ist-das-nicht-schrecklich«-Spiel mitzuspielen oder den Schwarzen Peter anzunehmen. Statt dessen gingen sie beharrlich davon aus, dass lösbare Probleme von unlösbaren zu unterscheiden sind und lösbare Probleme so formuliert werden können, dass sie im Seminar beeinflussbar werden.

Natürlich führte die Irritation und Stockung der gewohnheitsmäßig kumpelhaften Atmosphäre auch zu einer stimmungsmäßigen Belastung bei den Beratern, was jedoch als Teil der Arbeit akzeptiert wurde. Die Versuche seitens der Abteilung, über kumpelhafte Angebote die Berater in die Rolle des Abteilungsleiters zu bringen, der dann zwar nett gefunden wird, jedoch seine Funktion verliert, wurden freundlich ignoriert. Nach einiger Zeit der Irritation gaben die Teilnehmer ihren Versuch auf, die Berater in ihr gewohntes Beziehungsschema ziehen zu wollen. Dadurch veränderte sich zumindest im Seminarraum auch ihr Kontakt untereinander. Sie begannen laut und kritisch über die eigene Situation nachzudenken und sich gegenseitig zu konfrontieren, wenn die üblichen Abwiegelungsantworten kamen. Sie fanden nach und nach zu einem neuen Kommunikationsstil, bei dem die persönlichen Beziehungen der Beteiligten, sowie auch die beruflichen Qualifikationen, Ansprüche und Kritiken aneinander deutlich und differenziert und auf grundsätzlich wertschätzende Weise vorgetragen wurden. Sie begannen auch darüber zu sprechen, welche Verführungen die gegenwärtige Position mit sich bringe, und wie aus diesen langsam eine Sucht werden könne, der man sich rechtzeitig wieder entziehen müsse. Dabei wurden persönliche Lebenspläne und sinnvolle Zeiten für den rechtzeitigen Ausstieg aus der Tätigkeit der Auslandsmontage besprochen. Auch wurden Schwierigkeiten, die die Wiedereingliederung mit sich bringt, thematisiert. Gelegentlich kamen Probleme und Lebensherausforderungen zur Sprache, denen man durch die Auslandsaufenthalte entflohen war, und die bei einer Rückkehr noch immer der Bewältigung harrten (Familienablösungsprobleme, Probleme der Partnerschaft, Fragen der beruflichen Weiterentwicklung bzw. der weiteren Schulung, Umgang mit Geld und Freunden, u.ä.).

12.6 Persönlichkeitsentwicklung

Ein weiterer zentraler Fokus des Seminars waren Themen zur Persönlichkeitsentwicklung. Die hier besprochenen konkreten Inhalte wurden in den Kontext der besonderen beruflichen Situation der Teilnehmer gestellt . In Anlehnung an das Konzept des »Lebensskripts« von Eric Berne wurden die Teilnehmer nach den Berufswünschen aus ihrer Kindheit befragt. Genannt wurden z.B.: Astronaut, Schiffskoch oder Pilot. Es war bemerkenswert, wie übereinstimmend diese Berufe das Thema »Reisen und Abenteuer« aufwiesen. Wie die Teilnehmer berichteten, machten »Reisen und Abenteuer« anfangs für sie die Faszination der Auslandsmontage aus.

Ihre objektive Berufssituation sah so aus, dass sie von den (exotischen) Ländern oft nur den Flughafen, das Hotel und die Baustelle zu sehen bekommen hatten. Weiterhin berichteten die Teilnehmer, dass man sich schon ein »dickes Fell« wachsen lassen müsse, um mit den schwierigen Arbeitsbedingungen, den vielen Reisen, dem Leben in fremden Kulturen und dem Beziehungsverlust zu Hause zurechtzukommen. Ein Teilnehmer sprach von seinem »Pelzmantel«, den er sich angezogen habe, um das alles auszuhalten. Und er berichtete, dass es ihm manchmal schwer falle, die Situationen, in denen er den Pelzmantel brauche, von solchen Situationen zu unterscheiden – z.B. im Zusammensein mit Bekannten in der Freizeit – in denen dieser Pelzmantel nicht nötig sei.

Die trotzdem noch beschworene Faszination am Abenteuer lässt sich eher als Vorzeige-Stimmung begreifen, mit der das Erleben von Abstumpfung und Beziehungsverlusten in den Hintergrund gedrängt werden sollte. Das Resultat dieser berufsbezogenen Lebensgestaltung war häufig Bitterkeit, die aber innerhalb der Abteilung nicht Gegenstand von Gesprächen und innerhalb der Person manchmal nicht einmal Gegenstand der Wahrnehmung gewesen sein dürfte.

12.7 Lebensentwurf und berufliche Position

Der Zusammenhang zwischen dem persönlichen Lebensentwurf und der beruflichen Position wird besonders eindrücklich an der Person des Abteilungsleiters Heinz X deutlich.

Dies soll nun im Folgenden aufgezeigt werden, wobei zunächst seine besondere Position innerhalb der Abteilung dargestellt wird.

Heinz X war der dienstälteste Mitarbeiter in der Abteilung. Früher selbst oft auf Auslandsmontage gewesen, war er nun überwiegend im Innendienst tätig. Die Stelle des Leiters dieser Abteilung wurde zu der Zeit neu geschaffen, als Heinz X auf Grund von Heirat und Familiengründung nach mehrjähriger Außendiensttätigkeit in den Innendienst wechselte. Sie wurde nicht auf Grund seiner Führungskompetenz, sondern quasi als Vergütung für seine Treue besetzt. Es ist anzunehmen, dass das berichtete »gespannte Verhältnis« zwischen Heinz X und seinem Vorgesetzten auch in seiner eigenen mangelhaften Führungskompetenz begründet liegt, da er so eher zu einer Mehrbelastung des Vorgesetzten beigetragen hatte.

Zusätzlich zeigte es sich, dass sich der weitaus jüngere Gruppenleiter »Elektrik« intensiv mit Fragen der Arbeitsorganisation beschäftigte und dadurch die viel kompetentere Leitung dieser Abteilung hätte sein können. Die daraus resultierende, spürbare Rivalität zwischen ihm und Heinz X blieb innerhalb der Abteilung unbesprochen.

Die äußere Situation von Heinz X war dergestalt, dass er früher bei der Auslandsmontage relativ gutes Geld verdient hatte, das jedoch jetzt nicht mehr so leicht zu verdienen war. Er hatte sich ein Haus gekauft, welches er als Abteilungsleiter gerade so abbezahlen konnte. Mit der von ihm präsentierten Kompetenz hätte er vermutlich in keinem anderen Unternehmen eine gleichbezahlte Stellung bekommen. Auch wäre fraglich gewesen, ob er innerhalb des Unternehmens eine vergleichbar dotierte, für ihn einigermaßen geeignete Stelle bekommen hätte. Wenn Heinz X zur Einsicht gekommen wäre, dass er sich in einer schwierigen beruflichen Lage innerhalb der Abteilung befand, gäbe es zwei alternative Optionen. Entweder wirklich Führungskompetenzen hinzu zu entwickeln – wozu er aber auffällig wenig Neigung zeigte – oder aber in die Monteursfunktion zurückzukehren. Die hätte aber nicht mehr zu seinen Lebensumständen gepasst. Von daher befand sich Heinz X in gewisser Weise in einer entwürdigenden Situation. Verzweiflung, die er sich selbst aber nicht eingestand, war hindurchzuspüren.

Man könnte Heinz X als einen der wenigen glücklichen Auslandsmonteure betrachten, die es geschafft haben, aus dieser Arbeitsstelle eine höherdotierte Position zu machen, die dann auch mit Familienleben und Deutschlandaufenthalt verbunden werden konnte. Da er jedoch den für seine Abteilungsleiterfunktion notwendigen Wechsel im Rollenverständnis nicht leistete, brachte er sich selbst in eine unwürdige Position. Zumal alle unverblümt darüber sprachen, dass sie den Gruppenleiter »Elektrik« hinsichtlich einer Vorgesetztenfunktion eigentlich für kompetenter hielten.

Interessanterweise war Heinz X der Einzige aus der Abteilung, dessen kindliche Berufsideen nicht mit Reisen und Abenteuer verbunden waren. Ihm fiel zu seiner eigenen Überraschung ein, dass er als Kind »Dreckbauer« hatte werden wollen. Der Dreckbauer hatte in seinem Dorf die Funktion gehabt, den Müll der anderen im Sinne einer Müllabfuhr abzufahren. Eine solche Funktion wurde von dem Bauern übernommen, der es nötig hatte, sich auf diese Weise ein Zubrot zu verdienen.

Vorsichtig auf seine schwierige berufliche Situation angesprochen, machte Heinz X eher auf forsch und lustig. Er ließ aber gleichzeitig durchblicken, dass er sich durchaus vorstellen könne, wegen seines Rückenleidens in absehbarer Zeit den größeren Teil des Jahres in Kuren und medizinischen Bädern zu verbringen.

Bei aller Vorsicht gegenüber zu einfachen psychosomatischen Hypothesen halten es die Berater für durchaus denkbar, dass dieses »Rückgrat-Lei-

den« für Heinz X zum Anlass genommen werden könnte, sich aus einer ein-
geklemmten beruflichen Situation zurückzuziehen und eher die Rolle eines
Frührentners zu übernehmen.

Dass Heinz X sich in einer verzweifelten Situation befand, ließ er uns –
vielleicht ohne eigenes Bewusstsein darüber – metaphorisch wissen. Er fragte
während einer Seminarsitzung plötzlich die Berater, ob diese den Film »Tod
eines Handlungsreisenden« kennen würden. (Die Hauptfigur in diesem Film
ist ein Mann, der sich redlich bemüht, ein Gewinner zu sein, es der Familie
und der Gesellschaft recht zu machen, seinen Vorstellungen vom erfolgreichen Mittelstandsbürger zu entsprechen. Er verliert dabei aber aus den
Augen, dass er in seiner Funktion ineffizient geworden ist und von der Umgebung fallengelassen wird. Ein tragisches Element dieses Films ist nun,
dass er bis zuletzt verzweifelt der Bewusstwerdung seiner Situation zu ent-
fliehen versucht. Als dies letztlich scheitert, scheint ihm nur noch ein als
Unfall fingierter Selbstmord als Ausweg zu bleiben.) Der Film wurde mit
Dustin Hoffmann als Hauptdarsteller verfilmt. Als die Berater bejahten, fragte Heinz X unvermittelt, wer von den deutschen Schauspielern sich eignen
würde, den Hauptdarsteller zu spielen. Als den Beratern daraufhin nichts
einfiel, erklärte Heinz X, dass sich seiner Meinung nach Heinz Rühmann
dafür eignen würde.

Auffällig ist nun, dass die Situation des Handlungsreisenden im Film Parallelen zu der Situation von Heinz X aufweist: Da wäre zum einen das Thema des berufsbedingten Reisens. Zum anderen erscheint auch Heinz X als
ein »redlich Bemühter«, der sich trotz »guten Willens« im Beruf in eine
unwürdige Position der Ineffektivität und des Achtungsverlustes hineinma-
növriert hat. Es kann vermutet werden, dass Heinz X, indem er Heinz Rühmann für diese Rolle als geeignet ansah, sich teilweise mit dieser Rolle
identifizierte bzw. sich in ihr wiedererkannte und dies auch so den Beratern
implizit zu verstehen gab.

Wir konnten im Rahmen dieses Seminars bezüglich dieser persönlichen
Dynamik nicht direkt mit Heinz X weiterarbeiten. Auch er verharrte in verzweifelten Bemühungen um »doch-mal-Erfolg-haben-wollen« und versuchte so, einer realistischen Betrachtung seiner Situation zu entkommen.

Andererseits haben wir ihm eine Reihe von Anregungen und Hinweisen
gegeben, wie er sich aus seiner »Kumpelposition« herausziehen und sich
auf seine tatsächliche neue Rolle besinnen könnte. Wir gaben Impulse, wie
er sein Verhältnis zu seinem Vorgesetzten neu betrachten und gestalten könnte,
so dass er von diesem und dann auch von seinen Mitarbeitern ernst genommen würde. Darüber hinaus regten wir an, welche Möglichkeiten der unter-
nehmensinternen Fortbildung zu diesem Zweck nützlich seien und Ähnliches.

Die Anwesenden hörten diese Gespräche durchaus aufmerksam mit, und
es schien eine Art von Achtsamkeit und Betroffenheit in der Runde einzu-
kehren. So wurden auch hier Weichen gestellt, dass von Seiten seiner Mitar-

> *beiter Heinz X nun andere Beziehungsangebote offeriert bekäme, bzw. seinen Versuchen, sich neu zu definieren, mit Verständnis, womöglich gar mit Hilfestellungen begegnet würde.*

Vielleicht ist es wichtig abschließend zu bemerken, dass die Berater auch ausgebildete Psychotherapeuten sind. Sie trauen sich von daher zu, sich auf komplexe Fragen der Persönlichkeitsentwicklung bis hin zur Entwicklung von Krankheiten einzulassen – soweit es der gebotene Rahmen sinnvoll erscheinen lässt. Dies kann sicherlich nicht jedem empfohlen werden.

Die Wachsamkeit gegenüber verdeckten Seminarzielen, gegenüber dem Auftragskontext und der Funktion des Seminars bleibt allerdings jedem zu empfehlen, wenn er auch auf Grund seiner Ausbildung und Präferenzen in der Fokusbildung andere Konsequenzen zieht, als wie wir dies in unserem Seminar getan haben.

Anmerkungen

1 Unter Mitarbeit von Peter Fauser. Zuerst erschienen in *Zeitschrift für Transaktionsanalyse* 1/89, S. 33-45 unter dem Titel: "Kontext-Bewusstsein und Fokusbildung in einem Trainingsseminar".

2 Siehe dazu auch Kapitel 5.

V.

DIE PROFESSIONELLE GEMEINSCHAFT

13. VERBANDSKULTUR DER TA

Im folgenden Kapitel werden Fragen der Verbandskultur am Beispiel der TA-Verbände erörtert. Schließlich folgt eine Diskussion der Selbsterfahrung im Rahmen von professioneller Qualifizierung (SCHMID 1994a).

In Kapitel 3 wurde der Gedanke verfolgt, dass professionelle Begegnung nur zu verstehen ist, wenn die Identität und die Eigenart der Professionellen mit bedacht wird. Professionelle Identität entsteht größtenteils unausgesprochen durch professionelle Überlieferung in den Ausbildungs- und Fachverbänden. Professionalität ist daher auch eine Frage der Professionskultur von Menschen und Institutionen, auf die sich der Einzelne bezieht.

Professionskultur eines Verbandes hat entscheidend mit der Ausbildungs- und Prüfungskultur zu tun, da diese den Nachwuchs prägt. Die gelebte Organisation und die typischen Vorgehensweisen bei der Ausbildung sind meist wichtiger als Statute oder fachliche Etiketten, die Identität anzeigen sollen. Sich durch Abgrenzung von anderen auszuweisen, spricht eher dafür, dass die eigene Identität nicht stabil oder nicht in Sprache verfügbar ist. Es ist nicht entscheidend, ob man Kulturelemente vorzuweisen hat, die es woanders nicht gibt. Dies führt eher zu fragwürdigen Einseitigkeiten und Selbststilisierungen. Wichtiger ist, dass man das, was auch andere tun, aus einer eigenen Perspektive heraus tut. Für eine identitätsstiftende Professionskultur geht es also um die unverwechselbare Integration von Kulturelementen.

13.1 Neudefinition der TA-Identität

Die Inhaltskonzepte der TA, wie z.B. das Ich-Zustands-Modell, standen lange für TA-Identität. Dies stammt noch aus den Gründerjahren, in denen TA gerade solche Inhaltskonzepte und darauf bezogene Vorgehensweisen als Ergänzung für ausgebildete Therapeuten angeboten hatte.

Heute repräsentiert TA eine umfangreiche eigene professionelle Qualifikation und eine darauf bezogene Verbandskultur. Daher war es an der

Zeit, die Identität dieser Kultur neu zu beschreiben. Das hierfür angebotene Identitätsprofil der TA (SCHMID 1989c) hat eine entsprechende Diskussion angeregt.

Neufokussierungen in der erklärten Identität sind auch deshalb notwendig geworden, weil sich die Verbandslandschaft verändert. Fachverbände, die mit einer bestimmten psychologischen Schulrichtung verschiedene Gesellschaftsbereiche und Professionen bedienen wollen, verlieren an Bedeutung. Statt dessen entstehen neue Verbände, die sich an neuen Professionen und Praxisfeldern kristallisieren. Sie bedienen sich bei Konzepten und Vorgehensweisen verschiedener Schulen, gruppieren diese neu und entwickeln erweiterte, praxisgeeignete Varianten.

Da TA auch für die Professionalität und Professionalisierung von nicht nur psychologisch orientierten Professionen bedeutsam ist, entsteht die Frage, ob man Transaktionsanalyse überhaupt als eine Psychologie definieren sollte. Womöglich ist es sinnvoller, diese eine professionelle Perspektive als konstitutives Merkmal aus der grundsätzlichen Definition des transaktionsanalytischen Wirklichkeitsverständnisses herauszunehmen. Wenngleich auch diese Perspektive wichtig ist und für manche Professionen – wie z.B. die der Psychotherapeuten – zentral bleiben wird.

Aus diesen Überlegungen heraus entstehen einige neue Grundverständnisse von TA, die universeller sind als die bisherigen, und die für verschiedene Professionen spezifiziert werden können. Als Beitrag für eine daran anschließende Diskussion wurden einige Definitionen vorgeschlagen (SCHMID 1990c). Definitionen im Bereich der Persönlichkeitspsychologie wurden dabei vermieden, um TA verstärkt von den Transaktionen her zu definieren. Der Bezug zur Persönlichkeitspsychologie dagegen ist ein – wenngleich verbreiteter – Spezialfall.

Definitionen:

Transaktionen sind Handlungen, die Realitäten durch Kommunikation mitgestalten. Transaktionen implizieren Annahmen über Wirklichkeiten und können zu Konsequenzen führen, die in Übereinstimmung mit den implizierten Annahmen stehen.

Transaktionsanalyse meint einen professionellen Umgang mit der Gestaltung von Wirklichkeit durch Kommunikation. Ihre Perspektiven sind selbst Gegenstand der Reflexion von Transaktionsanalytikern.

Transaktionsanalytiker helfen ihren Klienten **als** professionelle **Praktiker,** einschränkende Wirklichkeits-Gewohnheiten zu überwinden und statt dessen schöpferische und sinnvolle Alternativen zu entwickeln.

Transaktionsanalytiker als professionelle **Lehrer und Supervisoren** organisieren und gestalten qualifizierte Weiterbildungsgänge bis hin zur Abschlussprüfung für professionelle Praktiker einerseits und für künftige Lehrer und Supervisoren andererseits. Hierzu gehört die Weiterentwicklung entsprechender Inhalte und Methoden und soweit notwendig, eine philosophische und wissenschaftliche Auseinandersetzung mit beidem.

Die Verbände der Transaktionsanalyse bieten einen institutionellen Rahmen für Weiterbildung und Fachdiskussion von Transaktionsanalytikern und für jene, die sich mit transaktionsanalytischer Professionalität auseinander setzen wollen. Sie organisieren und entwickeln Strukturen und Verfahren, die eine Entfaltung dieser Professionalität fördern.

Das Etikett TA steht auch für ein bestimmtes Verständnis von Professionalität und Professionalisierung und somit für die Professionskultur der TA-Verbände.

13.2 Weiterbildungen des TA-Verbandes

Transaktionsanalytiker durchlaufen eine umfassende mehrjährige, praxisbegleitende Weiterbildung, die sie mit einem internationalen Examen abschließen, um den Titel eines/einer Transaktionsanalytikers/in zu erwerben. Diese Weiterbildung kann sich auf verschiedene Praxisfelder beziehen, wie etwa Organisation, Pädagogik/Erwachsenenbildung, Beratung oder Psychotherapie.

Praktiker entwickeln im Rahmen dieser Weiterbildung ihr professionelles Selbstverständnis in einer bestimmten Weise weiter. Sie erwerben auch die Kompetenzen, ihre Auffassung von Professionalität in Handlung umzusetzen.

Transaktionsanalytiker, die als Lehrtrainer und Supervisoren tätig werden wollen, müssen nach abgelegtem Examen zum TA-Praktiker eine zweite, mehrjährige Weiterbildung zum Lehrtrainer/-therapeuten durchlaufen. Diese wird ebenfalls mit einer internationalen Prüfung abgeschlossen. Daher stellt die Qualifizierung von Lehrenden und die Bereitstellung eines mehrstufigen anspruchsvollen Weiterbildungs- und Prüfungssystems eine wesentliche Tätigkeit der transaktionsanalytischen Fachverbände dar.

13.3 Fachverband verschiedener Professionen

In transaktionsanalytischen Fachverbänden haben sich verschiedene Professionen zusammengefunden. Ihnen ist gemeinsam, dass sie an bestimmten Qualifikationsvorstellungen und an transaktionsanalytischen Konzepten und Vorgehensweisen orientiert sind. Eine der wichtigsten Tätigkeiten dieser Verbände ist die Organisation des Qualifizierungssystems und die Fachdiskussion zur Weiterentwicklung der Kompetenz von Professionellen.

Es gibt gemeinsame Vorstellungen darüber, **wie** die verschiedenen Professionen ihre Arbeit qualifiziert tun können. In Bezug auf die Inhalte, die Grundverständnisse des Ausgangsberufes und die Erfordernisse der jeweiligen Praxisfelder wird Ausbildungskandidaten keine Ersatzorientierung geboten, sondern Hilfe dabei geleistet, sich mit diesen Fragen qualifiziert im Rahmen bestehender Professionen auseinander zu setzen.

TA bietet nur insofern eine eigene Profession, als die Funktion Lehrtrainer/Lehrtherapeut oft zu einem wesentlichen Bestandteil freiberuflicher Tätigkeit wird. Daneben wird auch Supervision mehr und mehr zu einer eigenen beruflichen Tätigkeit. Ansonsten üben Mitglieder der TA-Verbände weiter ihre ursprüngliche Profession qualifiziert aus. Die verschiedenen Berufsgruppen und die Vertreter bestimmter Praxisfelder setzen sich in Fachkongressen und -gremien immer wieder mit TA-Professionalität in den verschiedenen Feldern auseinander.

13.4 Institutionen des Fachverbandes

Jede Statusposition innerhalb der TA-Fachverbände kann nur auf Grund einer – durch internationale Prüfung nachgewiesenen – Qualifikation erlangt werden. Die Weiterbildungen und Kongresse des Verbandes ermöglichen den Erwerb der dafür notwendigen professionellen Kompetenz. Weiterbildungs- und Prüfungsstrukturen sind grundsätzlich voneinander getrennt, so dass sich sowohl Lehrende als auch Prüfungskandidaten gleichermaßen anlässlich der Prüfungen bewähren müssen.

Die Gremien der Fachverbände haben Organisationsstrukturen und Verfahren entwickelt, mit denen qualifizierte und repressionsarme Weiterbildungsbeziehungen geregelt werden. Spezielle Komitees überwachen die Einhaltung professioneller und ethischer Richtlinien.

Die Lehrberechtigung wird aufgrund der Prüfungen nicht an Institute, sondern an Personen vergeben. Diese können sich bei Interesse zu Instituten oder zu einer losen Zusammenarbeit zusammenschließen. Die ausschließliche Vergabe von Berechtigungen an Personen betont die persönliche Verantwortung und ermöglicht es, Individuen anzusprechen, wenn es Probleme gibt.

13.5 Weiterbildungsbeziehungen

Der Weiterbildungsvertrag wird zwischen dem Fachverband, einem Lehrberechtigten und einem Ausbildungskandidaten abgeschlossen. Während der Fachverband den Rahmen und die Qualifikationsgarantien zum Schutz von Kandidaten und Lehrberechtigten bietet, wird das Ausbildungsverhältnis durch die gegenseitige persönliche Wahl von Lehrendem und Kandidat begründet. Es stellt ein Verhältnis mit klaren persönlichen, gegenseitigen Verantwortlichkeiten dar. Dieser Beziehungsvertrag kann von beiden Seiten aufgelöst werden. Der Kandidat hat die Möglichkeit, mit einem anderen Lehrenden ein neues Ausbildungsverhältnis einzugehen. Eventuelle Schwierigkeiten in vorigen Ausbildungsverhältnissen werden nur insofern berücksichtigt, als sie sich im neuen Ausbildungsverhältnis wiederholen und auch hier zum Gegenstand der Auseinandersetzung werden. Erbrachte Ausbildungsleistungen werden anerkannt.

Insgesamt sind Wechsel in den Ausbildungsbeziehungen relativ selten. Das hat vermutlich damit zu tun, dass Ausbildungskandidaten ohnehin dem Brauch folgen, regelmäßig Ausbildungseinheiten auch bei anderen Lehrberechtigten neben ihrem Mentor zu absolvieren. Insbesondere in der Orientierungsphase zu Beginn der Ausbildung und in der Vorbereitung auf die Prüfung haben Ausbildungskandidaten viel Kontakt mit verschiedenen Lehrberechtigten.

13.6 Die Prüfungen

Im schriftlichen TA-Examen gibt es dann die Gelegenheit, das professionelle Selbstverständnis, das Praxisfeld und andere Kontextbezüge ebenso darzustellen wie die eigene theoretische Orientierung und die persönliche Wahl von Konzepten. Die Darstellung eines Falls oder Projekts aus dem Zentrum der eigenen praktischen Arbeit soll beispielhaft den Gesamtprozess der professionellen Tätigkeit darstellen.

In der mündlichen Prüfung werden dann aus dem eingebrachten Fall bzw. Projekt, wie auch aus anderen Arbeiten Kostproben geboten, und es wird mit den Prüfern ein Fachgespräch über die Qualität und Herstellungsweise geführt. Konkreter heißt dies, dass an Hand von Tonbandaufnahmen das Verhalten des angehenden Transaktionsanalytikers erlebt und in einem Fachgespräch diskutiert wird. Hierbei spielen neben den nachweisbaren Kriterien auch intuitive Einschätzungen und Beurteilungen durch die Prüfer eine gewisse Rolle. Allerdings handelt es sich hier um geschulte und an der Verbandskultur ausgerichtete Intuitionen, zu denen sich Transaktionsanalytiker ausdrücklich bekennen.

13.7 Notwendige Neuerungen

Auch wenn Transaktionsanalytiker keinerlei Fachsprache verwenden, so erkennt man sie doch meist an ihrer Auffassung von professioneller Tätigkeit und an einem bestimmten Stil ihrer Arbeit. Wie in jedem lebendigen Gemeinwesen gibt es auch innerhalb der transaktionsanalytischen Fachverbände verschiedene Strömungen. Aus unterschiedlichen Perspektiven und mit unterschiedlichen Schwerpunkten werden Auffassungen von Transaktionsanalyse entwickelt und zum Teil kontrovers diskutiert. Wie internationale Lehrenden-Treffen und die Analyse der internationalen Prüfungen sowohl für transaktionsanalytische Praktiker als auch für Lehrende zeigen, besteht unabhängig von o.g. Unterschieden dennoch ein hohes Maß an Übereinstimmung darüber, worin ein angemessenes Können und professionelles Selbstverständnis eines Transaktionsanalytikers besteht.

Die gemeinsame Verbandskultur kommt in den Weiterbildungen und Prüfungen, auf den internationalen Kongressen, in den Fachzeitschriften für Transaktionsanalyse und in der nationalen wie internationalen Verbandsarbeit zum Ausdruck. TA-Verbände arbeiten weltweit unter dem Dach des Internationalen TA-Verbandes zusammen und erkennen alle Ausbildungsleistungen und Zertifikate gegenseitig an. Wer das Feld der außeruniversitären Weiterbildung durch Institute und Verbände kennt, der weiß, dass darin eine beachtliche Eigenart der TA-Verbandskultur gesehen werden kann. Dadurch eignen sich TA-Fachverbände auch nicht für die Vertretung berufsständischer Interessen. Diese überlagern die fachliche Auseinandersetzung mit Professionalität eher ungünstig.

Fraglich ist, ob sich nicht die gesamte Verbandslandschaft verändert und welche Auswirkungen dies auf einen Fachverband haben wird. Besonders interessant ist dies bei einem Fachverband, der einer Schule im klassischen Sinne entspricht; also einer Schule, die ihre Identität mit einem Kanon obligatorischer Inhaltskonzepte verknüpft.

Neue Verbände entstehen, deren Identität durch ein Spektrum von Berufen oder bestimmte Kontexte bestimmt wird. Zu denken wäre hier z.B. an einen Verband von Lebensberatern, Mediatoren, Schulentwicklern und dergleichen mehr. Diese stellen sich aus allen Inhaltskonzepten und Methoden je nach Bedarf das zusammen, was sie brauchen. Während zumindest die im psychologischen Bereich gegründeten Verbände in den letzten 50 Jahren sich bestimmte Konzepte und Methoden zum Standbein machten, wohingegen Berufe und Anwendungsbereiche eher Spielbein waren, kehren sich die Verhältnisse nun um. Diese Entwicklung wird letztendlich auch den Psychotherapie-Bereich erreichen.

Es ist eine berechtigte Frage, ob heutzutage Weiterbildungen noch zeitgemäß sind, die – wenngleich innerhalb eines pluralistischen Systems – eine stets steigende Zahl an Jahren dauern. Immer mehr Zwischenstufen innerhalb einer immer weiter ausufernden Weiterbildung können nicht darüber hinwegtäuschen, dass grundsätzliche Fragen an ein solches System zu stellen sind. Hat man Vertrauen zu den Inhalten und zur transportierten Professionskultur – insbesondere zu den Auszubildenden? Oder meint man durch Ausweitung der Maßnahmen und Bindung an Weiterbildungsprozesse die Qualität kontrollieren zu müssen? Sind die Langzeit-Ausgebildeten die Erfolgreichen? Sind die einer langen Therapie oder Selbsterfahrung unterzogenen Kandidaten die überzeugenderen Persönlichkeiten? Sind die eng angebundenen Aktivitäten von wenigen Kandidaten, die sich solchen Prozeduren unterziehen, die richtige Maßnahmen, um den Kulturbeitrag der TA angemessen zu verbreiten? Die TA-Verbände müssen sich solche Fragen ernsthaft stellen, wollen sie nicht in die Reihe der verkrusteten Bildungsanbieter eingeordnet werden. Anders als in öffentlichen Schulen findet die Abstimmung letztlich mit den Füßen statt.

Im psychosozialen Sektor wird wie auch in anderen Bereichen unserer Gesellschaft das Geld knapp. Man mag dies auf Grund der dann nicht mehr möglichen Leistungen für die Gesellschaft bedauern. Allerdings hat die Entwicklung auch ihr Gutes. Man kann sich viele der bislang nicht konsequent hinterfragten, durch die Sichtweisen bestimmter Schulen geprägten Selbstverständnisse und Praktiken nicht mehr leisten. Besonders gilt das für die zeitweilig selbstgefälligen Schulenstreite. Man kann auch niemandem mehr einen Statusgewinn oder ein finanzielles Auskommen in Aussicht stellen, wenn er sich nur langen Prozeduren unterzieht. Jetzt sind Reformen notwendig und dadurch möglich. Viele Selbstverständnisse stehen auf dem Prüfstand und siehe da, es geht auch anders und oft genug sogar besser als zuvor.

14. SELBSTERFAHRUNG
UND PROFESSIONELLE QUALIFIKATION

In »Principles of group-treatment« (BERNE 1966) macht ERIC BERNE klar, dass er von jedem Therapeuten erwarte, dass er sich einer Eigentherapie unterziehe, um seine Effektivität zu erhöhen. Dies kann vor dem Hintergrund betrachtet werden, dass ERIC BERNE selbst zuerst bei PAUL FEDERN, dann bei ERIC ERIKSON eine mehrjährige Lehranalyse absolviert hatte. Sein Gesuch um Aufnahme als anerkanntes Mitglied der Psychoanalytischen Vereinigung von New York wurde jedoch 1956 mit der Begründung abgelehnt, er bedürfe noch einer weiteren Lehranalyse. Bedenkt man das weitere Schicksal von ERIC BERNE und seinen Herzinfarkttod 1970, so kann man vermuten, dass durchaus eine zusätzliche persönliche Hilfestellung für die Lebensentwicklung von ERIC BERNE angebracht gewesen wäre. Gleichzeitig bleibt offen, warum ihm diese Hilfe in den jahrelangen Analysen nicht bereits zuteil geworden war. Die Eigentherapie BERNES scheint Fingerzeige auf seine eigene Lebensproblematik nicht erfolgreich berücksichtigt zu haben. Der Wirksamkeit des Rezepts »*mehr* Eigentherapie« kann man von daher begründet mit Skepsis gegenübertreten. Erlittene, aber durchaus auch provozierte Ablehnungen haben Schaden angerichtet und die enormen Energien in ERIC BERNE freigesetzt, die im Laufe der folgenden Jahre zur Begründung der Transaktionsanalyse als Theoriegebäude und Psychotherapie-Schule geführt haben.

Ich erwähne die Geschichte der Eigentherapie und des eigenen Schicksals des Schulengründers, weil ich glaube, dass dies einen wichtigen Kontext für die Tradition der Eigentherapien einer Therapieschule darstellt. Außerdem möchte ich aufzeigen, in welchem Spannungsfeld die Fragen nach einer angemessenen bzw. hinreichenden Eigentherapie, nach deren Nutzen und deren Schaden stehen können.

14.1 Warum Eigentherapie für Ausbildungskandidaten?

Die Frage: »Warum eigentlich Eigentherapie für einen Ausbildungskandidaten?« mag zunächst überraschen, da es in den meisten Therapieformen als eine Selbstverständlichkeit betrachtet wird, dass die ausführliche Eigentherapie notwendig und hilfreich ist. Es sind aber gerade die Selbstverständlichkeiten, die uns oft dazu verführen, notwendige Fragen nicht neu zu formulieren und zu beantworten. Als mögliche positive Folgen einer Eigentherapie erhoffen sich wohl alle Therapieschulen eine persönliche Läuterung und die Abklärung von problematischen Eigendynamiken, die der Kandidat in seine therapeutische Arbeit mit möglicherweise schädigenden Folgen einbringen könnte. Seltener wird die Frage nach dem wirklichen Nutzen, ja womöglich den schädlichen Nebenwirkungen von gewohnheitsmäßig absolvierter Eigentherapie und deren Sozialisationseffekt innerhalb der jeweiligen Therapieschule diskutiert. Insofern Eigentherapie einen Pflichtanteil einer ja meist langwierigen und teuren Ausbildung darstellt, bleibt es meines Erachtens immer wieder positiv zu belegen und zu spezifizieren, inwiefern therapeutische Maßnahmen wirklich die Entwicklung der professionellen Kompetenz des Therapeuten fördern. Außerdem bleibt zu klären, ob für die spezifizierte Förderung die jeweilige therapeutische Maßnahme geeignet ist und welche Implikationen und Konsequenzen für die berufliche Identität und ein relativ autonomes Selbstverständnis des Kandidaten sie mit sich bringt.

Da Eigentherapie in der Ausbildung zum Transaktionsanalytiker keinen formalen Pflichtteil darstellt, stehen Kandidaten wie Ausbilder sehr viel häufiger vor der Anforderung, Eigentherapie als notwendige und sinnvolle Maßnahme zum Erreichen von professioneller Kompetenz als Therapeut zu begründen. Es sei mir also erlaubt, im Folgenden einige Gesichtspunkte für solche Überlegungen und Entscheidungen auszuführen.

Die allgemeinste Antwort auf die in der Überschrift genannte Frage lautet: Eigentherapie kann hilfreich sein, persönliche Begrenzungen der Ausbildungskandidaten aufzuheben und die persönlichen Erlebens- und Verhaltensmöglichkeiten in professionellen Situationen zu erweitern.

Dies bezieht sich erstens auf den Ausbildungskandidaten als normalen Mitmenschen, als der er wie andere auch neurotische Begrenzungen aufweist, die zu Problemen in den Beziehungen, der persönlichen Entwicklung und der Lebensgestaltung führen können. Eigentherapie kann hier helfen, die Fülle des Lebens leichter zugänglich zu machen.

Zweitens bietet sich in der Eigentherapie die Gelegenheit, die Motivation des Ausbildungskandidaten für die Ausbildung zum Transaktionsanalytiker und die damit verbundenen Berufstätigkeiten bzw. Rollenvorstellungen bzw. Lebenspositionen zu erfragen. Sehr häufig steht der Wunsch, Transaktionsanalytiker zu werden, im Zusammenhang mit der persönlichen Geschichte und der Rolle im Gefüge der Herkunftsfamilie. Die Ausbildung soll möglich machen, mit schwierigen Lebens-, Ausbildungs- oder Berufssituationen zurecht zu kommen oder aus diesen hinauszuhelfen. Nicht selten finden wir als eine der Motivationen die Absicht, eine berufliche Stellung zu wechseln oder Veränderungen in der persönlichen Lebensführung zu ermöglichen (etwa die Trennung von einem Partner, der dann als »nicht mehr genügend« definiert werden kann). Der Kontext der Ausbildung sollte also Gegenstand der Eigentherapie werden, um Fragen aufzuwerfen, ob nicht die Therapieausbildung oder die Art und Weise, wie sie angegangen und fortgeführt wird, dysfunktionale Erlebens- und Verhaltensmuster unterstützen oder zum Vollzug von problematischen Entwicklungen verhelfen würde. Hier kann dann auch die vorgesehene Rolle der Ausbilder, der ausbildenden Gesellschaft und der persönlichen Therapeuten mit untersucht werden.

Drittens soll der Ausbildungskandidat eine Erweiterung seiner Erlebens- und Verhaltensmöglichkeiten in seiner beruflichen Rolle als Therapeut erfahren. Zum Beispiel ist es möglich, dass ein Therapeut von seiner Mittelschichtsozialisation her relativ gut in der Lage ist, mit vergleichbar sozialisierten Menschen umzugehen. Derselbe Therapeut kann jedoch in der Therapie von Suchtverhalten, sozialer Devianz oder psychiatrischen Erscheinungsbildern ein zu geringes Verhaltensrepertoire haben, um sich auf die Klienten und das für ihre Therapie Notwendige einzustellen. Er muss sein Repertoire an Einstellungen, Gefühlen und Verhaltensweisen erheblich erweitern, um nicht davon abhängig zu sein, ob sich die Klienten seinem Erlebens- und Verhaltensstil und seinen sozialen Gewohnheiten anzupassen vermögen.

Vielleicht ist es vor dem Hintergrund der oben geschilderten Erfahrungen von ERIC BERNE zu sehen, dass der Therapiekontrakt in der Transaktionsanalyse entweder als formale Vereinbarung, in jedem Fall aber als Anhaltspunkt eine wesentliche Rolle spielt, sich über Ziel, Inhalt und Reichweite einzelner therapeutischer Maßnahmen Rechenschaft abzulegen. Therapie ist für den Transaktionsanalytiker nicht in erster Linie eine Form des sozialen, allgemein menschlichen oder bildenden Miteinanders, von dem man sich heilende Wirkung verspricht, sondern eine professionelle Sondersituation, die dazu dient, bestimmte Erweiterungen und Veränderungen des Erlebens und Verhaltens beim Klienten zu bewirken. Auch in der Therapie von Ausbildungskandidaten geht es immer wieder darum, zwischen Ausbilder, Therapeut und Ausbildungskandidat abzuklären, worin Begrenzungen in der therapeutischen Wirksamkeit des Kandidaten gesehen werden, und welche Vermutung über Zusammenhänge mit der persönlichen Entwicklung sich anstellen lassen. Zu Beginn oder im Laufe der Therapie wird immer wieder reflektiert, was Gegenstand der gemeinsamen Bemühungen sein soll und woran man einen Erfolg erkennen wird.

Die Frage der »Befreiung wovon?« (Traumata, dysfunktionale oder eingeengte Erlebens- und Verhaltensweisen) steht hier im Dienste der Frage »Befreiung wozu?« (notwendige Erlebens- und Verhaltenskompetenzen, mögliche persönliche Eigenarten des Kandidaten).

Viertens kann man weitere gute Gründe für Eigentherapie von Ausbildungskandidaten darin sehen, dass es für den Kandidaten bereichernd sein könnte, an sich selbst zu erleben, was es bedeutet, wenn der Therapeut innerhalb eines ganz bestimmten Settings und mit ganz bestimmten Konzepten arbeitet. Dies verhilft ganz allgemein zu einem Mitgefühl für die Klienten beispielsweise dann, wenn diese sich damit auseinander zu setzen haben, dass trotz anders empfundener kindlicher Wünsche der Therapeut innerhalb bestimmter Grenzen und im Rahmen bestimmter Definitionen der Beziehung tätig wird. Es kann auch dabei hilfreich sein, die Empfindlichkeit und Verletzbarkeit, aber auch die geheime Macht und Ausweichmöglichkeiten von der Klientenseite her zu erleben. Man kann spüren, wie hilfreich und erleichternd ein klares und konsequentes Auftreten des Therapeuten sein kann und wie in der richtigen Situation ein liebevolles Entgegenkommen Wesentliches zur Therapie beiträgt.

Es kann auch aufschlussreich sein, an sich selbst zu erfahren, welche Bedeutung der Zusammenhang hat, in dem Therapie stattfindet, und was aus der Sicht des Klienten zu einem guten Rapport beiträgt. Man kann spüren, dass die für die TA typischen therapeutischen Maßnahmen – wie etwa das Verbot von destruktiven Verhaltensweisen und ähnlichem – für Klienten, die diese Botschaft brauchen, enorm hilfreich und beruhigend sein können – auch dann, wenn sie aus der Sicht eines unbeteiligten Beobachters manchmal ein wenig formal oder technisch wirken.

Der Ausbildungskandidat kann an sich selbst erkennen, dass viele Zusammenhänge und Muster, die für seine Lebensgestaltung maßgebend sind, nicht in irgendeiner Tiefe geheimnisvoll verborgen liegen. Sondern dass sie sehr wohl (z.B. mit den Methoden der Skriptanalyse und der Beziehungsanalyse) dadurch sichtbar gemacht werden können, dass man mit einem nützlichen Beobachtungsraster darangeht (z.B. Skriptfragebogen, entsprechende Rollenspiele o.ä.). Er kann auch von der Klientenseite her erleben, wie unterschiedlich es sich in bestimmten Situationen anhört und anfühlt, ob er Deutungen, Erklärungen, Hausaufgaben oder ähnliches bekommt, oder ob das Wesentliche im Erleben in der Situation, in der Beziehung zum Therapeuten und zu anderen Patienten erfahren wird.

Da Ausbildungskandidaten meist Bausteine ihrer eigenen Therapie bei verschiedenen Therapeuten absolvieren, ja manchmal sogar dieselbe Fragestellung in verschiedenen Kontexten verschiedenen Therapeuten vorlegen, können sie aus der Klientenrolle am Modell erleben, wie die verschiedenen persönlichen Stile auf sie wirken. Von daher können sie als künftige Kollegen aus der eigenen Betroffenheit heraus bessere Entscheidungen über die Wahl ihres eigenen persönlichen Stils bzw. die Integration verschiedener Stilkomponenten und Grundauffassungen treffen.

Auch ist es möglich, bestimmte Fragestellungen einmal bei einer Frau, einmal bei einem Mann oder bei zweien zusammen zu bearbeiten. Möglich ist auch, sie einmal in einer Einzelsitzung, einmal in einem Gruppensetting oder aber auch in einem Familiensetting zu erleben, und von daher Unterschiede der verschiedenen therapeutischen Kontexte und Settings zu studieren.

Die Variabilität, mit der der Kandidat eigentherapeutische Maßnahmen ergreifen und sich bezüglich seiner persönlichen Fragen mit verschiedenen Therapeuten auseinander setzen kann, bringt möglicherweise auch das Risiko mit sich, dass der Kandidat sich überall und nirgends wirklich mit schwierigen Fragen auseinander setzen mag. Die verbindliche Beziehung mit einem Therapeuten schafft hier sicher klarere Verhältnisse, geht aber andererseits auf Kosten der Vielfalt. Nicht zuletzt kann ja die Begrenzung in einer therapeutischen Beziehung auch beim Lehrtherapeuten oder in dieser speziellen Kombination von Therapeut und Klient gesehen werden. Die Verbindlichkeit wird letztlich dadurch hergestellt, dass jeder Ausbildungskandidat mit einem Hauptlehrer und Supervisor (Sponsor) einen Ausbildungsvertrag eingeht, der dann die Pflicht hat, die persönliche Entwicklung seines Kandidaten und seinen Umgang mit Eigentherapie zu begleiten und zu überprüfen. Dieser Sponsor kann nicht umgangen werden, da der Kandidat dessen Empfehlung für die Prüfung braucht. Sollten Schwierigkeiten im Kandidaten-Sponsor-Verhältnis auftreten, gibt es allerdings für den Kandidaten die Möglichkeit, nach festgelegten Richtlinien den Sponsor zu wechseln. Ob von Seiten der Ausbildungskandidaten im Rahmen dieser flexiblen Möglichkeiten auch Spielräume für das unentdeckte Ausagieren neurotischer Konflikte enthalten sind oder nicht, hängt ganz wesentlich davon ab, wie die Lehrtherapeuten der Gesellschaft miteinander umgehen und untereinander kommunizieren. Durch regelmäßige Treffen der Lehrenden auf nationaler und internationaler Ebene hat sich in der TA-Gemeinschaft hier eine gute Kultur persönlicher Auseinandersetzungen und Abklärung unter den Lehrenden entwickelt, so dass Manöver, Lehrtherapeuten gegeneinander auszuspielen, nicht sehr erfolgversprechend sind.

14.2 Verschiedene Rhythmen und Organisationsformen von Eigentherapie

In der Kultur der Transaktionsanalyse haben sich bislang erfreulicherweise keine festen Normen und Rituale gebildet, wie eine Eigentherapie abzulaufen hat. Zwar hat ERIC BERNE im Kontrast zur einseitig einzeltherapeutischen Bemühung der Psychoanalyse Transaktionsanalyse als Gruppentherapiemethode propagiert, jedoch haben sich heute die vielfältigsten therapeutischen Settings und Organisationsformen für Therapie gebildet. Auch dort, wo transaktionsanalytische Therapien in der Gruppe stattfinden, ist dies häufig eine Einzeltherapie in der Gruppe, kombiniert mit gruppentherapeutischen Ansätzen.

Transaktionsanalytische Therapie kann also als Einzelbehandlung, als Behandlung in der Gruppe oder als Familientherapie durchgeführt werden. Sie kann als fortlaufende Behandlung mit wöchentlichen Sitzungen ebenso angeboten werden wie in gelegentlichen Sitzungen oder Therapie-Intensiv-Seminaren, die Ausbildungskandidaten und Patienten von Zeit zu Zeit besuchen. Dadurch ist es möglich, dass Klienten und Ausbildungskandidaten in Absprache mit den Therapeuten die Eigentherapie ihrem Entwicklungs- und Lebensrhythmus und den jeweiligen Notwendigkeiten ebenso wie ihren finanziellen Möglichkeiten anpassen.

Es gibt gute Argumente für Phasen fortlaufender Therapie mit einer oder mehreren Wochenstunden bei bestimmten therapeutischen Fragestellungen. Gleichzeitig gibt es genauso gute Argumente dafür, darauf zu achten, dass persönliche Therapie nicht zu einem integrierten Bestandteil des normalen Lebens und möglicherweise zur Prothese wird. Ich sehe in der Therapie eine besondere Situation, in der Weichen gestellt werden. Die Aufmerksamkeit und Energie eines Menschen sollte meines Erachtens nach so gut als möglich bei der natürlichen Umgebung, bei den Herausforderungen des alltäglichen Lebensvollzugs und bei den Anforderungen des Berufs und der Fortbildung bleiben oder dorthin gelenkt werden. Das Abgleiten in eine einseitige Beschäftigung mit der persönlichen Geschichte, mit besonderen Erlebens- und Verhaltensweisen oder in psychologische Erklärungen hat ERIC BERNE mit der Benennung von einigen Spielen wie »Treibhaus«, »Archäologie« oder »Psychiatrie« kritisiert.

Persönlichkeitsanalytische Fragen können in der Einzelarbeit angegangen werden, während es für die Analyse beziehungsanalytischer Fragen wie Spiele, Symbiosen u. ä. hilfreich ist, den Ausbildungskandidaten in einer Gruppe oder Familie interagierend zu sehen. Skriptanalytische Fragen können in beiden Bereichen herausgearbeitet werden.

In der eigentherapeutischen Arbeit spielen pädagogische Elemente bei vielen Transaktionsanalytikern eine wichtige und hilfreiche Rolle. Eine Reihe von Übungen, Fragebögen und Vorgehensweisen zur Illustration einzelner TA-Konzepte dienen dem Ausbildungskandidaten nicht nur dazu, mit diesen Instrumenten in Bezug auf ihren Einsatz am Klienten umgehen zu lernen, sondern auch dazu, sich selbst mit Hilfe der darin implizierten Fragestellungen zu befragen. Darüber, inwiefern innerhalb von Therapiegruppen den Klienten bzw. Ausbildungskandidaten TA-Sprache und die richtige Verwendung von TA-Konzepten und -Ideen beigebracht werden sollte, gibt es unterschiedliche Ansichten. Für Ausbildungskandidaten kann dies zum Lernen der Konzepte und zum Erfahren, was dieses Stück TA-Kultur erlebensgemäß bedeutet, nützlich sein. Auf der anderen Seite ist es genauso nützlich zu erleben, wie die Ideen und Grundfiguren der Transaktionsanalyse in einer reichhaltigen allgemeinen Sprache zum Ausdruck gebracht werden. Der Ausbildungskandidat hat auf diese Weise vielfältige Möglichkeiten, Übersetzungsprozesse von der Fachsprache in die Vielfalt des Sprachausdrucks der deutschen Sprache und umgekehrt zu erleben.

14.3 Analyse des Kontextes von TA-Ausbildung und Eigentherapie

Die Erfahrung mit Ausbildungs-Prozessen, die ins Stocken geraten sind oder sich unangemessen lang hinschleppen, ohne dass der Kandidat »sich mausert« und den Prüfungsprozess absolviert, lehrt uns, immer wieder aktiv die Frage aufzuwerfen, in welchem Zusammenhang die Ausbildung und Eigentherapie mit der sonstigen Lebens- und Berufssituation steht. Es kann hier durchaus der Fall sein, dass ein Ausbildungskandidat, ohne dies recht zu bemerken, seinen Entwicklungsprozess stagnieren lässt, um etwa den Konflikt mit dem Lebenspartner nicht zu riskieren. Dieser könnte darin bestehen, dass sich beide auseinanderleben, wenn die Entwicklung wie momentan angelegt weitergeht. Wird der Partner in therapeutische Bemühungen einbezogen, oder wird abgeklärt, welche Schwierigkeiten hier vorhanden sind und welche Schlussfolgerungen der Kandidat aus ihnen ziehen möchte, kann dies z.B. dazu führen, dass der Ausbildungskandidat danach seine Ausbildung zügig fortsetzen und abschließen kann.

Die Analyse der Bedeutung der TA-Ausbildung für das Lebenskonzept des Kandidaten kann z.B. sichtbar machen, dass die Energie in diese Ausbildung hauptsächlich deshalb gesteckt wird, um z.B. Schuldgefühle zu überdecken. Denkbar wäre, dass man in schwierigen Situationen Familienmitgliedern nicht hat helfen können. Oder man läuft der Illusion nach, wäre man nur genügend kompetent gewesen, hätte man die eigene Familie von Schwierigkeiten und Leiden, die man dort erlebte, befreien können. Eine Klärung solcher Motivationen kann durchaus auch mal dazu führen, dass ein Ausbildungskandidat sein Interesse an einer weitergeführten Ausbildung verliert und sich auf andere Lebensbereiche besinnt, die er als für seine Lebensentwicklung bedeutsamer ansieht.

Es hat sich auch als nützlich erwiesen, die Geschichte des Kandidaten bezüglich Lernen und Prüfungen zu durchforsten. Auch dann, wenn dieser selbst zunächst nicht auf die Idee käme, dass dort Erfahrungen und Erwartungen entstanden sind, die die Ausbildung heute behindern. Findet man z.B. heraus, dass die Eltern und einige Lehrer dem Ausbildungskandidaten auf Grund seiner Begabung immer schon ein höchstmögliches Können zugeschrieben haben, ohne dabei zu beachten, was neben dem Talent zusätzlich an Führung, Anleitung und detailliertem Lernen notwendig ist, so kann der Kandidat eine zwiespältige Haltung entwickelt haben, dass er einerseits seine Talente und Anerkennung genießt, auf der anderen Seite aber sich nicht vermitteln und deutlich machen kann, welche Förderung er spezifisch braucht. Auch können traumatische und wiederholte Erfahrungen mit früheren Prüfungen, mit bestimmten Lehrern und mit Anpassungsforderungen etwa innerhalb einer bestimmten Schulkultur den Umgang des Kandidaten mit vergleichbaren Vorgängen innerhalb einer transaktionsanalytischen Ausbildung sehr beeinträchtigen, ohne dass dies durch den Klienten selbst zum Gegenstand der Eigentherapie würde. Hier gibt es also für die Eigentherapie eine Reihe von Fragestellungen, die sich aus den wesentlichen Fragen und Institutionen der Ausbildung selbst ergeben und routinemäßig fokussiert werden können.

14.4 Eigentherapie vor oder während der Ausbildung?

Hier gibt es ganz verschiedene Varianten. Es kann vorkommen, dass jemand als Angehöriger eines sozialen Berufes eine TA-Eigentherapie gemacht hat und auf Grund seiner Erfahrungen in der Therapie das Bedürfnis bekommt, eine TA-Ausbildung zu machen. Es werden dann vermutlich während der Ausbildung noch weitere eigentherapeutische Fragen wach werden, die sich aus der besonderen Situation der Ausbildung und den Erfordernissen an die Kompetenz als Transaktionsanalytiker ergeben.

Eigentherapie kann aber genauso während der Ausbildung im Rhythmus der durch die Ausbildung und durch die persönliche Lebensentwicklung aufgeworfenen Fragestellungen im Rahmen entsprechender Therapieverträge oder -absprachen mit den Ausbildern erfolgen. Wir haben hier kein Modell davon, dass ein Mensch seine gesamte Geschichte oder Psyche »durcharbeiten« muss. Vielmehr orientiert sich Eigentherapie im Rahmen der Ausbildung an den Bedürfnissen des Kandidaten und an den Notwendigkeiten, die durch die Ausbildung sichtbar werden. Als Kriterium in der Abschlussprüfung zum Transaktionsanalytiker hat Eigentherapie nur insofern eine Bedeutung, als der Prüfungsausschuss sich davon überzeugt, dass auf Grund der vorgestellten schriftlichen Arbeiten und Tonbandausschnitte und der persönlichen Darstellung in der Prüfung nicht erkennbar wird, dass der Kandidat in seiner Fähigkeit als Therapeut durch persönliche Probleme wesentlich eingeschränkt ist. Gerade durch eine solch offene Handhabung der Eigentherapie entsteht auch nicht die Idee, man sei nun »durchtherapiert« und brauche nach der Prüfung keine Therapie mehr. Vielmehr wird die Eigentherapie selbstverständlich bei aufkommenden Schwierigkeiten punktuell wieder aufgenommen.

Insofern dient die Eigentherapie im Rahmen der TA-Ausbildung auch nicht dazu, einen Kandidaten einem lang angelegten, nach bestimmten Regeln verlaufenden Ritus zu unterziehen, der seine Loyalität zu bestimmten Ausbildern und bestimmten Vorgehensweisen durch Eigenopfer sichert.

14.5 Die Ausbildung in einer eigentherapeutischen Bedeutung

In vieler Hinsicht ist die Ausbildung selbst Anlass für Eigentherapie, oder die Interaktionen zwischen Ausbildern und Kandidaten haben in hohem Maße therapeutische Effekte. Da durch den Kontakt mit bestimmten Klienten und durch die Konfrontation mit Konzepten und Erfahrungen in den Ausbildungsgruppen persönliche Probleme wach werden und Lernprozesse stattfinden, verdient das Verhältnis von Ausbilder und Kandidat, das ein Lehrer-Schüler-Verhältnis im klassischen Sinn darstellt, besondere Berücksichtigung. Zum einen erfährt der Kandidat durch den Ausbilder wie durch andere Lehrende und Ausbildungskandidaten sehr viel positive Verstärkung, Schutz und Erlaubnis, was an sich schon therapeutisch hilfreich ist. Zum anderen wird er aber auch in diesem Klima beständig mit seinen Unzulänglichkeiten konfrontiert, während er sich mit einer komplexen Lernaufgabe auseinander setzt. Zum Beispiel versuchen manche Kandidaten besonders eifrig, Theorie und Fertigkeiten zu lernen, um der persönlichen und emotionalen Auseinandersetzung mit den Fragen der Ausbildungssituation und betreffend der Klienten aus dem Weg zu gehen. Hier erfährt er Konfrontation genauso wie im umgekehrten Fall, wenn er versuchen sollte, Schwierigkeiten im Erwerb von Kenntnissen und Fertigkeiten, im konsistenten Denken und im Rechenschaft-Ablegen vor der Ausbildungsgruppe durch die Inszenierung von persönlichen Dramen in seinem Berufs- oder Privatleben und der Beziehung zum Ausbilder zu überdecken. Er erlebt beständige Forderungen und Förderungen hinsichtlich vielleicht versäumter Entwicklungen und bezüglich der Herausbildung einer Identität und neuer Kompetenzen. Auch werden Beziehungsmuster aus der Familie im Ausbildungssetting wiederholt, indem man versucht, den Forderungen des Ausbilders auszuweichen und andere Lehrende als »objektiver«, »liebevoller« oder »angemessener fordernd« hinzustellen und so »die Eltern« gegeneinander auszuspielen. Oder es wird versucht, Geschwisterrivalitätsprobleme mit anderen Ausbildungskandidaten zu ignorieren oder Koalitionen gegen andere zu bilden. Hier ist ein reiches Feld für Analyse.

Insbesondere die Prüfung, die vor einem unabhängigen internationalen Prüfungsausschuss abgelegt wird, stellt eine große Herausforderung dar und hat den Stellenwert eines Initiationsritus im besten Sinne. Angesichts dieser Situation des sich persönlich und fachlich Zeigen- und Bewähren-Müssens werden problematische Verhaltensweisen und Ausweichmechanismen, Fluchtversuche nach vorne und hinten, Verschiebungen von Persönlichem auf Fachliches und umgekehrt als Erlebens- und Verhaltensschwierigkeiten oft erst richtig wach. Von daher stellt die Vorbereitungszeit auf die Prüfung, die ca. 1 1/2 Jahre dauert und in verschiedenen Bewährungsstufen an den Abschluss heranführt, eine besonders wichtige Zeit für die persönliche Entwicklung dar. Sie wirft zum Teil ganz andere Fragestellungen auf als die Therapie in einem Frühstadium der Ausbildung oder vor dieser. Jetzt wird unübersehbar, dass Eigentherapie dazu dienen soll, zu einer autonomen Lebensbewältigung und altersgemäßen Berufsentwicklung hinzuführen, und dass manche »regressive Fragestellungen« einen anderen Stellenwert bekommen oder überwunden werden müssen. Hier wachen nochmals Delegations- und Loyalitätsfragen bezüglich der Familie auf, die häufig in der Ausbildungsgruppe wiederinszeniert werden. Etwa dergestalt, dass der Kandidat seinen Abschluss verhindert, weil er fürchtet, durch sein berufliches Fortkommen seine Heimat zu verlieren (etwa vor dem Hintergrund des Milieuverlustes beim Wechsel in eine höhere Schule oder zur Universität). Oder es werden Phantasien ausgelebt, der Ausbilder könne sich vor der Konkurrenz des künftigen Kollegen fürchten, oder er könnte krank werden, wenn die Kandidaten nach erfolgreichem Abschluss die Ausbildungsgruppe (Familie) verlassen, um ihre eigenen Wege zu gehen. Auch Rachedynamiken können wach werden, insofern als man den Ausbildungserfolg doch nicht vor aller Öffentlichkeit ausweisen möchte, weil man den Ausbildern ihren Erfolg nicht gönnt. Zumal man vielleicht im Hintergrund die Idee hat, dass es dann nicht der eigene Erfolg wäre, wenn auch die Ausbilder Befriedigung über die geleistete Arbeit empfinden würden.

Diese Beispiele sollen veranschaulichen, dass der Prozess der Ausbildung selbst zur Entwicklung des Kandidaten sehr viel, manchmal mehr beiträgt als Vorgänge, die explizit als Therapie bezeichnet werden.

14.6 Therapie beim eigenen Ausbilder?

In diesem Licht ist auch die Frage zu beantworten, ob Eigentherapie beim eigenen Ausbilder gemacht werden sollte oder nicht. Es gibt da verschiedene Standpunkte. Einerseits kann regressiv orientierte Eigentherapie das mehr sachlich orientierte Lehrer-Schüler-Verhältnis beeinträchtigen, wenn der Kandidat die beiden Dimensionen schlecht unterscheiden kann oder ständig zu vermengen sucht. Andererseits kommen fast alle Erlebens- und Verhaltensmuster, die eigentherapeutisch angegangen werden müssten, in der Ausbildung sowieso zum Ausdruck, so dass es manchmal besser sein kann, der Ausbilder ist – entweder im Rahmen von Ausbildungsveranstaltungen oder in davon getrennten Therapieveranstaltungen – auch Partner für die therapeutische Auseinandersetzung damit.

14.7 Therapie in verschiedenen Ausbildungsverfahren

Erfahrungsgemäß absolvieren Ausbildungskandidaten der Transaktionsanalyse auch in den verschiedensten anderen Therapieformen eigentherapeutische Erfahrungen und auch entsprechende Fortbildungen. Dies wird begrüßt, da wir insgesamt davon ausgehen, dass ein Transaktionsanalytiker sich auch in anderen Methoden kundig macht. Nähere Auskünfte über die TA-Gesellschaft erhalten sie bei der Geschäftsstelle der Deutschen Gesellschaft für Transaktionsanalyse (Sylvanerweg 8, 78464 Konstanz) und dort beim Weiterbildungs- und Prüfungsausschuss, deren Mitglied bzw. Vorsitzender ich von 1981 bis 1989 war.

VI. FANITA ENGLISH UND BERND SCHMID IM DIALOG

15. FANITA ENGLISH IM DIALOG MIT BERND SCHMID: GRÜNDUNG UND ENTWICKLUNG EINER SCHULE[1]

Bernd: Fanita, Johannes Cremerius, der fundamental kritische Psychoanalytiker, hat die Entwicklung der Gemeinschaft der Psychoanalytiker in mehreren Schriften kritisch beleuchtet. Er hat dabei festgestellt, dass viele Missstände, unter denen diese Gemeinschaft heute leidet, durch Entwicklungen und Fehlentwicklungen in den Gründerjahren und durch die Persönlichkeiten der Gründer bedingt sind.

Ich selbst erlebe die Gemeinschaft der Transaktionsanalytiker ebenfalls in einer offenen Krise speziell im Umgang mit Theorie. Deshalb kam ich auf die Idee, schon heute, gut 25 Jahre nach dem Erscheinen des ersten TA-Buches, eine kritische Besinnung auf die Kultur der transaktionsanalytischen Gemeinschaft zu versuchen. In diesem Zusammenhang sehe ich unseren folgenden Dialog.

Meine zentrale Frage an Dich lautet: Welches sind die ausdrücklichen und impliziten Leitideen und Einstellungen, die die Gründergeneration der Transaktionsanalyse hervorgebracht und gelebt hat?

15.1 Die Anfänge

Fanita: Ich fange an mit Eric Berne, denn die TA fing mit diesem einzelnen Mann an.

Zunächst war Berne als junger Psychiater bei der Armee. Er beschäftigte sich dort mit Intuitionsexperimenten. Er tat das eher notgedrungen, weil er seine psychoanalytische Arbeit nicht so systematisch machen konnte, wie er eigentlich gerne wollte. Zurück aus der Armee, etwa im Jahre 1948, suchte er Anerkennung in der psychoanalytischen Gesellschaft New Yorks. Er bekam dort aber bald Konflikte und musste die Organisation als Rebell und Kritiker verlassen.

Er schrieb dann sein Buch »The Mind in Action«, in dem er die Psychoanalyse vereinfachen und leicht verständlich machen wollte. Er schrieb es aus der Perspektive, dass die Methodik der Psychoanalyse zu trübe und zu herabsetzend für den Patienten sei. Zu Anfang fand dieses Buch auch Anerkennung bei vielen Psychoanalytikern.

Schließlich war Berne in Psychoanalyse bei Eric Erikson. Diese wurde aber abgebrochen, vielleicht wegen seiner persönlichen rebellischen Einstellung zu der »Autorität« der Psychoanalytiker. Er behielt aber ein ambivalentes Verhältnis zur Psychoanalyse. In Kalifornien wurde er anerkanntes Mitglied einer Psychoanalytischen Gesellschaft und arbeitete dort auch bis zu seinem Lebensende als Psychoanalytiker.

Ursprünglich waren seine transaktionsanalytischen Konzepte auch als zusätzlich zur Psychoanalyse gedacht. Später entstand dann ein Kampf gegen die Psychoanalyse, hauptsächlich gegen deren Methoden.

In den ersten Jahren haben sich für die Transaktionsanalyse Therapeuten aus etablierten Kreisen interessiert, die bereits vollständig in verschiedenen Bereichen der Tiefenpsychologie ausgebildet waren. Wie ich waren sie vor allem auf der Suche nach einer neuen Methodik. TA war zunächst hauptsächlich Methodik und keine eigenständige Theorie. Die Hauptattraktion war die Befreiung der Methodik. Dies galt übrigens auch für Berne.

Bernd: Befreiung der Methodik war also ein wichtiges Leitmotiv dieser ersten Jahre.

Du hast von Bernes Rebellion gesprochen. Könntest Du die Art seiner Rebellion näher erläutern?

Fanita: Nun, Berne hat sich sehr über die Enge und Rigidität der Psychoanalytiker geärgert. Die Psychoanalytiker in Amerika waren sehr arrogant. Sie verhielten sich oft wie Halbgötter, die ohne nähere Begründung Ideen als gut oder schlecht verwerfen konnten. Zu der Zeit war Kritik am psychoanalytischen Establishment von außerhalb nicht möglich. Entweder man ging konform oder man wurde nicht gehört. Für Berne, der selbst sehr arrogant war, war es unerträglich, wenn seine Kritik als Quatsch abgetan wurde. Hier liegen auch die Ursprünge von Bernes rachsüchtiger Haltung gegenüber Psychoanalytikern. Nachdem er TA entwickelt hatte, sah er es gerne, wenn sie in der mündlichen Prüfung zur klinischen Mitgliedschaft in der TA-Gesellschaft erst einmal durchfielen, damit sie am eigenen Leibe erfahren sollten, was es heißt, nicht anerkannt zu werden.

Bernd: Könnte man sagen, dass sich hier eine Neigung abzeichnete, sich auf der einen Seite um Anerkennung beim Establishment zu bemühen und gleichzeitig eine solche Anerkennung rebellisch letztlich zu sabotieren?

Fanita: Ja. Berne hat oft rebellisch gekämpft. Ich erinnere mich an einen Kongress, bei dem zwei angesehene Psychoanalytiker Fallbeispiele darstellten. Berne war einer der Diskussionsteilnehmer. In der Diskussion setzte er diese Leute in einer absolut kindlichen Art so herab, dass es peinlich war. Dann aber, ganz zum Schluss, brachte er seinen Genius ins Spiel und zeigte überzeugend, was man in beiden Fällen hätte tun können. Aber er hatte durch seine Taktlosigkeit die an TA interessierten Psychoanalytiker bereits zu Widersachern gemacht. Man wollte ihn in dieser Gesellschaft – ich glaube, es war eine Psychiatrische Vereinigung – nie wieder sehen.

Anfangs machte er auch mich und andere interessierte Kollegen so wütend, dass wir eigentlich nicht mehr mit ihm sprechen wollten. Ich habe dann dieses Verhalten in einem Brief an Berne formuliert und es dort einschließlich eines Fallbeispiels erläutert. Berne hat mir nie auf diesen Brief geantwortet. Aber das Fallbeispiel hat er, völlig aus dem Zusammenhang gerissen, im Bulletin veröffentlicht, noch dazu unter dem Titel, den ich seinem Spiel gegeben hatte (»You'll be sorry you kicked me«).

Bernd: Würdest Du sagen, dass sich diese Dynamik über die Person Eric Bernes hinaus in der Gründergeneration fortgesetzt hat?

Fanita: Ein wenig. Wir waren alle rebellisch, arrogant und missionarisch. Dies galt insbesondere gegenüber den kompetenten Kollegen. Wir waren überzeugt, dass unsere Sicht die beste war. Der Intoleranz solchen gegenüber, die viel wussten, stand eine unglaubliche Toleranz und Geduld denen gegenüber, die wenig wussten. Mit der Zeit glaubten wir, TA schnell jedem beibringen zu können, unabhängig von seiner akademischen Vorbildung.

Bernd: Die Vorteile dieser Haltung haben wir ja heute noch. Wir bilden interessierte und lernwillige Praktiker unabhängig von ihrer Vorbildung und ihrem Status weiter. Nachteilig war jedoch, dass man die qualifizierte Diskussion mit Gleichrangigen nicht ernst nahm. Vielleicht gilt dies auch heute noch.

Fanita: Man versuchte, sich nicht auf solche Diskussionen einzulassen. Wir sahen sie als Pastime oder sogar als Spiel. Es gab die Tendenz, kritischen Einwänden dadurch zu begegnen, den Kritiker eher lächerlich zu machen als sich mit dem Inhalt seiner Kritik zu beschäftigen. Wir waren unfähig, uns auf eine erwachsene kritische Diskussion mit Kollegen außerhalb der TA einzulassen.

Aber noch mal zurück zur Methodik: Berne meinte von Anfang an, dass TA eine Kommunikationsmethode sei, die sich nicht nur für die klinische Anwendung eignet, sondern auch für andere Anwendungsgebiete, wobei er sich besonders für Sozialpsychologie und Pädagogik interessierte. Dies war von Anfang an seine Idee, doch in der Praxis blieb die klinische Anwendung im Vordergrund. In den anderen Anwendungsbereichen hatten wir am Anfang auch keine wirklich guten Leute.

Berne schrieb dann sein Buch über Gruppentherapie. Es gibt von Berne eine Reihe wichtiger Ideen zur Gruppe, die nie ausgearbeitet wurden. Zum Beispiel, wie bestimmte Mitglieder, die ich heute Typ-2-Menschen nenne, die psychologische Leitung der Gruppe übernehmen, wenn sich der Gruppenleiter passiv verhält. In kritischer Abgrenzung zu passiven Gruppenleitern meinte Berne, dass man als Gruppenleiter aktiv sein sollte, um Behandlungsziele zu erreichen. Dafür wurde er besonders aus psychoanalytischen Kreisen sehr kritisiert.

Bernd: Machte Berne denn seinerseits das, was man heute ›Einzeltherapie in der Gruppe‹ nennt?

Fanita: Nein. Das Besondere an der TA-Gruppenarbeit war die Mischung aus Gruppenorientierung und Einzelorientierung. Durch die Verträge mit den Einzelnen wurde eine Behandlung festgelegt. Die Interaktion in der Gruppe zeigt aber viele der Verhaltensweisen, die man analysieren kann, und macht dadurch möglich, den Behandlungsvertrag zu erfüllen. Sehr vieles stammte hier von David Kupfer, auf den wir später noch ausführlich zu sprechen kommen. Kupfer sagte sogar: Wenn man mehr als fünf bis sieben Minuten mit einem Gruppenmitglied arbeitet, ist es schon nicht mehr gut.

Bernd: Das ist heute doch wesentlich anders geworden.

Fanita: Ja. Hier liegt ein großer Unterschied zu den ursprünglichen Methoden, und das bedauere ich.

Bernd: Ich erlebe einen Zwiespalt bei Berne. Einerseits sagt er, man soll versuchen seinen Patienten in der ersten Sitzung zu heilen, spätestens in der zweiten. Ich würde diese Anweisung in das Motto fassen: ›Handle jedes mal so, als könntest Du mit der nächsten Transaktion oder in der nächsten Sitzung die entscheidende Weichenstellung vornehmen.‹ Auf der anderen Seite ist im letzten Teil seines Buches »TA in Psychotherapy« eine sehr psychoanalytische Fallstudie abgedruckt.

Fanita: In einer Weise blieb Berne immer Psychoanalytiker, und als er starb, hinterließ er auch einige nicht abgeschlossene psychoanalytische Therapien.

Er hat übrigens nicht gesagt, dass man den Patienten spätestens in der zweiten Sitzung heilen muss, sondern, dass man ihn in der ersten Sitzung heilen soll und wenn dies nicht gelingt, dasselbe in jeder weiteren wieder versuchen soll. Das kann allerdings auch Jahre dauern.

Bernd: Daran finde ich vor allem wichtig, dass Berne die Idee einführte, dass Psychotherapien nicht lange dauern müssen. Sie können auch kurz sein. Und wenn eine Heilung nicht kurzfristig gelingt, eröffnet er zwei Betrachtungsweisen: Entweder hat der Therapeut das entscheidende Verständnis und von daher die entscheidende Intervention nicht gefunden oder es handelt sich um einen notwendigen Wachstumsprozess, der tatsächlich länger dauert. Als Therapeut muss ich jedoch immer wach für die Frage bleiben, ob ich relevant und effizient arbeite.

Fanita: Ja, ob ich richtig therapiere.

Bernd: Berne suchte also keine Zuflucht in einer Widerstandsdeutung oder in der Annahme, dass es sich um ein tiefes oder schwerwiegendes Problem handelt.

Fanita: Er ging eher von der Annahme aus, dass er das Problem nicht richtig sieht. Er hätte allerdings hinzugefügt: Aber morgen werde ich es erkennen.

Bernd: Wir haben in unserem Institut ja häufig Anorexien behandelt und es kam vor, dass diese jungen Frauen schon nach wenigen Sitzungen ihr anorektisches Essverhalten aufgaben. Es gibt aber Psychotherapeuten, die von vornherein davon ausgehen, dass die Therapie einer solchen Störung viele Jahre dauert.

Fanita: Das waren die Psychoanalytiker, die Berne hätte erschlagen können.

Er hatte dazu auch eine Lieblingsgeschichte: Ein Mann hat einen Spreißel im Hintern. Er sitzt darauf und ziert sich. Es schmerzt ihn, er sitzt immer schiefer, er kann nicht mehr gehen und seiner Arbeit nicht mehr nachkommen. Als ihn dann auch noch seine Frau verlässt, begibt er sich in psychoanalytische Behandlung, wo über all seine Probleme lange gesprochen wird. Schließlich trifft er auf ein Kind. Das sagt:»He, du hast einen Spreißel im Hintern« und zieht ihn heraus.

Bernd: Also das einfache intelligente Denken, das Kind in »Des Kaisers neue Kleider«.
Ich möchte noch mal zu unseren Leitideen oder Leiteinstellungen zurückkommen. Ist es richtig, das Selbstverständnis der Transaktionsanalytiker so zu beschreiben: eine Außenseitergruppe sein und sich einer Integration ins Establishment zu verweigern? Musste man, wollte man trotz Anspruch auf Anerkennung letztlich Außenseiter bleiben?

Fanita: Ja, am Anfang mussten wir draußen bleiben. Doch wir gingen davon aus, dass wir wie die frühen Christen die Welt erobern würden. Dann entwickelte es sich auch bald so, dass in manchen Städten der USA die Treffen der Transaktionsanalytiker zahlenmäßig größer waren als die der etablierten Gesellschaften. Bei Terminkollisionen verlangten wir von den anderen Gesellschaften, dass sie ihre Termine verschieben würden, was diese sogar auch taten. Man war sehr stolz in der Gemeinschaft:»Ja, wir sind die Außenseiter. Aber wir werden die Dominanten werden!« Eine Arroganz, die doch ein wenig erschreckend ist.
Wichtig war auch die Idee, dass alle Menschen O.K. sind und dass wir selbst beim gestörtesten Psychiatriepatienten Erwachsenenverhalten erwarten können. Man muss aber sehen, dass diese Idee in Zusammenhang mit einer rebellischen Solidarität mit Unterprivilegierten stand. Sie ging auch einher mit der Idee, dass Eltern durch negative Botschaften ihre Kinder nicht-o.k. machen. Das halte ich für völlig falsch.

Bernd: Ich habe das in einer früheren Diskussion mit Dir eine paranoide Tendenz genannt, die mir in der Theoriebildung der Transaktionsanalyse immer wieder auffällt.

Fanita: Ich würde es nicht paranoid nennen. Das ist mir zu klinisch. Dabei komme ich aber auf eine weitere wichtige Haltung in der TA-Gemeinschaft: Man war gegen alle diese großen Worte. Hättest Du damals das Wort paranoid benutzt, wärst Du bei Berne schon abgeschrieben gewesen. Große Worte insbesondere psychiatrische zu verwenden, war tabu.

Bernd: Was ist denn jemandem geschehen, der den anderen theoretisch anspruchsvollere Dinge zugemutet hat?

Fanita: Man hätte ihm gesagt, dass dies möglicherweise gute Ideen seien, dass er sie aber in einer für einen Zwölfjährigen verständlichen Sprache vortragen soll. Man verdächtigte jeden, der mit anspruchsvollen Konzepten daher kam, dass er sich groß und uns klein machen wollte. Ihm wurde dann entgegengehalten: Wir sind genauso kompetent wie Du, und Du musst Dich auf unserer Ebene ausdrücken, sonst geh' zu den Psychoanalytikern.

Bernd: Welche Folgen hatte diese Haltung für die Entwicklung der Transaktionsanalyse?

Fanita: Sie wurde später zu simplistisch gesehen! Hier kommt auch die Tragödie mit Bernes frühem Tod herein. Das Buch von Harris (»Ich bin o.k. – Du bist o.k.«) ist 1970 erschienen. Im gleichen Jahr ist Eric Berne gestorben. Berne hat zwar ein wohlwollendes Vorwort zu diesem Buch geschrieben, hat aber in Wirklichkeit über Harris gelächelt und gesagt: Diese Südkalifornier! Die machen das so simplistisch, dass es für dumme Zwölfjährige gerade richtig ist. Wir Nordkalifornier wenden uns natürlich an die intelligenten Zwölfjährigen. Aber warum sollte man das Buch von Harris dort nicht verbreiten, zumal Harris einer der wenigen Psychiater war, die sich von Anfang an für Bernes Ideen interessiert hatten.

Es gab überhaupt Probleme mit den ersten Büchern über TA. Das erste und für mich heute immer noch wichtigste Buch über Transaktionsanalyse, »TA in Psychotherapy« kam 1961 heraus. Berne hatte keinen ernsthaften Verleger dafür gefunden. So kam er schließlich zu Grove Press, der bis dahin ausschließlich Pornographisches veröffentlicht hatte. Zu der Zeit hatte er Interesse, sein Verlagsprogramm zu erweitern, doch das Buch war ein totaler Misserfolg. Es wurden nur einige Exemplare verkauft, und niemand hat es gelesen. Grove Press hatte mit Berne den Kontrakt, noch ein weiteres Buch zu veröffentlichen. Als Berne dann »Games people play«[2] herausbringen wollte, zeigte Grove Press wegen des Misserfolgs kein Interesse mehr. Erst als Berne Grove Press verklagte, kam das Buch dort heraus, wobei der Titel vom Verlag gewählt wurde. Das Buch wurde, wie Du weißt, ein Verkaufsschlager, wohl hauptsächlich, weil die Leute vermutet hatten, dass es sich um pornographische Spiele handelte. Dadurch hat Berne erstmals Geld verdient.

So wurde es möglich, das bis dahin sehr kleine San-Francisco-Seminar auszubauen und damit die berühmten Seminare anzubieten. Als er von verschiedenen Leuten damit konfrontiert wurde, dass er dieses herabsetzende Buch auch noch in einer solch unwürdigen Weise auf den Markt gebracht hatte, hielt er mir z.B. entgegen: »Was hättest Du lieber gehabt –

dass es dieses Buch nicht gibt, oder dass es dieses Buch gibt und Du jetzt an Trainingsprogrammen teilnehmen kannst?« Das war seine Verteidigung von »Games people play«. Und tatsächlich, man muss zugeben, dass die Verbreitung der Transaktionsanalyse ohne Bücher wie »Games people play« oder das Buch von Harris vermutlich nicht geschehen wäre.

Bernd: Ich habe den Eindruck, dass das Buch »TA in Psychotherapy« lange in der Szene verschüttet war. Erst jetzt beginnt man wieder, sich darauf zu beziehen. Wurde es denn damals in der TA-Szene ausführlich studiert?

Fanita: Ja, dieses Buch war das einzige das es gab, und es wurde in den San-Francisco-Seminaren viel diskutiert. Aber Szene ist eigentlich der falsche Begriff. Es gab keine Szene. Ursprünglich gab es nur die zehn bis fünfzehn Leute, die TA lernen und benutzen wollten. Das war alles.

Berne ging natürlich davon aus, dass er noch Zeit haben würde, seine Ideen weiter zu entwickeln und zu verbreiten. Doch als das Buch von Harris herauskam, war Berne gestorben. Die ITAA war paralysiert, und Harris war in der Öffentlichkeit der Gott der Transaktionsanalyse. Die Transaktionsanalyse ist in der Welt durch dieses Buch bekannt geworden. Das ist eine Tragödie.

Bernd: Worin besteht die Tragödie?

Fanita: Zuerst darin, dass Berne nur etwa zehn Jahre Zeit hatte, die TA zu entwickeln und dann darin, dass Harris' Buch von einem simplistischen religiösen Standpunkt aus geschrieben ist, wohingegen Berne sehr differenziert war.

Berne und die ursprüngliche Gruppe waren alle hochintelligente, aber auch in intellektuelle wie auch neurotische Probleme verwickelte Leute. Hier entwickelte sich auch eine Fehleinstellung bezüglich des theoretischen Anspruchsniveaus. Einstein meinte, man müsse Relativitätstheorie einem Zwölfjährigen erklären können, jedoch meinte er damit nicht, dass Relativitätstheorie auf dem intellektuellen Niveau eines Zwölfjährigen hinreichend ergründet sei. Das war auch Bernes Einstellung. Harris und die ganze Bewegung jedoch blieben auf der simplistischen Ebene.

Bernd: Wann ist ein wissenschaftlicher Anspruch erfüllt worden?

Fanita: Solange Berne gelebt hat, bestand ein wissenschaftlicher Anspruch. Der ist aber mit Berne gestorben. In den Jahren, in denen Berne gelebt hat, gab es das San-Francisco-Seminar. Dort haben wir gekämpft, dort haben wir wirklich um Theorien und Ansichten gestritten. Wir haben jede vorgetragene Idee in Stücke zerrissen, aber dahinter waren schöpferische Ideen, Konzepte, eigene Gedanken und vor allem viel klinische Erfahrung. Als Berne starb, war die Organisation paralysiert. Es gab keine großen Nachfolger, denn Berne hatte keine Großen neben sich.

Bernd: Er hat ja wohl alle Kompetenten als Gegenspieler erlebt und vergrault.

15.2 Die Gründerpersönlichkeit

Fanita: Persönlich war Eric Berne oft unerträglich.

Bernd: Was hat er getan, um einem kompetenten Gesprächspartner die Begegnung schwer zu machen?

Fanita: Man konnte mit ihm diskutieren, wenn er Lust hatte. Wenn er keine Lust hatte, hat er den anderen einfach mit einer herabwürdigenden Aussage abgeschnitten. Er hatte die übertriebene Neigung, jemanden auszulachen, sobald er etwas elterlich auftrat. Berne hatte ein sabotierendes, ekliges, *cruel* Kind-Ich. Er selbst hat vom »Dämon« gesprochen und vom »kleinen Faschisten« im Kind, denn er hat dies wohl bei sich erkannt. Er hatte ein gut entwickeltes Erwachsenen-Ich, doch brach sein Kind immer wieder durch. Insbesondere konnte er das Eltern-Ich anderer nicht tolerieren.

Bernd: Woran, glaubst Du, lag das?

Fanita: Bei Berne finde ich eine komplizierte Einstellung des Übersicheren, die aus Kindheitserfahrungen entstanden ist. Ich habe sein Hauptspiel genannt: »Es wird Dir Leid tun, dass Du mich geschlagen hast«. Ich würde es heute nicht mehr Spiel nennen, sondern eine Persönlichkeitstendenz von Berne.
Es beginnt damit, dass er andere provoziert, ihn zu schlagen. Der zweite Teil ist dann die Reaktion: Es wird euch noch Leid tun.
Ich habe ja in dem Jörgensen-Buch »Eric Berne – Master Games Man« eine Phantasie über Berne als Kind geäußert, die ich intuitiv aus seinem Erwachsenenverhalten abgelesen habe: Berne ist ein kleiner, hässlicher,

jüdischer Junge in Kanada. In Kanada herrschte zu seiner Zeit ein antise-mitisches Klima im britischen Stil: höflich aber sehr isolierend. Es gab außer seiner Schwester keine anderen Kinder, die mit ihm spielten. Sein Vater war Arzt und konnte allerhand. Er starb aber, als Berne zehn Jahre alt war. Seine Mutter war schreibend als Journalistin tätig. Sie waren arm und die Mutter musste jede Nacht schreiben, um die Familie zu ernähren. Zu dieser Zeit war berufliche Tätigkeit für Mütter jedoch nicht hoch ange-sehen. Es war eher ein Makel, dass sie nicht ganz für die Familie da sein konnte.

Berne trug eine starke Brille, war nicht sportlich und schlecht angezo-gen. Gleichzeitig war er geistig brillant, das muss man sagen. Er passt nicht. Die anderen Jungen schlagen ihn oder lachen ihn aus. Und er findet Systeme, diese Jungen irgendwie dazu zu bringen, dass sie bereuen, dass sie nicht nett zu ihm waren. Berne war ja sehr klug und man hätte ihn bestimmt bei Schulaufgaben und anderen wichtigen Fragestellungen ger-ne zu Rate gezogen. Man möchte also öfter etwas von ihm haben und da bereut man schon ein bisschen, dass man sich schlecht mit ihm gestellt hat. Und man kann von daher gut die Entstehung des Spiels »Es wird Euch noch Leid tun, dass Ihr mich geschlagen habt« verstehen.

Es wiederholt sich ja später auch immer wieder dieses Thema, dass er Leute gegen sich aufbringt und dass er diese Leute dann aber doch dazu bringt, sich für ihn zu interessieren, doch mit ihm Kontakt zu suchen.

Bernd: In einem Vorgespräch in Blackpool (1986) hatten wir über Bernes Begriff der »Quiet Desperation« gesprochen. Mir fällt auf und ich freue mich darüber, dass Du Dich in Deinem Aufsatz über den Unterschied von Depression und Verzweiflung dem Thema der Verzweiflung widmest. Dies ist nach meinem Empfinden ein bei uns vernachlässigtes Thema. Hat das vielleicht auch mit der Abwehr von Berne gegenüber eigener innerer Lee-re und Verzweiflung zu tun?

Fanita: Ich glaube, Berne ging mit einer grundsätzlichen Verzweiflung durch die Welt. Nach meinem Konzept handelte es sich um die Verzweif-lung des Übersicheren, dessen, der siegen muss und der verzweifelt ist, wenn er spürt, dass er nicht siegen kann.

Wir müssten hier über das Konzept des Verlierers und des Gewinners sprechen. Das ist ein gutes Beispiel für Bernes Umgang mit Ideen. Zuerst hat er mit den Begriffen Gewinner und Verlierer einfach herumgespielt. Dann hat man ihn damit konfrontiert und gefragt, was er damit überhaupt meint. Dann, aber erst nach dieser Konfrontation, hat er eine sehr schöne

Erklärung gefunden: »Was ich meine, ist ein inneres Okay-Gefühl!« Das widersprach allerdings dem, was er früher gesagt hatte. Da meinte er, man sei ein Gewinner, wenn man erreicht, was man vorhat.

Bernd: Die neuerliche Definition bezog sich also eher auf die Werthaltung und das Selbstgefühl, während man etwas tut, und nicht auf den äußeren Erfolg.

Fanita: Ja, aber er hat dann wieder alles verwischt, als für ihn persönlich die Frage auftauchte, wo der Beweis dafür zu suchen sei, dass er ein Gewinner ist. Sich selbst definierte er dann als Gewinner, wenn er beim Poker mehr Geld gewann als verlor. So wollte er sich als Gewinner sehen, doch seine Verzweiflung lag wohl darin begründet, dass er sich im Inneren immer als Verlierer fühlte.

Auch seine Spiele waren die eines Verlierers. Dazu muss ich Dir die Episode von einem Vortrag erzählen, den Berne auf der TA-Konferenz ein Jahr vor seinem Tod hielt. Sie gibt so viel Aufschluss über seine Person.

Diese TA-Konferenz war in Monterey. Und von Monterey nach San Francisco gab es täglich nur einen Flug, nachmittags etwa um 16 Uhr. Die dreitägige Konferenz sollte planmäßig um 14 Uhr zu Ende gehen, damit jeder diesen Flug noch erreichen konnte. Bernes Hauptrede war auf etwa 12.30 angesetzt. Davor war eine Geschäftssitzung anberaumt, in der man die Finanzprobleme der ITAA besprach. Dabei stellt sich heraus, dass man ein Defizit hatte, und es entstanden lange Überlegungen, wie man zu Geld kommen könne. Berne sagte zwischendrein gelegentlich in einem klagenden Ton: »Bitte macht schneller! Ich will noch meinen Vortrag halten«. Er benutzte jedoch nicht seine Autorität, um die Sitzung rechtzeitig zu beenden oder zu vertagen. Als Berne endlich mit seinem Vortrag drankam, war es schon halb zwei oder noch später. Und während er seinen Vortrag hielt, verließ einer nach dem anderen leise den Raum, um noch sein Flugzeug zu erreichen. Am Ende verblieben nur eine Handvoll Leute im Saal, die ohnehin vorhatten, in Monterey zu übernachten. Berne hielt während seines gesamten Vortrags seinen Kopf gesenkt, obwohl er den Vortrag nicht abgelesen hat. Er tat so, als würde er von dem ganzen Weggehen nichts bemerken. Auch das war typisch für Berne, dass er, der so viel von Begegnung sprach, überhaupt keinen Kontakt zu seinem Publikum aufnahm. Schließlich beendete er ohne aufzusehen seinen Vortrag und verließ den mittlerweile fast leeren Saal. Ich rannte ihm nach und sagte: »Eric, das war ein ausgezeichneter Vortrag!« und wollte gerne mit ihm darüber sprechen. Er drehte sich mit immer noch gesenktem Kopf einfach um und ging weg, ohne zu antworten. Ich rannte ihm wieder nach, diesmal ärgerlich. Wir hatten noch nicht die Theorie der Abwertung entwickelt, jedoch die Theorie der Strokes. Ich packte ihn also und sagte: »Eric, ich will Dir all diese Strokes geben, und Du gibst mir nicht einmal einen Stroke zurück.« Da schaute er mich sehr traurig an, ich würde sagen aus dieser grundsätzlichen Verzweiflung, und sagte: »Hättest Du mir gesagt, dass ich attraktiv bin, hätte ich diesen Stroke gehört.« Damit ging er weiter.

Das war eine typische Transaktion für Berne. Es ist auch kein Zufall, dass die TA sich mit verzettelten und abgebrochenen Transaktionen beschäftigt. Berne kreuzte recht häufig Transaktionen, so dass die Kommunikation abbrach und man immer wieder von neuem die Kommunikation mit ihm aufnehmen musste. Wenn ich mich jetzt zurück erinnere, war es ein Merkmal der Kommunikation mit Berne. Man wusste nie, wann sie durchgeschnitten wurde und man musste sie immer wieder neu anknüpfen.

Bernd: Gab es niemanden, der ihn auf seine Verzweiflung angesprochen hat?

Fanita: Niemand, der die Reife dazu gehabt hätte. Ich konnte dies ein bisschen tun, paradoxerweise, weil ich in Chicago lebte und nicht in seiner Nähe in Kalifornien. Wenn ich ihm näher gewesen wäre, hätte er zu viele Transaktionen mit mir abgeschnitten. Die meisten Kontakte mit Berne waren ja Brief- oder Telefonkontakte. Er konnte Nähe schlecht ertragen. Dabei hat er sich dem Thema der Intimität so ausführlich gewidmet. Aber er selbst hatte keine intimen Beziehungen.

Bernd: Würdest Du sagen, diese persönliche Dynamik von Berne hatte Einfluss auf die Szene?

Fanita: Ja. Das ganze Thema über Intimität wurde so hochgespielt, weil Berne zur Intimität unfähig war.

Bernd: Hat dies mit den zeitweilig zu beobachtenden gelegentlich recht hohlen Intimitätsritualen auf TA-Konferenzen zu tun?

Fanita: Ja, vielleicht. Professionell war Berne zwar strikt gegen jegliche Berührung von Patienten. Da hatte er die psychoanalytische Einstellung. Während eines Banketts auf der letzten TA-Konferenz 1969 hielt Berne noch eine kleine Rede, in der er noch einmal ausdrücklich darauf hinwies:

»TA is no touch.« Diese Meinung hielt er auch Leuten entgegen, die TA mit Yoga, Körperarbeit o.ä. verbinden wollten. Doch auf Parties war es Bernes Lieblingsspiel, sich in die Mitte des Raumes zu stellen, laut auszurufen »TA is no touch«, und dann stürzten sich alle auf ihn, um ihn mit körperlichen Streicheleinheiten zu versorgen.

Bernd: Aber das kann ihn doch nicht genährt haben, dieser sinnlose Verbrauch an Zuwendung.

Fanita: Stimmt, er hätte eben Therapie gebraucht. Er hatte auch keine engen Freundschaften. Deshalb wurde dieses Umarmen und falsche Küssen und die vielen Streicheleinheiten von Berne sehr gefördert. Er hat mich sogar als etwas steif ausgelacht, weil ich davon eher schockiert war. Das war allerdings auch der Zeitgeist in den 60er-Jahren; man hat dies überall so gemacht. Da war Berne schon fast eine Ausnahme, dass er eine Berührung mit Patienten strikt verbot.

Bernd: Du würdest also sagen, dass Berne keine wirklichen Freundschaften entwickelt hat?

Fanita: Er war mit einigen Menschen in Verhältnissen gegenseitiger Abhängigkeit. Die frühe Entwicklung der Transaktionsanalyse ist auch nicht zu verstehen ohne die enge Beziehung von Berne zu den vier jungen Männern: Martin Groder, Steve Karpman, John Dusay und Claude Steiner. Alle ohne abgeschlossene Berufsausbildung und Junggesellen. Das waren die Jungen, die immer mit strahlenden Ideen kamen und Berne in ihr Junggesellenleben einbezogen, auch in Bezug auf Frauen.

Bernd: Würdest Du sagen, dass diese Art von Kontakt zu diesen jungen Männern Ausdruck dafür war, dass Berne mit seiner altersgemäßen Entwicklung nicht zurechtkam und sich übermäßig mit dieser Jugendlichkeit identifizierte?

Fanita: Ja. Alle vier waren eigentlich seine Freunde, mit denen er rumgekämpft und rumargumentiert hat. So kam es, dass viele gute Ideen der Transaktionsanalyse aus dem Kind-Ich kamen. Diese vier waren dann auch später maßgebende Leute in der TA-Organisation. Und dann gab es einige wenige Nicht-Junge, Nicht-Strahlende, die mehr die grauen Haare mitgebracht haben, aber eigentlich wenig qualifizierte Beiträge lieferten. Der einzige ältere Mensch, der tragende Bedeutung in der TA-Gemeinschaft hatte, war David Kupfer. Ursprünglich hat ihn sicherlich vor allem sein Flüchtlingsstatus an Berne gebunden. Wenn er bessere Alternativen gehabt hätte, wäre Kupfer vermutlich auch am Anfang ausgestiegen. Denn viele kamen und wurden durch Bernes unduldsam-konkurrierende Haltung wieder vertrieben. Diese Leute hatten schon wissenschaftlichen Hintergrund, Berufserfahrung und Ansehen und wollten natürlich für das, was sie einbrachten, Anerkennung finden. Die haben sich natürlich eine solche Behandlung nicht bieten lassen.

Später wurde die Beziehung zwischen Berne und Kupfer sehr eng, und vieles in der TA ist Kupfer zu verdanken.

15.3 Ein vergessener Mitgründer

Und jetzt müssen wir von David Kupfer reden, denn er ist der Vergessene. Er ist vergessen, weil er nie wirklich etwas geschrieben hat.

David Kupfer kam als Flüchtling aus Berlin. Dort hatte er Psychologie, insbesondere Rorschach-Verfahren, studiert. Er ging in den USA zur Armee, um darüber die amerikanische Staatsbürgerschaft zu erwerben. Während seiner Stationierung in Carmel lernte er Berne kennen, weil sich Berne für Rorschach-Verfahren interessierte. Als Kupfer etwa 1955 demobilisiert wurde, hatte er keinen Job und keine guten Verdienstmöglichkeiten, weil ihm amerikanische Lizenzen fehlten. Da traf er wieder mit Berne zusammen und wurde dessen Kollege. Ihr Verhältnis wurde mit der Zeit sehr eng, obwohl sie sehr verschiedene Persönlichkeiten waren. Man könnte von einer gegenseitigen erfolgreichen Ergänzung sprechen. Kupfer war einerseits sehr humorvoll, andererseits sehr ernst und perfektionistisch, was wohl mit seiner deutschen Herkunft zu tun hatte. Berne hatte zwar die Idee der ITAA und brachte auch den Glauben mit, dass sie bedeutsam und groß würde, doch die organisatorischen Strukturen hat Kupfer geschaffen. Als Berne die TA-Gesellschaft Internationale Gesellschaft nannte und für ein Jahr ihr erster Präsident war, war die Gesellschaft nicht einmal national, sondern kalifornisch, vielleicht mit Vertretern von zwei anderen Staaten. Als ich 1966 dazu stieß, war TA in Illinois, wo ich damals arbeitete, noch überhaupt nicht bekannt. Und auch als ich 1970 nach Pennsylvania zog, war ich dort die einzige Transaktionsanalytikerin.

Berne hatte also die Ideen und Kupfer entwickelte die dafür notwendigen Strukturen. Die Struktur der Organisation, des Trainings, das Konzept der Tonbandaufzeichnungen und der Supervisionen, das alles ist von Kupfer.

Bernd: David Kupfer war also der Kopf der Organisation.

Fanita: Ja. Er war auch der Mensch, mit dem man Kontakt haben und Beziehungen knüpfen konnte. Und er war derjenige, mit dem man Trainings machen konnte. Auch die Struktur des 101-Kurses kommt von ihm. Er hat ihn viele Male überall im Land gehalten.

Bernd: David Kupfer war also der Mensch, der das, was wir heute als Ausbildungsstruktur, als Verbindlichkeit, als Verlässlichkeit kennen, hereingebracht hat.

Fanita: Ja, das kommt alles von Kupfer!

Bernd: Wurde er denn dafür innerhalb der Organisation anerkannt?

Fanita: Oh ja. Er war der solide Kern. Er war der, von dem man lernen konnte. Und als solcher war er sogar von Berne anerkannt.
Als z.B. Bob Goulding 1963 zu Berne kam und um eine Psychoanalyse bat, verwies Berne ihn an Kupfer. Goulding war damals Arzt, aber mit wenig psychotherapeutischer Erfahrung. Indirekt bekam er dann von Kupfer sehr viel Training dadurch, dass er mitgereist ist, wenn Kupfer die 101-Kurse hielt.
Berne, Kupfer und Goulding betrieben dann zusammen ein kleines Büro und stellten Mary Edwards als Sozialarbeiterin ein. Zu viert gründeten sie dann das Carmel-Institut für TA-Therapie, das mit einem großen Prospekt herauskam.
Später bekamen Kupfer und Goulding heftige Konflikte miteinander, die auch persönliche und private Dinge betrafen. Als dann auch noch Berne mit Goulding in Konflikt geriet, musste Goulding aus der ITAA austreten, denn Berne war der Meister der TA, die Autorität.

Bernd: Interessant daran ist, dass dies möglicherweise Einfluss auf die spätere TA-Kultur hatte, weil Goulding ja aus dieser Situation heraus sein eigenes Institut gründete.

Fanita: Ja. Zwar nicht sofort, aber nachdem er Mary geheiratet hatte. Die Geschichte der Rebellion wiederholt sich da ein wenig.
Goulding hatte auch mit Fritz Perls sowohl Freundschaft geschlossen als auch von ihm Training erhalten. Perls wohnte ja ganz in der Nähe, nur etwa 60 km entfernt in Esalen.

Nach Bernes Tod entwickelte Goulding einen eigenen Ansatz, indem er TA mit Gestalt mischte. Und das kam dann auch nach Europa. Berne, der mit Perls nicht einverstanden war, hätte diese Vermischung nie erlaubt. Ich selbst hatte auch Gestalt-Training bei Perls, musste dies aber immer streng getrennt halten und habe dies auch beibehalten.

Die weltweite Entwicklung von TA wurde dann stark durch die Gouldings geprägt, weil sie ein Institut mit vielen Weiterbildungskandidaten aufbauten.

Nach dem Tod der beiden führenden Männer der TA – Berne und Kupfer – zerfiel die kalifornische Szene in Harris in Südkalifornien und Bob Goulding in Nordkalifornien. Gegenüber dem übersimplistischen Ansatz von Harris waren Bob und Mary Goulding die viel bessere Alternative. Aber deren TA war nicht mehr die TA von Berne und Kupfer.

Bernd: Um noch mal abschließend auf Kupfer zurückzukommen: Berne war also mehr ein Ideenlieferant. Die eigentliche Schule und Organisation hat Kupfer gegründet.

Fanita: Ja. Kupfer schuf die Organisation der ITAA und gestaltete sie als Präsident bis zu seinem Tod. Er hat nur leider nicht geschrieben. Er hatte Regale voll Tonkassetten, und meinte immer: »Eines Tages werde ich dieses Material ordnen und schreiben«. Er hat es aber nie getan und das ist eine Tragödie. Denn Therapie-Demonstrationen, Supervisionen, die ganzen Lehren kamen von Kupfer.

Berne konnte man bei seiner Arbeit im St. Mary's-Hospital zusehen. Er demonstrierte dort Therapie und hielt Vorträge. Und man konnte ihn in den San-Francisco-Seminaren erleben. Doch das gute Lernen kam von Kupfer. Alle wichtigen Leute machten bei ihm Training. Ohne Kupfer wäre ich nicht bei der TA geblieben.

Kupfers Tod war der zweite große Verlust der TA und ITAA. Er bekam Prostatakrebs und damit einhergehend schwerste Persönlichkeitsveränderungen. Deshalb war er eigentlich schon vor Bernes Tod aus der Szene heraus.

15.4 Angelegte Entwicklungen

Bernd: Wie hätte sich denn die Transaktionsanalyse entwickelt, wenn Berne weitergelebt hätte? Bitte spekulier' mal.

Fanita: Zunächst glaube ich, dass sich die Transaktionsanalyse in den verschiedenen nichtklinischen Anwendungsbereichen erheblich weiterentwickelt hätte. Transaktionsanalyse als Psychotherapie hätte sich wohl hauptsächlich im Bereich der Sozialpsychiatrie und verbal weiterentwickelt, immer in einer einfachen Sprache mit den Klienten. Sicherlich stünde im Vordergrund, das Erwachsenen-Ich des Klienten anzusprechen und nicht zu erschrecken, wenn der Klient sagt, er habe es im Kopf, aber nicht im Bauch. Es ginge auch um klare Arbeit mit Übertragungen, insbesondere mit Übertragungen im Hier und Jetzt, wobei man gezielt auf die persönliche Geschichte des Klienten zurückgreifen würde.

Bernd: Was meinst Du damit, dass man nicht erschrecken sollte, wenn der Klient sagt, er habe es im Kopf aber nicht im Bauch?

Fanita: In der TA geht es nicht so sehr um den Unterschied von Denken und Fühlen. Denken und Fühlen ist in jedem Ich-Zustand und das müssen wir untersuchen. Wichtig ist der sorgfältige Dialog mit dem Erwachsenen-Ich des Klienten darüber, welche ganz spezifischen Schlussfolgerungen und Anpassungen er für sein Leben gefunden hat. Ich stelle in meinem Kopf sehr häufig Bezüge zu der vermutlichen Geschichte des Klienten her und überprüfe meine Annahmen im Dialog mit ihm. Ich bespreche mit ihm etwas Strukturelles, aber immer mit dem Ziel zum Funktionellen zu kommen.

Das Funktionelle war ein sehr wichtiger Punkt bei Berne und Kupfer. Wenn sich Erlebens- und Verhaltensweisen häufig wiederholen und sich durch Versuche, Einfluss zu nehmen, nicht verändern, muss man in die Vergangenheit gehen. Häufig tauchen von selbst Gefühle beim Klienten auf, die Anweisungen geben, was man sich anschauen muss.

Berne hätte wohl, wenn er noch Zeit gehabt hätte, irgendeine eigene Methodik entwickelt, wie man hier tiefer gehen kann. Das war nicht nötig, solange Berne Psychoanalyse gemacht hat. Er hat dies übrigens heimlich getan, während er offiziell auf Kongressen verkündete: »Wir brauchen keine Psychoanalyse, wir brauchen keine Träume zu verstehen, wir brauchen uns nicht um Assoziationen und das Unbewusste zu kümmern.«

Die Erweiterung der Transaktionsanalyse hätte aber in diese Bereiche hinein erfolgen müssen. Ich vermute, dass Berne uns in seiner kreativen Art auch hier Neues gebracht hätte. In keinem Fall wäre er aber in Richtung Regressionstherapie gegangen. Da bin ich absolut überzeugt.

Mich selbst hat die Transaktionsanalyse eher zu Jung geführt und ich vermute, Berne wäre einen ähnlichen Weg gegangen. Er hat oder hätte auch einiges von Assagioli aufgenommen. Dass er sich zum Spirituellen hingewendet hätte, glaube ich nicht, jedoch hätte er sich wahrscheinlich der Existenzphilosophie zugewandt. Ein philosophisches Bild vom Menschen hatte er schon.

Bernd: Heißt »tiefer« in Deinem Verständnis traumatisches Material aus der Kindheit?

Fanita: Nein, nicht unbedingt traumatisch. Ich meine damit vor allem Zurückliegendes und Unbewusstes. Und das führt uns zu Skript und zu Betrachtungsweisen von Carl Gustav Jung.

Bernd: Hat Berne Jung studiert?

Fanita: Ich weiß es nicht, aber vermutlich hat er einiges gelesen, auch von Adler.

Bernd: Und war ihm der Ansatz von Milton Erickson bekannt?

Fanita: Ich glaube nicht. Ich selbst hatte einen Kurs bei Milton Erickson gemacht, bevor ich mit der TA Kontakt hatte, etwa 1963. Erickson wurde damals von den Psychoanalytikern geradezu verhöhnt, so dass mir mein psychoanalytischer Supervisor diesen Kontakt verbot. Er verbot mir, die Techniken zu benutzen, weil Freud sie aufgegeben und durch die psychoanalytische Behandlungsmethode ersetzt hatte. Diese Einstellung der Hypnose gegenüber hatte Berne von den Psychoanalytikern übernommen. Ihm lag mehr die rational-emotive Therapie oder die Verhaltenstherapie. Er kannte natürlich auch das Material von Rogers, fand allerdings die daraus abgeleitete Behandlungsmethode viel zu langsam.

Wenn ich jetzt über die mögliche Entwicklung der TA spekuliere, wäre sicher auch die Arbeit mit Psychotikern in den Krankenhäusern weitergegangen. Die Demonstrationen im St. Mary's Hospital in San Francisco waren ja viel mit Psychotikern. Ich selbst habe damals als Consultant auch viel in Psychiatrien gearbeitet, und hier war der Unterschied zu den psychoanalytischen Ansätzen geradezu magisch. Mit TA konnte man unglaubliche Fortschritte erzielen. Das war es auch, was viele Leute von TA überzeugt und an die TA gebunden hat. TA im Krankenhaus zu verwenden, war zu dem, was wir vorher dort gemacht hatten, ein Unterschied wie Tag und Nacht.

Als Organisation haben wir in diesem Bereich viel verpasst. Hätte Berne länger gelebt, wäre TA in den Krankenhäusern sicher bedeutend geworden. Vielleicht hätte sie sogar Einfluss auf das ganze Psychiatriewesen in Amerika genommen.

Bei TA kam noch hinzu, dass doch davon eine Menge in wenigen Wochen vermittelt werden konnte. Hier sind wir leider in der Entwicklung der TA steckengeblieben. Ich kann mich erinnern, dass ich psychiatrische Krankenschwestern nur wenige Wochen trainiert habe und sie daraufhin so viel besser mit Psychotikern umgegangen sind, dass dies einen enormen Effekt auf die Patienten und auf die Klinik hatte. Gerade solche Leute hätte ich gerne als klinische Mitglieder in der ITAA gesehen.

Bernd: Wie hat Eric Berne denn mit Psychotikern in der Klinik gearbeitet? Wie würdest Du das skizzieren?

Fanita: Er arbeitete fast nur mit dem Erwachsenen-Ich. Er machte Enttrübungsarbeit und konfrontierte die Patienten immer wieder mit der Außenrealität. Er brachte ihnen das einfache Modell der Ich-Zustände und der Transaktionen bei und lehrte sie, es auf sich selbst anzuwenden. Autonomes Verhalten verstärkte er sehr. Am Anfang nutzte er mit einem Patienten auch die Übertragung. Aber das Wort Übertragung durften wir ja nicht verwenden. Er hätte gesagt, dass er positive Eltern-Kind-Transaktionen benutzt, um einen guten Kontakt zum Klienten herzustellen. Er hätte dann zunehmend das Erwachsenen-Ich angesprochen und Erwachsenen-Ich-Kontrakte vereinbart. Dabei war er sehr kreativ. Er machte auf Verhaltensebene viele kleine Kontrakte.

Bernd: Hat er auch paradoxe Dinge mit Patienten gemacht?

Fanita: Nicht direkt, aber manche Interventionen waren sehr witzig, und man könnte sagen, sie haben manchmal paradox gewirkt. Direkte paradoxe Verschreibungen wären gegen seine Haltung gewesen, dem Patienten immer ehrlich zu begegnen.

Bernd: Hat er mit Ritualen gearbeitet? Manche Therapeuten lassen ja Patienten, die etwa übermäßig loyal an bestimmte Familientraditionen gebunden sind, z.B. einen Familienaltar aufbauen und vor diesem täglich rituelle Anbetungsformeln sprechen.

Fanita: Nein, solche Dinge hätte er nicht gemacht. Er hätte aber durchaus einem Patienten sagen können: Ich stelle mir vor, dass du im Stande wärst, täglich vor einem solchen Familienaltar zu beten. Er hätte dies aber nicht direkt paradox gemeint.

Was er tatsächlich gerne gemacht hat, war mit Phantasien zu arbeiten, und zwar sowohl darüber, was zukünftig sein könnte, als auch darüber, was möglicherweise in der Kindheit war.

Bernd: Das Wichtigste an seinem Arbeitsstil war wohl, dass er nicht an die Idee der Psychose als in jedem Fall langwierig zu behandelnde Krankheit glaubte.

Fanita: Ja, das war sogar eine Standardfrage im Grundlagenkurs, ob denn jeder Mensch ein Erwachsenen-Ich habe. Das war mit dieser Frage gemeint. Kupfer und Berne haben sich die 101-Grundlagenkurs-Fragen ja mal an einem Abend bei einem Bier zusammen ausgedacht. Das war die ursprüngliche TA. Man nahm alles nicht so ernst und vieles war auch witzig.

Bernd: Ich habe in meiner *Acception Speech* anlässlich des ersten European *TA Award* darauf hingewiesen, dass für mich der sozialpsychiatrische Ansatz eine wesentliche Errungenschaft der Transaktionsanalyse war. Heute scheinen mir entwicklungspsychologisch orientierte Verfahren wieder stärker in den Vordergrund gekommen zu sein.

Fanita: Wenn Du mit sozialpsychiatrisch die Berücksichtigung des Lebensumfeldes meinst, dann war dies der Transaktionsanalyse in ihrem Ursprung tatsächlich sehr wichtig. Es ging um die Berücksichtigung des Kontextes.

Bernd: Wir haben heute Angebote wie Körperarbeit im warmen Wasser und anderes im Bereich der TA.

Fanita: Das ist alles nicht TA. Man darf natürlich verschiedene Therapien anwenden und auch das Vokabular der Transaktionsanalyse verwenden, muss aber vorsichtig sein, Zusätzliches nicht mit grundsätzlicher TA zu verwechseln.

15.5 Kraftfelder der Nachfolger

Bernd: Wir haben heute eine starke Tendenz in der TA-Gemeinschaft, mit regressionsorientierten Methoden zu arbeiten .

Fanita: Berne war dagegen!

Bernd: Wie erklärst Du Dir, dass diese Neigung zum regressionsorientierten Arbeiten entstanden ist?

Fanita: Das ist der Einfluss von Jacqui Schiff. Berne war jedoch mit Jacquis Methoden nicht einverstanden. Wenn Jacqui bei Konferenzen ihre Ideen für die Behandlung von Psychotikern vortrug, war Berne ihnen gegenüber immer sehr kritisch. Als er Jacqui einmal besuchte, war er allerdings sehr berührt von den Veränderungen ihres zweiten Adoptivsohnes Eric, der sich später aber völlig von ihr abgewandt hat. Berne hat dann wohl unter diesem Eindruck gesagt: »Vielleicht bin ich Jacqui gegenüber doch zu streng.« Das war aber auch alles. Natürlich wissen wir nicht, was seine spätere Einstellung zu der gesamten Carthexis-Schule gewesen wäre.

Bernd: Was ist im ursprünglichen Sinn das Wesentliche an der Transaktionsanalyse?

Fanita: Das Wesentliche an der Transaktionsanalyse sind die Transaktionen. Sie haben etwas mit Zuwendung, mit Beweggründen und Absichten zu tun, und die kann man untersuchen. Außerdem transagiert man hoffentlich angemessen aus allen drei Ich-Zuständen. Wesentlich ist also das Soziale. Die grundsätzliche Frage lautet: Wie gehe ich mit Beziehungen um?

Bernd: Was dann später an Skripttheorie dazu kam, wäre demnach nicht das Wesentliche der Transaktionsanalyse?

Fanita: Doch, solange Skript nicht als Erklärung für eine Pathologie verstanden wird. Ich würde sagen, 50 bis 60 Prozent der Patienten könnten allein durch die Beachtung der Transaktionen geheilt werden. Für den Rest benutzte Berne die Psychoanalyse. Ich benutze Gestaltmethoden, andere benutzen andere Zusätze. Das sind allerdings Zusätze zur Therapie, nicht Bestandteile der TA.

Ich würde es als Kompliment erleben, wenn man mir sagen würde: »Die Art, wie Du arbeitest, Fanita, ähnelt sehr viel mehr der TA in den späten 60er- und frühen 70er-Jahren als der, die heute verbreitet ist.« Heute gilt vieles als TA, was Berne schrecklich gefunden hätte.

Bernd: Was würde Dich daran freuen, worauf wärst Du stolz und womit möchtest Du nicht identifiziert werden?

Fanita: Ich möchte mit vielem, was aus der TA gemacht wurde, nicht identifiziert werden. Was hat sich da nicht alles an unnötigen zusätzlichen Unterteilungen der drei Ich-Zustände entwickelt, von dem vieles nur pedantische Zusätze zur Struktur sind! Ich bin auch nicht mit diesen eingeengten Vorstellungen von Neuentscheidungen aus der Neuentscheidungsschule einverstanden. Ich stimme auch den Ideen des Reparentings nicht zu. Es gibt so viel Schablonenhaftes und Artifizielles, das ich einfach überhaupt nicht brauche. In der schriftlichen Prüfung wird davon so viel abgefragt.

Ich würde so eine Prüfung nie bestehen. Die ist mir viel zu reduktionistisch, und gleichzeitig zu breit, weil man ohne zentrales Konzept in allen Feldern der Therapie herumgeht.

Meine Kritik war, glaube ich, ein Problem für die ITAA. Deshalb habe ich auch meiner Richtung einen eigenen Namen – EVA, Existentielle-Verhaltensmuster-Analyse – gegeben. Ich wollte mich nicht an den Kämpfen der Schulen untereinander beteiligen. Ich war einmal eine der Säulen der ITAA und habe mich doch rausgezogen.

15.6 Die Organisation

Bernd: Ich schätze ja sehr vieles an der TA-Gesellschaft: Die Ausbildung findet auf Kontraktbasis statt. Durch die vom Sponsor unabhängigen Prüfungen gibt es wenig Repression und Korruption. Der Kandidat hat, wenn er mit einem Lehrenden nicht zurecht kommt, immer Wahlmöglichkeiten und er kann, wenn er die Regularien einhält, auf faire Weise den Sponsor wechseln. Es gibt wenig Inzucht und unhinterfragte persönliche Gefolgschaft, bei der man auch mit einer bestimmten Clique verschworen sein muss.

Fanita: Ja. Im Gegenteil, man ist sogar verpflichtet, immer auch bei anderen Lehrern zu lernen. Das was von Anbeginn der TA so. Der Sponsor war vielleicht am Anfang noch wichtiger als heute. Wenn er den Eindruck hatte, dass ein Kandidat gut war, empfal er ihn zur Aufnahme. Deshalb war es so wichtig, dass jeder Kandidat auch bei anderen lernte und dass es eine vom Sponsor unabhängige Prüfung gab. Man setzte damit ein angemessenes Gegengewicht gegen eine einseitige Abhängigkeit.

Bernd: Wie hatte denn David Kupfer die TA-Prüfung ursprünglich konzipiert?

Fanita: Vielleicht erzähle ich Dir einfach, wie man früher klinisches Mitglied wurde.

Man musste ein oder zwei gute Papiere auf einer TA-Konferenz präsentiert und mindestens einen kreativen Artikel mit neuen Ideen im Bulletin geschrieben haben. Die mussten bei den anderen Anerkennung finden. Es war ja alles sehr persönlich. Man brauchte außerdem einen Sponsor, der sagte, er habe Zutrauen zu diesem Menschen und habe Beweise, dass er gut arbeitet. Dann wurde man zur klinischen Prüfung zugelassen. Die Hauptfragen in der Prüfung drehten sich dann darum sicherzustellen, dass man die 101-Konzepte nicht verdirbt. Es ging natürlich auch darum, die Persönlichkeit des Kandidaten einzuschätzen, aber insbesondere mit Blick darauf, ob er die Grundkonzepte benutzen kann. Die Hauptsorge zu der Zeit war, TA von anderen Methoden, insbesondere der Psychoanalyse, zu unterscheiden.

Der wissenschaftliche Beitrag war ja bereits geleistet. Ich glaube, da haben wir den Weg verloren. Früher war das Wesentliche, dass man etwas Neues, Schöpferisches beitrug. Das war der Unterschied zu heute. Alle klinischen Mitglieder leisteten damals einen eigenen Beitrag. Karpmann entwickelte das Dramadreieck, ich das Konzept des Episcripts usw.

Bernd: Es war also ein wesentliches Auswahlprinzip, ob jemand Schöpferisches beitragen konnte oder nicht. Das haben wir so heute nicht mehr.

Fanita: Ja, man konnte nicht zur klinischen Prüfung gehen, wenn man nicht eigene Beiträge geleistet hatte. Die Prüfer hatten die Pflicht, den Beitrag des Kandidaten auf der Konferenz zu hören. Die mündliche Prüfung selbst diente vor allem dazu, die Einstellung des Menschen zu prüfen. Es ging dabei weniger um den Inhalt.

Bernd: Die mündliche Prüfung hatte also eigentlich die Funktion, die Reinheit der Grundkonzepte zu sichern.

Fanita: Ja, und auch dem Kandidaten zu helfen, seine Ideen darin zu integrieren. Es ging nicht so sehr darum, die Kompetenz des Kandidaten insgesamt zu prüfen, denn das war bereits durch den Sponsor geschehen. Man prüfte, ob der Kandidat den besonderen Beitrag der Transaktionsanalyse glaubwürdig vertreten konnte.

Bernd: Wir haben ja nun seit zwei Jahren eine neue schriftliche Prüfung in Europa, die die bisher übliche schriftliche Prüfung mit den 35 inhaltlichen

Fragen völlig ersetzt. Ich bin darauf besonders stolz, weil wir vom Weiterbildungsausschuss der Deutschen Gesellschaft die ganze Sache initiiert und wesentlich gestaltet haben.

Die heutige schriftliche Arbeit besteht aus vier Teilen: Eine professionelle Selbstdarstellung, in der der Kandidat seine professionelle Identität als Transaktionsanalytiker in seinem Anwendungsfeld beschreiben muss. Hierdurch bekommt man einen ganz guten Eindruck von der professionellen Persönlichkeit. Im zweiten Abschnitt schreibt der Kandidat über die Herausforderungen, die die Weiterbildung in Transaktionsanalyse für ihn bedeutet haben und welchen Nutzen er aus der Auseinandersetzung mit diesen Fragen für sein professionelles Leben gewonnen hat. Wir können auf diese Weise einen Eindruck gewinnen, welchen Stellenwert die TA-Weiterbildung in der professionellen Entwicklung eines Menschen hat. Im dritten Teil geht es darum, eine längsschnitt-orientierte Fall- oder Projektstudie aus dem Arbeitsfeld des Kandidaten darzustellen. Hier muss der Kandidat an einem oder mehreren Beispielen aus dem Zentrum seines Arbeitsfeldes zeigen, wie er mit Transaktionsanalyse konkret arbeitet. Im vierten Teil muss der Kandidat dann zeigen, wie er sich aus dem Kanon der Transaktionsanalyse selbst ausgewählte Konzepte zu Instrumenten gemacht hat. Er muss diese so studiert haben, dass er ihre Hintergründe, ihren Erklärungswert und ihre Bedeutung wirklich verstanden und sie in seiner professionellen Persönlichkeit und seiner Praxis integriert hat. Wichtig und ganz neu ist dabei, dass der Kandidat die verwendeten Konzepte wirklich selbst auswählen und auf seine Arbeit hin abstimmen muss. Es ist völlig okay, andere Konzepte nicht zu kennen, er muss aber zeigen, dass er die gewählten wirklich zu seinem Handwerkszeug gemacht hat. Es gibt also kein rituelles Abfragen von Standardinhalten mehr.

Früher sollte das alles in der mündlichen Prüfung mit geprüft werden. Dadurch war diese völlig überladen. Jetzt können wir uns in der mündlichen Prüfung auf die ausführliche Begutachtung einzelner Arbeitsproben an Hand der Tonbänder konzentrieren.

Fanita: Das ist gut. Insbesondere wenn man in der mündlichen Prüfung auch sagen darf: Dieses Konzept kenne ich nicht!

So eine Prüfung könnte ich vielleicht auch noch bestehen. Das ist wirklich neu und freut mich. Dann scheint das, was ich bei einigen Kandidaten noch wahrnehme, aus der Ängstlichkeit einzelner Trainer zu kommen. Ich sehe die Kandidaten doch immer noch zu ängstlich. Sie wirken irgendwie überwältigt von der Menge an Konzepten, die ihnen abverlangt wird.

Bernd: Da hat sich jetzt etwas dadurch geändert, dass die Kandidaten die verwendeten Konzepte selbst auswählen dürfen und müssen. Und das ist übrigens eine Freiheit, die gar nicht alle gern mögen. Denn sie müssen sich jetzt schöpferisch auf die Theorie beziehen und auch ihre Praxis in ganz anderer Weise begründen als vorher.

Fanita: Damit seid ihr im Geist von Eric Berne und David Kupfer, denn das war die stärkste Gemeinsamkeit von beiden.

Bernd: Je länger ich aus der heutigen Perspektive den Prüfungsprozess beobachte, um so deutlicher wird mir, wie sehr er nach der alten Prüfungsordnung ins Wiederkäuen hinein abgerutscht war.

15.7 Nach dem plötzlichen Tod des Gründers

Fanita: Ja. TA ist so schwerfällig geworden. Ursprünglich betrachteten wir die TA als frisches sprudelndes Konzept. Sie war für uns ein wunderbares System, das uns zu neuen Entdeckungen und besserer Kommunikation inspirierte. Bernes ursprünglicher Kampf war eben gegen verkalkten Dogmatismus, aber für klare Erklärungen. Das war es auch, was mich und viele andere damals zur TA brachte.

Bernd: Wie erklärst Du Dir diese Entwicklungen?

Fanita: Man muss vielleicht doch auch Traumatheorien benützen, um zu verstehen, was nach dem Tod von Berne und Kupfer mit der TA geschah. Wir, die Schüler waren noch in der Adoleszenz, als plötzlich der Vater starb. Das war ein Schock. Wir konnten nicht einmal rebellieren. Für mich war das ein richtiger Bruch.

Unter diesem Erlebnis erhielten wir zwar die Organisation der ITAA aufrecht, doch nicht den ursprünglichen Geist. Der Geist, das wird mir jetzt klarer, war mit Adoleszenzrebellion verbunden – so wie Berne gegen die Psychoanalytiker rebellierte, obwohl er Freud als psychologischen Vater respektierte.

Wir konnten jetzt nicht mehr kämpfen. Für mich war wesentlich, dass ich mich nicht weiter mit Berne auseinander setzen konnte. Der jugendliche Vater war tot. Nach seinem Tod fühlte ich mich als Verräterin, wenn ich mich unterschied.

Jetzt wird mir klar, dass der Geist in den Gedanken, die im Hallo-Buch sind, hätte weiterleben sollen. Berne schrieb da viel herum, seine Ideen sind aber nicht zu Ende gedacht. Er hatte einigen von uns das Hallo-Buch im Manuskript zugeschickt. Um zu argumentieren hatten wir uns alle Notizen zu den Kapiteln gemacht und uns auf eine Auseinandersetzung um diese Ideen vorbereitet. Auf der nächsten Konferenzen hätten sie diskutiert werden sollten. Nach dem Schock gab es aber dann zunächst einmal nichts mehr. Nach Jahren veröffentlichten wir das Buch dann ohne weitere Diskussion und behandelten es wie eine Bibel, obwohl es alle diese verschiedenen widersprüchlichen Aussagen enthielt. Viele beschäftigten sich dann mehr mit Gestalt statt mit wertvollen Auseinandersetzungen über grundsätzliche TA-Theorie.

Bernd: Der Markt hat sich dann ja auch sehr gut entwickelt. Hat man dann lieber Geld verdient, anstatt sich auseinander zu setzen?

Fanita: Ja. Obwohl Geld verdienen von Anfang an Thema in der TA war, weil viele von uns viel Geld in die Organisation einsetzen mussten.
   Wesentlich hat wohl auch der große Kampf zwischen Gouldings und Schiffs dazu beigetragen und die Art, wie Ken Edwards, der damalige Präsident damit umging. Er war sehr auf Harmonie bedacht und versuchte, alles zu beruhigen, anstatt eine konstruktive Auseinandersetzung zu fördern. Organisatorisch hatte er vielleicht sogar recht, weil die ITAA sonst zu Grunde gegangen wäre. Zeitgleich versuchte man die nichtklinischen Bereiche zu entwickeln, was im Prinzip eine gute Idee war. Aber man hatte keine wirklich guten Leute in diesen Bereichen.
   Außerdem wurde der Kontrakt mit dem Sponsor eingeführt, der vor der offiziellen Prüfung von der ITAA genehmigt werden musste.
   Dann wurde auch noch die Teaching-Member-Prüfung eingeführt. Und man musste sich überlegen, was der Unterschied zwischen einem Teaching Member und einem Clinical Member sein sollte.

Bernd: Das hatte ja sicher alles auch seine guten Seiten, aber vielleicht war es zuviel gleichzeitig und unter Schock hervorgebracht.

Fanita: Ja. Ich frage mich jetzt auch, was uns eigentlich all die Jahre zusammengehalten hat. Trotz all dieser Probleme haben wir zusammengehalten und als die Kinder von Berne und Kupfer das Familienleben aufrechterhalten. Es gab da einen unausgesprochenen Beschluss: »Wir treffen uns weiter.« Und der hat sich gehalten und gehalten.

Bernd: Und war die Vereinbarung dabei: »Wir bleiben Freunde, aber wir diskutieren nicht?«

Fanita: Ja, das war der unausgesprochene Kontrakt. »Wir diskutieren nicht mehr wirklich.« Und: »Wir konkurrieren nicht, wir haben uns gern und haben Spaß miteinander.« Dabei war vieles auch sehr ehrlich. Wir weinten an der Schulter des anderen, und Amerika ist groß. Jeder hatte seinen Staat, sein Gebiet, und brauchte nicht mit den anderen in Konkurrenz zu treten. Und abgesehen von dem internationalen Streit zwischen Schiff und Goulding brauchten wir uns nicht zu vergleichen. Wir waren eine Familie, die sich immer wieder bei Konferenzen traf.

Bernd: Es gab also keine Notwendigkeit, sich neu um die Grundlagen der Theorie zu bemühen und sich weiter zu entwickeln?

Fanita: Ja. Wir stimmten vor allem darin überein, uns gegenseitig gut zu streicheln.

Bernd: Aber jetzt scheint ja etwas Neues aufzubrechen. Es könnte ja sein, dass wir als dritte oder vielleicht vierte Generation jetzt nicht mehr unter diesem Schock stehen und freimütig an die ganze Sache wieder herangehen können. Würdest Du auch sagen, dass wir in einer Identitätskrise sind?

Fanita: Ja. Die Leute, die Berne nicht mehr gekannt haben, fangen jetzt an, neue Fragen zu stellen. Die Arbeit von Bill Cornell z.B. ist nicht wegen seines Inhalts so bedeutsam oder neu, sondern weil er Prinzipien in Frage stellt, die andere nicht mehr in Frage stellen. Er sagt, wir arbeiten mit einer Entwicklungspsychologie und mit Skript-Konzepten, die nicht stimmen. Das sage ich seit 16 Jahren. Doch von mir wollten die alten Kollegen das nicht hören.

Bernd: Haben da die Jungen mehr Chancen? Ist dies ein Rest von dieser Jugendlichkeitskultur, dass junge Leute, wenn sie neue Gedanken einbringen, eher gehört werden?

Fanita: Ja, vielleicht.

Bernd: Ich gehöre ja zu denen, die Kontroversen auslösen und sachlichen Streit suchen. Ich habe zwar den Eindruck, dass ich mittlerweile im Großen und Ganzen respektiert werde, aber es gibt doch sehr wenige, die wirklich mit mir diskutieren. Für mich ist interessant zu erfahren, dass dies bereits ein Charakteristikum der TA-Kultur zu werden droht. Möglicherweise wäre es ein Erwachen aus dem Schock, wenn wir wirklich lernen würden, wieder um die Grundfragen zu streiten.

15.8 Fragen an die Verbandskultur

Fanita: Ich möchte Dir eine Rückfrage stellen: Was ist TA-Kultur für Dich?

Bernd: Ich habe in Blackpool einiges dazu gesagt[3], was ich mir an TA-Kultur wünsche. Wenn ich das jetzt noch einmal zusammenfassen soll, würde ich sagen: Der ursprüngliche Geist der Gründerzeit muss wiederbelebt werden. Die TA-Kultur sollte wieder dieser schöpferische, streitbare Umgang mit Theorien und Methoden sein, damit wir aus der Anpassung an überlieferte Schablonen herausfinden. Die Auseinandersetzung sollte wieder zum Wesenselement unserer Organisation gemacht werden. In der TA-Gemeinschaft sollten wir uns wieder schöpferisch und streitbar auf die Inhalte beziehen. Rituale sollten nur insofern wichtig sein, als sie ein Gefäß für etwas Wesentliches darstellen.

Ich würde sehr bedauern, wenn man in 20 oder 30 Jahren sagen würde, dass die TA angepasstes Mittelmaß auswählt und ausbildet.

Fanita: Die Frage ist: wie kann man dorthin kommen? Berne wusste es. Auf den San-Francisco-Seminaren setzten wir uns mit Inhalten auseinander und stritten um sie. Aus diesen Seminaren entstanden die Kongresse. Wir hatten zwei Kongresse: einen, auf dem wir unsere Beiträge der Öffentlichkeit vorstellten, und einen, den Winterkongress, auf dem wir miteinander diskutierten. Dieser Kongress hatte kein Programm. Jemand schrieb ein Thema an die Tafel, das ihn interessierte, und so fanden wir uns zu Diskussionsgruppen zusammen. Das ist uns verlorengegangen.

Bernd: Solche Diskussionen haben nach meinen Erfahrungen allerdings nur dann Sinn, wenn man zwischendurch liest und die Grundlagen studiert. »TA in Psychotherapy« ist nach wie vor in Deutschland kein bekanntes Buch. Ich selbst habe es erst kurz vor meinem Examen zum Lehrtherapeuten gelesen.

Fanita: Das ist schlimm! Denn das ist das einzige Buch, das man wirklich lesen sollte, wenn man nur eines auswählen dürfte.

Bernd: Ich glaube, dass eine Diskussion der Grundkonzepte vorrangig statt-finden muss, damit wir die Weiterentwicklungen darauf beziehen können. Wir haben schon ein solches unvereinbares Flickwerk, dass wir dies nicht schlimmer machen sollten. Und wir sollten aufschreiben, was wir disku-tiert haben und in unseren Zeitschriften schreibend diskutieren.

Fanita: Ja, wir brauchen Leute, die schreiben. Das war auch Bernes Kon-zept: Man diskutiert und dann schreibt man. Er hatte aber auch schon das Problem, dass die Leute schwer zum Schreiben zu animieren waren. Haupt-sächlich war er es, der geschrieben hat.

Ich wäre sehr glücklich, wenn ich an einer solchen Diskussionsgruppe über Theorie und Konzepte teilnehmen könnte

Bernd: Da habe ich direkt eine Frage an Dich: Berne hat von *Rackets* oder *Games* verschiedene Definitionen gegeben, die sich zum Teil gegenseitig ausschließen. Und er hat das Struktur- und das Funktionsmodell der Ich-Zustände immer wieder verwischt, vermischt und verwechselt. Glaubst Du, dass er sich dessen bewusst war? War das eine absichtliche Vermi-schung, mit der er sich die semantische Vielfalt dieser Begriffe zunutze machen wollte? Oder hielt er unbemerkt Struktur- und Funktionsmodelle zu wenig auseinander?

Fanita: Ich glaube, Berne hat neue Ideen, egal ob es eigene waren oder ob sie von anderen hineingebracht wurden, einfach niedergeschrieben, ohne sich groß darum zu kümmern, was er dazu bereits formuliert hatte.

Bernd: Aber selbst in »TA in Psychotherapy«, einem wie Du sagtest rela-tiv gründlich diskutierten Buch, sind solche Vermischungen zu finden.

Fanita: Keiner von uns war in TA so fortgeschritten, dass uns das aufge-fallen wäre. Mir wäre damals nicht eingefallen, solche Inkonsistenzen aufzuzeigen. Das Ich-Zustands-Konzept war auf dem von uns verwende-ten Niveau so einleuchtend, dass wir nicht weiter darüber nachdachten.

Bernd: Das verstehe ich. Mir hat das ja lange auch eingeleuchtet.

Es gibt noch etwas, was ich persönlich als Mangel empfinde. Begriffe werden häufig nicht wirklich definiert, sondern eher an Beispielen illustriert.

Fanita: Das stimmt. Ich habe da auch immer Widersprüche erlebt. Einerseits betonte Berne wieder und wieder, dass er noch nie ein »Es« hat spazieren gehen sehen. Dann sprach er aber von der Elektrode und dem kleinen Professor als strukturelle Teile des Kind-Ichs. Da muss ich nun sagen, dass ich noch nie eine Elektrode oder einen kleinen Professor habe spazieren gehen sehen.

Diese Widersprüchlichkeiten hatten wohl auch etwas mit seiner Person zu tun. Berne wollte anderen immer schnell voraus sein und neigte deshalb dazu, jede Idee, die ihm gut schien, sofort in seine Konzepte mit aufzunehmen.

Bernd: Es ist ihm wohl schwergefallen, sich sinnvoll zu begrenzen.

Fanita: Ja. Man muss allerdings auch bedenken, dass Berne einfach sehr viel anhäufen wollte, damit wir es weiterbenutzen können.

Bernd: Könnte man sagen und dies auch ohne weiteres respektieren, dass er jede Menge schöpferisches Rohmaterial geliefert hat und es heute unsere Aufgabe ist, es zu sortieren?

Fanita: Ja. Mir geht es ja bei meiner Theorie, etwa beim Episkript und der heißen Kartoffel, inzwischen auch so, dass ich Widersprüche sehe und finde, dass da noch einiges besser unterschieden werden müsste.

Bernd: Meinen Eindruck von Bernes Theorien habe ich in Blackpool so formuliert: »Looking closer, I found a patchwork of creative ideas«.

Fanita: Ja, das ist sehr treffend. Ich glaube, Berne hätte dies auch so gesagt und dann hätte er hinzugefügt: »Yes, and then we have to organize the material.« Er war auch stolz, dass er Material organisieren konnte: »We have to find a way to put them together and find a way to communicate them in understandable eight-year-old-language. If it cannot be put into eight-year-old-language, it is no good.«

Bernd: Dazu ist es ja nun nicht gekommen. Es blieb bei der Blütezeit der Ideen. So gesehen haben wir also noch mit einer schöpferischen Unordnung zu tun. Das ist im Grunde ja auch nichts Schlechtes, solange man weiß, dass es so ist und nicht den Eindruck erweckt, als hätte man ein konsistentes Weltmodell.

Fanita: Ja, das entspricht der Arroganz der Transaktionsanalytiker. Die TA musste ja auch international sein, obwohl sie nicht einmal amerikanisch, sondern nur kalifornisch war.

Bernd: Am Ende des Hallo-Buchs macht Berne deutlich, dass er die Transaktionsanalyse als eine Ich-Psychologie verstand. Er wusste, dass es darüber hinaus eine sehr umfassende Psychologie des ganzen Menschen gab, mit der er sich aber noch nicht ausführlich beschäftigt hatte. Dies steht im Gegensatz dazu, dass das Persönlichkeitsmodell der Transaktionsanalyse häufig als vollständig definiert wird und man alle psychischen und seelischen Ereignisse versucht, den drei Kringeln zuzuordnen.

15.9 Gewohnheiten und Erneuerungen

Fanita: Berne hat dieses Modell nie als vollständig betrachtet. Er hat allerdings nicht oft genug klar gesagt, wo es unvollständig ist.

Hier haben wir ein Problem der Doppelbödigkeit der frühen TA-Szene. Man behauptete, mit den wenigen TA-Konzepten ohne weitere Bildung auszukommen. Allerdings war man gleichzeitig umfassend gebildet und benutzte diese Bildung selbstverständlich auch bei der Arbeit. Allerdings gab es fast so etwas wie ein Tabu, dies auch offen zu zeigen.

Das war auch ein Dogma: Wir durften unser psychoanalytisches Wissen nicht offen zugeben. Gleichzeitig war es aber zu Bernes Lebzeiten selbstverständlich, dass sich die Kandidaten in anderen Psychologien und Psychotherapien gut auskannten. Die Doppelbindungsbotschaft war, dass wir alles gut wissen mussten, um zu zeigen, dass wir es überhaupt nicht brauchten.

Bernd: Vielleicht ist hieraus auch die Rückwendung zur Psychoanalyse verstehbar. Sie könnte als ein Versuch betrachtet werden, das psychoanalytische Wissen wieder an seinen angemessenen Platz in unserer psychotherapeutischen Arbeit zu stellen. Allerdings sehe ich jetzt die Gefahr, dass wir unreflektiert zu psychoanalytischen Behandlungskonzepten und -methoden zurückkehren, von denen Berne unbedingt weg wollte.

Fanita: Das ist wohl auch der Kern vieler Probleme, die wir heute haben. Es gab die Fiktion, dass man nichts außer TA brauchte. Am Anfang waren alle sehr gut in anderen Methoden ausgebildet. Berne schickte deshalb ja auch Steiner zum Psychologiestudium. Er tat dies allerdings mit der Botschaft: Tu dies, damit Du einen Schein hast, damit der Form genüge getan ist. Tatsächlich hat er dies aber wohl getan, weil er einen Ausbildungsmangel bei Steiner festgestellt hatte, der durch die damalige Beschäftigung mit TA nicht auszugleichen war. Gleichzeitig wollte er dies aber nicht offiziell als Begründung angeben. Jetzt wird es mir erst richtig klar. Wir sprachen eigentlich fast immer auf zwei Ebenen. Einerseits sagten wir, wir bräuchten nichts als TA, andererseits war es aber selbstverständlich, dass wir in anderen Methoden gut ausgebildet waren.

Die richtige und sinnvolle Aussage, um die es dabei eigentlich hätte gehen sollen, wäre gewesen: Man bringt anderes Wissen und Erfahrungen für die Verständigung untereinander in einen TA-Sprachrahmen, ohne zu meinen, damit alles in TA-Sprache erklären zu können. Als vereinfachte Verständigungsmethode eignet sich die TA allerdings auch für noch wenig ausgebildete Professionelle.

Bernd: Ja. Aber für eine differenzierte Verständigung eignet sie sich nicht. Zum Beispiel wenn man Fragen der Intuition allein mit dem Hinweis auf den kleinen Professor beantwortet. Die TA-Begriffe sind dann bestenfalls Kürzel, mit denen wir uns daran erinnern, was wir vielleicht wirklich wissen. Das wird aber durch diese Kürzel natürlich nicht geklärt oder erklärt.

Ich finde diese Umgangsweise mit Theorie nicht gut. Ich glaube, dass dadurch das Denken der Ausbildungskandidaten verbildet wird. Ich rege mich auf, wenn ein Ausbildungskandidat meint, mit der Etikettierung eines Verhaltens als *Racket* eine geklärte Diagnose zu haben, ohne sie inhaltlich und auf die Person und Situation hin genau spezifizieren und daraus sinnvolle Konsequenzen ableiten zu können. Dadurch taucht eine ganze Palette von differential-diagnostischen Fragen überhaupt nicht auf, weil sie durch ein scheinbar erklärendes Etikett verstellt sind.

Fanita: Ja, dagegen protestiere ich auch vehement.

Bernd: Deine *Racket*-Definition wird auch so verwendet. Man sagt, das sei ein Ersatzgefühl. Bestenfalls macht man sich noch Gedanken, welches Gefühl Ersatz für welches andere Gefühl sein könnte, aber dann hört das Denken auf.

Fanita: Ja, darüber rege ich mich auch auf. Das meine ich natürlich nicht mit Vereinfachung. Ich glaube, ich bin gerade dabei, die Ursprungssituation der TA zu erläutern, während Du Dich damit beschäftigst, wie aus der ursprünglichen Vereinfachung ein Monster entstanden ist. Die TA war ja eine Befreiung bezogen auf das Monster, das aus der Psychoanalyse entstanden war. Mit unerträglicher Stereotypisierung wurden damals auf professionellen Meetings genauso wie auf Parties psychoanalytische Begriffe als Etiketten gebraucht, was einen qualifizierten Umgang mit der Psychoanalyse völlig erstickte. In Deutschland war das wohl nicht so schlimm. Man muss auch hier den Kulturunterschied sehen. Psychoanalytische Sprache wurde verwendet, um sich interessant, wichtig und gescheit darzustellen und man versuchte, sich gegenseitig darin zu übertrumpfen. Ganz ähnlich liefen auch viele psychoanalytische Supervisionen ab, in denen die Supervisoren den Kandidaten so komplizierte Erklärungen gaben, dass diesen nichts anderes übrig blieb, als dazu zu nicken, weil sie es nicht verstanden. Um aber mitzuhalten, versuchten sie in ähnlicher Weise zu reden. Da kam Berne und brachte mit der Transaktionsanalyse eine frische Brise in diese Szene, die für alle eine große Erleichterung war. Man hatte plötzlich das Recht, Dinge in einfacher Sprache erklärt zu bekommen und musste sich nicht länger dumm fühlen.

Bernd: Dann hat die TA ja in erster Linie eine neue, verglichen mit der vorigen, bessere Konvention geschaffen.

Fanita: Ja. Jetzt durften wir einfach sprechen, nicht simplistisch. Eine der Spielregeln war jetzt, dass wir zwar wissen, wie man es komplex beschreiben kann, dass aber die Kommunikationsleistung darin bestand, es einfach auszudrücken.

Vielleicht haben wir jetzt die Situation, dass das Bewusstsein über diese Zusammenhänge verlorengegangen ist und weniger gebildete Leute diese einfachen Schemata für die ganze Erklärung halten. Das geschieht allerdings wahrscheinlich in jeder psychologischen Schule früher oder später.

Bernd: Es freut mich, Dich sagen zu hören, dass der Wert der einfachen Sprache erst gewährleistet ist, wenn man es komplex durchdenken kann, wenn man dies möchte. Wenn die einfache Sprache das Denken also nicht beeinträchtigt.

Ich selbst versuche ja deutlich zu machen, dass komplexe Dinge von einem Metastandpunkt aus einfach gemacht werden können, indem man Komplexität spezifisch reduziert. Ich gerate aber immer wieder in den Verdacht, dass ich einfache Dinge unnötig kompliziert machen wollte. Das will ich natürlich nicht. Kompliziert wird etwas nur, wenn man Komplexität schematisch erhöht, indem man z.B. Konzepte verkompliziert. Komplexität kann man jedoch dadurch reduzieren, dass man Konzepte von einer Metaebene gesteuert spezifisch auf eine Situation zuschneidet. Dazu muss man einen akzeptablen und überschaubaren Betrachtungsausschnitt auswählen und in seiner Konzeptionalisierung sehr spezifisch fokussieren.

Fanita: Ja. Ich glaube, was Du versuchst, ist umso nötiger, weil aus der ursprünglichen Handhabung der Transaktionsanalyse ein Monster entstanden ist. Allerdings weiß ich nicht, ob nicht in jeder psychologischen Bruderschaft oder Schule am Ende mehr theoretische Monster entstehen als Fragen sinnvoll beantwortet werden.

Bernd: Ich danke Dir für das Gespräch.

Anmerkungen

1 Die Gespräche fanden in den Jahren 1987/88 statt und wurden für die Schriftform bearbeitet von Sabine Caspari

2 Die verkaufsfördernde Mehrdeutigkeit des Originaltitels wurde in der deutschen Übersetzung noch getoppt: »Spiele der Erwachsenen«

3 Acceptance speech

16. ICH LERNE, ALSO BIN ICH!
EIN INTERVIEW MIT BERND SCHMID[1]

16.1 Wie haben Sie zu Ihrem heutigen Beruf gefunden?

Ich habe schon immer gerne anderen etwas gezeigt, um sie zum Staunen, zum Wundern oder zum Lachen zu bringen. Als Kinder haben wir oft Zirkus gespielt. Ich erinnere mich, nicht nur gerne gewagte Kunststücke einstudiert, sondern diese Darbietungen dann auch in der Rolle des Zirkusdirektors als Programm präsentiert zu haben.

Ich konnte mir immer schlecht Fakten merken, dafür konnte ich Zusammenhänge gut verstehen und hatte Freude daran, sie anderen zu erklären. So entschloss ich mich, den (mir völlig unbekannten) Beruf des Handelslehrers zu ergreifen. Ich war dann auch ein erfolgreicher, wenn auch eigenwilliger Student. Und irgendwie war meine eigene Spur nicht mit traditionellen Fächereinteilungen oder Berufswegen in Übereinstimmung zu bringen. Letztlich bot mir (nur) eine freiberufliche Tätigkeit als Psychotherapeut, Berater und Supervisor die Freiheit und Vielfalt, die ich brauchte. Die Spezialisierung auf Professionalisierung im Bereich Personal-, Organisations- und Kulturentwicklung fügte meine verschiedenen Interessen zusammen und brachte die gesellschaftliche Relevanz, der ich mich verpflichtet fühle.

16.2 Was an Ihrer Arbeit schätzen Sie besonders, was motiviert Sie?

Mir war immer am wertvollsten, dass ich tun konnte, was mich am meisten interessierte, dass ich Menschen fand, die an meinen Lernprozessen teilnahmen und dass ich damit auch noch meinen Lebensunterhalt bestreiten konnte. Als Berater habe ich die Möglichkeit, an vielen Welten und Lebensentwicklungen Anteil zu nehmen, ohne selbst diese Bühnen zu betreten, diese Erfahrungen zu durchleben. So kann ich weite Horizonte sowie Tiefenschärfe entwickeln und gleichzeitig sesshaft sein. Im Rückblick befriedigt mich dann doch auch, dass aus dem unbequemen Outsider eine Leitfigur für viele Menschen, die ihrerseits in keiner traditionellen Rolle so recht zufrieden sind, geworden ist.

16.3 Woraus haben Sie in Ihrem Leben am meisten gelernt?

Ich lerne, also bin ich! Ich habe – außer in der Schule – immer begeistert gelernt, wobei mich das »Wie« des Lernens immer besonders interessierte. Menschen lernen so verschieden wie sie nun mal sind. Zum eigenen Lernstil zu finden, ist der vielleicht wichtigste Teil des lebenslangen Lernens.

Ich musste lernen, Ablehnung, Niederlagen und Enttäuschungen zu überwinden, ohne mich in Überheblichkeit zu flüchten oder bitter zu werden. Gleichzeitig habe ich gelernt, dass ich andere in ihren Möglichkeiten, mich verstehen zu können und zu wollen, nicht überfordern darf. Daher ermutige ich Menschen, lieber füreinander Wesensinformationen und Gebrauchanweisungen zu erarbeiten als die Kraft füreinander mit Missverständnissen und Enttäuschungen zu verbrauchen. Nicht nur intellektuell im Kopf, sondern emotional und nachhaltig zu begreifen, dass der andere wirklich anders ist, gehört wohl zu den schwierigsten Lernaufgaben.

Und dann ist da noch etwas anderes. Ich habe auch gelernt, das Sinnvolle nicht im Spektakulären zu suchen. Nachhaltige Wirkungen beruhen meist eher auf einem guten Urteil über die Gesamtzusammenhänge und dem umsichtigen Lösen und Verknüpfen von Fäden als auf kühnen Schlägen auf gordische Knoten.

16.4 Welche »Meilensteine« gibt es in Ihrem Leben?

Davon gab es viele, wenn auch wenig spektakuläre. Ich möchte zunächst einige erwähnen, die man nicht in eine Berufsvita schreibt, die aber nicht weniger wichtig sind.

Wichtig war für mich z.B. meine regelmäßige Ferienarbeit als Installateur, der Umgang mit Pferden und meine Funktion als Jugendwart im Reitverein und die Gründung und mehrjährige Leitung einer Beatband. Ohne es zu wissen, habe ich dort viele später nützliche Erfahrungen in Richtung unternehmerisches Handeln und den Umgang mit Menschen dabei gemacht.

Jetzt aber zu den Berufsjahren: Der gesellschaftliche Aufbruch nach 1968 eröffnete mir viele Spielräume. Ich machte alle Psychowellen, die von den USA nach Deutschland drangen, mit. Jede begeisterte mich eine Zeit lang mit ihren besonderen Perspektiven. Ich integrierte, was zu mir passte und schied wieder aus, was für mich nicht stimmte.

Ich machte eine ganze Reihe von Aus- und Weiterbildungen. Besonders wichtig waren wohl die Ausbildung in Transaktionsanalyse und die internationalen Examina 1979 in Aix-en-Provence zum Praktiker und 1985 in Barcelona zum Lehrtrainer der internationalen Gesellschaft. In diesem amerikanisch geprägten Verband fand ich für viele Jahre eine lokale, deutsche und gleichzeitig internationale Heimat.

Als angestellter Berater an der Universität Heidelberg plante ich 1979 eine weitere mehrwöchige Fortbildung in den USA. Da mir mein Arbeitgeber Schwierigkeiten bereitete, kündigte ich kurzerhand und wurde so selbstständig. Ich studierte also wie geplant in den USA Familientherapie und speziell Hypnotherapie bei Milton Erickson.

Wichtig waren mir Anfang der 80er-Jahre Begegnungen mit der systemischen Perspektive und mit vielen der heute bekannten Gründerpersönlichkeiten. Ich brauchte etwa zwei Jahre, um die damals radikal ungewohnte Sichtweise in das bisher Gelernte integrieren zu können.

1983 war ich als Therapeut, Lehrtrainer und Supervisor etabliert. Für meinen Gestaltungsdrang war das zu wenig, und so gründete ich mit Gunthard Weber 1984 das Institut in Wiesloch, damals mit psychotherapeutischer Ausrichtung. Ich erlebte Jahre gegenseitiger Befruchtung und freundschaftlicher Zusammenarbeit.

Eine weitere Station ist noch zu nennen: Nach fast 30 Jahren Arbeit in immer neuen Gruppen wurde ich müde. Gleichzeitig wollte ich das Geschaffene erhalten und weiterentwickeln und auch mit den Menschen im Feld verbunden bleiben. Die Lösung war ein Rollenwechsel am Institut. Nun bekam der Zirkusdirektor in mir das entscheidende Gewicht. Die Institutskultur hat so weit ein eigenes (getragenes) Drehmoment entwickelt, dass ich mich mehr der unternehmerischen Rolle widmen kann. Fachliche und strategische Aufgaben einerseits und Coaching und Lehrtätigkeit zum Thema »seelische Bilder und berufliche Wirklichkeiten« nehmen mich nun voll in Anspruch. Gleichzeitig bin ich in vieler Hinsicht mehr verfügbar als zuvor.

16.5 Welche Menschen betrachten Sie als richtungsweisend in Ihrem Leben, und warum?

Es gibt nicht die großen, meine Seele umfassend prägenden Gestalten.

Ich stamme aus einer Familie, in der es wenig Inspiration und fürsorgliche Begleitung gab, dafür aber die Erlaubnis, sich wo und wie immer zu holen, was man brauchte. Also lernte ich schon früh, mir in der Welt zu-sammenzusuchen, was immer seelischen, emotionalen und geistigen Nähr-wert für mich hatte. Leider oder Gott sei Dank wurde meine Sehnsucht nach den großen Vätern und Müttern, die sich meiner annehmen wollten, nie gestillt.

So habe ich mir auch in meiner beruflichen und fachlichen Entwick-lung immer genommen, von wem ich nehmen konnte und was mich inter-essierte. Da ich leicht durch Miterleben (auch am Rande) und durch Ver-stehen des Ganzen am Beispiel lerne, reichten oft Momente, um von je-mandem richtungsweisend beeindruckt zu werden. Meine Seele misst eher in Qualitäten als in Quantitäten.

Es sind so viele Menschen zu nennen, dass der Platz nicht reicht. Je-doch im Rückblick sind mir wohl jene seelischen Vorbilder am wertvoll-sten, bei denen Vorzeigen und selbst Leben in aufrichtiger Beziehung zu-einander zu sein scheinen.

Milton Erickson hat mich mit seinem Nebeneinander von Freude an den unbewussten Kompetenzen und von unbestechlicher Orientierung an Lebenstauglichkeit seiner Arbeit beeindruckt. Über die Begegnung mit Erickson 1979 habe ich auch meinen Freund Gunther Schmidt kennen gelernt, mit dem ich seither verbunden bin. Viele fachliche oder berufliche Kontakte haben zu lebenslangen Freundschaften geführt. Ich scheue mich einige zu nennen, um nicht andere unerwähnt zu lassen.

Das Leben mit meiner Frau (seit 30 Jahren) und mit meinen Kindern möchte ich aus der öffentlichen Darstellung ausklammern. Nur soviel sei noch im Rückblick erwähnt: Meine Schwiegerfamilie nahm mich als 22-Jährigen liebevoll auf und ich habe durch meinen Schwiegervater die Psy-chologie von Carl Gustav Jung und vieler seiner Nachfolger kennen ge-lernt. Diese Psychologie ist mir immer die modernste und ganzheitlichste Tiefenpsychologie geblieben.

16.6 Erinnern Sie sich an ganz besondere Momente in Ihrem Leben?

Ich bin ein Intensitätsverminderer. Jeder Überschwang wird automatisch abgedämpft. So fallen mir viele Momente ein. Sie erscheinen mir aber nicht so herausragend. Das ist bei den Intensitätsverstärkern anders. Die meisten besonderen Momente, die mir einfallen, sind privater Natur. Eini-ge berufliche reihen sich jetzt doch zu einer Perlenkette auf:

Da war auf einem gruppendynamischen Seminar Anfang der 70er-Jahre eine Co-Trainerin von Peter Fürstenau. Diese stellte sich als Konsultantin vor. Ich kannte weder die Bezeichnung, noch den Beruf, der dahinter steckte. Aber ich wusste sofort: Das will ich werden!

Da war mein Gestaltlehrer Eric Marcus. Ich wunderte mich darüber, wenn er sagte: Let's stop here! Ich vermutete große Weisheit und fragte nach. Seine Antwort: I usually stop, when I don't understand, what's going on.

Da war Bill Holloway, ein beeindruckender Theoretiker, bei dem ich die erste geleitete Phantasie erlebte. Ich wusste sofort, dass dies eine meiner Methoden sein würde.

Viele Lehrer halfen mir durch positive Zuschreibung beim Aufwachen aus meinen Ringen gegen Minderwertigkeitsgefühle. Zum Beispiel Bob Gouldings schlichtes »You are okay! I know that from different sources.« Oder Mike Browns »First you are okay. Second you can be competent.« Oder Jacqui Schiff: »You can become very good!« Milton Erickson schrieb mir beim Autographieren eines Buches: »I hope, you come back.« Er starb leider bevor ich dazu Gelegenheit hatte.

16.7 Welcher Leitsatz begleitet Ihr Leben?

»Wenn Du etwas in unserer Welt vermisst, sorge mit dafür, dass es in die Welt kommt.«

Ich habe für Jammern und das Beklagen von Mangel nie viel übrig gehabt. Mich berührt, wenn jemand auch mit Beeinträchtigungen seinen Lebensweg eigenverantwortlich und mutig zu gehen versucht, sich nicht unnötig mit Defiziten beschäftigt, sondern aus dem Holz, aus dem er nun mal gewachsen ist, etwas Taugliches macht.

Unangepasstheiten sind für mich noch nicht ins Gleichgewicht und ins richtige Zusammenspiel gebrachte Kompetenzen. Ich machte mich immer für das ergänzende, was meiner Ansicht nach fehlte, stark. Schon als Therapeut war ich dafür, Unangepasstheiten nicht wegzutherapieren, sondern zu helfen, dass sie sich im richtigen Zusammenspiel und Zusammenhang zum Guten entwickeln. Mein Bonmot war: aus Neurose Charakter machen.

16.8 Welche Ziele und Visionen haben Sie für die Zukunft?

Ich habe vieles erfahren und entwickelt. Ich möchte davon an die weitergeben, die es wünschen und zu schätzen wissen. Dabei möchte ich weniger den Karren ziehen als gelegentlich nebenher gehen oder mitfahren. Leider gibt es in unserer Gesellschaft kaum Modelle, wie man als Senior wichtig bleiben kann ohne anstrengende Ämter bekleiden zu müssen. Aber ich sehe hier für mich Möglichkeiten im Institut und in der Professional Community, z.b. als Autor oder Mitherausgeber, Betreuer unseres Professionellennetzwerkes oder als Referent, vor allem aber als Kollege, mit dem man etwas entwickeln und den man um Rat fragen kann. Außerdem liegen stapelweise Texte, Tondokumente und Ideenzettel herum, an deren Aufarbeitung ich mich langsam mache. Und da ist noch eine Leidenschaft, nämlich das Boule-Spielen: im Unwegsamen immer wieder einen Weg finden und ein Ziel erreichen. Das ist für mich Meditation. Ich sehe noch viele Möglichkeiten. Mein Älterwerden hat außer der Zunahme an Augenmaß und Gelassenheit noch einen weiteren Vorteil: Ich muss nichts mehr werden.

Anmerkung

1 Fragen und bearbeitete Veröffentlichung in: LO – Lernende Organisation. Zeitschrift für systemisches Management und Organisation; Nr. 04, Nov./Dez. 2001.

LITERATUR

Adler, A. (1973): Der Sinn des Lebens; Frankfurt.

Barnes, G. (Hrsg.) (1980): Transaktionsanalyse seit Eric Berne; Berlin.

Bateson, G.(1972): Steps to an ecology of mind; New York.

Bateson, G.(1984): Geist und Natur; Frankfurt.

Bateson, G. (1996): Ökologie des Geistes; 6. Aufl. Frankfurt.

Berne, E. (1961): Transactional analysis in psychotherapy; New York.

Berne, E. (1966): Principles of group treatment; New York.

Berne, E. (1970): Spiele der Erwachsenen; Hamburg.

Berne, E. (1974): Spielarten und Spielregeln der Liebe; Hamburg.

Berne, E. (1986): Struktur und Dynamik von Organisationen und Gruppen; Frankfurt.

Berne, E. (1986): Was sagen Sie, nachdem Sie »Guten Tag« gesagt haben? Frankfurt.

Berne, E. (1991): Transaktionsanalyse der Intuition (Hrsg. H. Hagehülsmann); Paderborn.

Bohm, D. (1998): Der Dialog. Das offene Gespräch am Ende der Diskussion (Hrsg. L. Nichol); Stuttgart.

Bolles, R. N. (2002):Durchstarten zum Traumjob. Bewerbungshandbuch für Ein-, Um- und Aufsteiger; Frankfurt u.a.

Boszormenyi-Nagy, I./Spark, G. (1981): Unsichtbare Bindungen; Stuttgart.

English, F. (1976): Transaktionale Analyse und Skriptanalyse – Aufsätze und Vorträge (Hrsg. H. Petzold/M. Paula); Hamburg.

English, F. (1980): Transaktionsanalyse (Hrsg. M. Paula); Hamburg.

English, F.: Was werde ich morgen tun? In: Barnes, G. (1980), 170-257.

Erikson, E.H. (1964): Einsicht und Verantwortung; Hamburg.

Erikson, E.H. (1966): Identität und Lebenszyklus; Frankfurt.

Erickson, M.H. (1999): Meine Stimme begleitet Sie überallhin. Ein Lehrseminar (Hrsg. J.K. Zeig); Stuttgart.

Erickson, M.H./Rossi, E.L. (1991): Der Februarmann. Persönlichkeits- und Identitätsentwicklung in Hypnose; Paderborn.

Erickson, M.H./Rossi, E.L. (2001): Hypnotherapie. Aufbau, Beispiele, Forschungen; Stuttgart.

Foerster, H. von (1985): Sicht und Einsicht – Versuch einer operativen Erkenntnistheorie; Braunschweig.

Foerster, H. von (1999): Sicht und Einsicht. Versuch zu einer operativen Erkenntnistheorie; Heidelberg.

Foerster, H. von/Glasersfeld, E. von (1999): Wie wir uns erfinden. Eine Autobiographie des radikalen Konstruktivismus; Heidelberg.

Foerster, H. von/Bröcker, M. (2002): Teil der Welt. Ethische Fraktale – ein Drama in drei Akten; Heidelberg.

Foerster, H. von et al. (2002): Der Anfang von Himmel und Erde hat keinen Namen. Eine Selbsterschaffung in 7 Tagen; Berlin.

Frankl, V.E. (1998): Logotherapie und Existenzanalyse; Weinheim u.a.

Frankl, V.E. (1999): Theorie und Therapie der Neurosen. Einführung in Logotherapie und Existenzanalyse; 3. Aufl. Stuttgart.

Hentig, H. von (2001): Bildung; Weinheim u.a.

Hentig, H. von (2003): Die Schule neu denken. Eine Übung in pädagogischer Vernunft; Weinheim u.a.

Hillman, J. (1998): Charakter und Bestimmung – eine Entdeckungsreise zum individuellen Sinn des Lebens; München.

Jung, C.G. (1972): Typologie; Olten.

Jung, C.G./Franz, M.-L. von/Henderson, J.L./Jacob, J./Jaffe, A. (1968): Der Mensch und seine Symbole; Olten.

Kühlewind, G. (1976): Bewusstseinsstufen; Stuttgart.

Längle, A. (1986): Existenzanalyse der therapeutischen Beziehung und Logotherapie in der Begegnung. In: Tagungsbericht der Gesellschaft für Logotherapie und Existenzanalyse Nr. 2, 55-75.

Lay, R. (1996): Nachchristliches Christentum. Der lebende Jesus und die sterbende Kirche; Düsseldorf.

Lay, R. (1996): Gelingendes Leben. Zu sich selbst finden; München.

Lay, R. (2000): Charakter ist kein Handicap. Persönlichkeit als Chance; Berlin.

Luhmann, N. (1982): Liebe als Passion – Zur Codierung von Intimität; Frankfurt.

Luhmann, N. (1988): Die Wirtschaft der Gesellschaft; Frankfurt.

Mahler, M.F. (1978): Die psychische Geburt des Menschen; Frankfurt.

Maturana, H.R./Varela, F.J. (1987): Der Baum der Erkenntnis. Die biologischen Wurzeln des menschlichen Erkennens; Bern u.a.

Maturana, H.R./Zur Lippe, R. (Hrsg.) (2001): Was ist Erkennen? Die Welt entsteht im Auge des Betrachters; Bern u.a.

Messmer, A. (2001): Kernkompetenzen und Kerngeschäfte. Schriften des ISB-Wiesloch. Bezug möglich über: www.systemische-professionalitaet.de.

Ouspensky, P. (1966): Auf der Suche nach dem Wunderbaren. Bern u.a.

Pallazoli, M.S. et al. (1996): Die psychotischen Spiele in der Familie; Stuttgart.

Perls, F S. (1992): Gestalt. Wachstum. Integration. Aufsätze, Vorträge, Therapiesitzungen; Paderborn.

Perls, F.S. et al. (1991): Gestalttherapie. Praxis; München.

Popitz, H. (1967): Der Begriff der sozialen Rolle als Element soziologischer Analyse; Tübingen.

Richards, D. (1999): Weil ich einzigartig bin. Dem inneren Genius folgen – der eigenen Stärke Raum geben; Freiburg.

Rieckmann, H. (1993): Vortrag auf einer Fachtagung der Gesellschaft für Weiterbildung und Supervision zum Thema »Lernende Organisation«.

Schellenbaum, P. (1989): Gottesbilder. Religion, Psychoanalyse, Tiefenpsychologie; München.

Schellenbaum, P. (1981): Stichwort: Gottesbild; Stuttgart.

Schiff, J.L. (unter Mitarbeit von A.W. Schiff, K. Mellor, E. Schiff, S. Schiff, D. Richman, C. Fishman, D. Momb) (1975): Cathexis reader: Transactional treatment of psychosis; New York.

Schlegel, L. (1987): Die Transaktionale Analyse; Tübingen.

Schlegel, L. (1993): Handwörterbuch der Transaktionsanalyse; Freiburg.

Schmidt, G. (1998): Einführung in die Arbeit mit systemischen und hypnotherapeutischen Konzepten; Hamm.

Schmidt, G. (2000): Die Utilisation von »Wahr-Gebungs-Prozessen« aus der »inneren« und »äußeren Welt« von TherapeutInnen/BeraterInnen für eine zieldienliche Kooperation in der Therapie/ Beratung. In: *Familiendynamik*, 2.

Weber, G. (Hrsg.) (1993): Zweierlei Glück – Die systemische Paartherapie Bert Hellingers; Heidelberg.

Veröffentlichungen *Bernd Schmid*

(1972): Zwei Beiträge in der Zeitschrift *Gruppendynamik* im Bildungsbereich – zum sozialen Lernen in der Gruppendynamik und zur Didaktik praxisfeldorientierter Gruppendynamik.

(1973a): Lernfragen – eine Möglichkeit zum Abbau von Konsumentenhaltung in Lehrveranstaltungen. In: Arbeitsgemeinschaft für Hochschuldidaktik – AHD (Hrsg.): *Information zur Hochschuldidaktik 5*, Hamburg, 50-53.

(1973b): Zur Verwendung gruppendynamischer Methoden bei der Erarbeitung vorstrukturierten Pflichtlehrstoffs in Kleingruppen. In: Arbeitsgemeinschaft für Hochschuldidaktik – AHD (Hrsg.): *Information zur Hochschuldidaktik 6*, Hamburg, 82-88.

(1973c) – zus. mit W. Zöller: Lernfragen – Erfahrungen mit dem hochschulmethodischen Konzept der Heidelberger Arbeitsbücher; Berlin u.a.

(1973d): Schwierigkeiten mit dem Thema – Sachliche Diskussion im themenzentrierten Training. In: *Gruppendynamik 4*, 261-265.

(1973e): Gruppendynamische Betreuung lehrstofforientierter Arbeit – Konzept und Material für den Hochschulunterricht. In: *Gruppendynamik 6*, 408-421.

(1976a) – zus. mit G. Portele: Brechts Verfremdungseffekt und soziales Lernen. In: *Gruppendynamik 6*, 454-464.

(1976b): Arbeitsstiländerungen durch ein gruppendynamisches Übungsprogramm und Auswirkungen auf die lehrstofforientierte Gruppenarbeit im wissenschaftlichen Grundstudium. Diss. Universität Mannheim.

(1976c) – zus. mit G. Portele: Verminderung von Entfremdung durch praxisfeldorientierte Gruppendynamik. In: *Gruppendynamik im Bildungsbereich 3*, 1, 1-26.

(1980): TA ist vielseitig und nützlich. *Gruppendyamik im Bildungsbereich 1*, 20-27.

(1984a): Theory, Language and Intuition. In: TA – The state of the art – a European contribution (Ed. Erika Stern); Dordrecht/Holland u.a., 61-65 (dt. 1986a).

(1984b) – zus. mit Klaus Jäger: Breaking through the Dilemma-Circle. In: TA – The state of the art – a European contribution (Ed. Erika Stern); Dordrecht/Holland u.a., 107-118 (dt. 1986b).

(1984c): Die Ausbildung in Transaktionsanalyse. In: *Zeitschrift für Transaktionsanalyse* 1, 1, 50-55.

(1986a): Theorie, Sprache und Intuition. In: *Zeitschrift für Transaktionsanalyse* 3, 2, 73-77.

(1986b) – zus. mit Klaus Jäger: Zwickmühlen. Oder: Wege aus dem Dilemma-Zirkel. In: *Zeitschrift für Transaktionsanalyse 3*, 1, 5-16.

(1986c): Systemische Transaktionsanalyse – Anstöße zu einem erneuten Durchdenken und zur Diskussion transaktions-analytischer Konzepte aus systemischer Sicht; Wiesloch.

(1986d) – zus. mit G. Weber: Systemische Therapie. In: Seifert, T./Waiblinger, A. (Hrsg.): Therapie und Selbsterfahrung – Einblick in die wichtigsten Methoden; Stuttgart, 341-348.

(1987): Gegen die Macht der Gewohnheit. Systemische und wirklichkeitskonstruktive Ansätze in Therapie, Beratung und Training. In: *Zeitschrift für Organisationsentwicklung* 4, 21-42.

(1988a): Überlegungen zur Identität als Transaktionsanalytiker. In: *Zeitschrift für Transaktionsanalyse* 5, 2, 75-77.

(1988b): Soziale Netzwerk-Intervention und zirkuläres Fragen am Beispiel des gallischen Dorfes Klein-Bonum. In: Colportage (Internationale Gesellschaft für systemische Therapie), Ausg. 5, 9-13.

(1988c): Theory and identity in the TA-Community. In: Newsletter (European Association for Transactional Analysis) 33, 5; 34, 5 u. 7; 36, 7 u. 8; 37.1990, 8 u. 10 (dt. 1989).

(1988d) – zus. mit Gunthard Weber: Fallbeispiel, Transskript einer Sitzung und Therapieverlauf. In: Simon, F.B. (Hrsg.): Lebende Systeme – Wirklichkeitskonstruktion in der systemischen Therapie; Heidelberg u.a., 66-80.

(1988e) – zus. mit H. von Foerster, N. Luhmann, H. Stierlin und G. Weber: Diskussion des Fallbeispiels. In: Simon, F.B. (Hrsg.): Lebende Systeme – Wirklichkeitskonstruktion in der systemischen Therapie; Heidelberg u.a., 81-94.

(1988f) – zus. mit Gunthard Weber: Familientherapie mit einer »Psychose-Familie«: ein kasuistischer Beitrag zum Problem von Deutung und Beziehung in der systemischen Familientherapie. In: Reinelt, T/Dattler, W. (Hrsg.): Beziehung und Deutung im psychotherapeutischen Prozess; Berlin u.a., 238-250.

(1989a) – zus. mit Peter Fauser: Kontextbewusstsein und Fokusbildung in einem Trainingsseminar. In: *Zeitschrift für Transaktionsanalyse* 6, 1, 33-45.

(1989b): Gegen die Macht der Gewohnheit. In: *Zeitschrift für Transaktionsanalyse* 6, 2/3, 68-91.

(1989c): Acceptance speech: Programmatische Überlegungen anlässlich der Entgegennahme des I. EATA-Wissenschaftspreises für Autoren (Blackpool 1988). In: *Zeitschrift für Transaktionsanalyse 6*, 4, 1941-1963.

(1989d): Acceptance speech: Een concept om met theorie en identiteit in de T.A.-gemeenschap om te gaan. In: *Strook, Tydschrift voor Transactionele Analyse 2*, 49-58.

(1989e): Unternehmenskultur: Man muss Macht, Verantwortung und Können richtig zuordnen. Titelgespräch der KOM, Hauszeitschrift der SEL-Gruppe 39, 4, 3-6.

(1989f): Die wirklichkeitskonstruktive Perspektive – systemisches Denken und Professionalität morgen. In: *Zeitschrift für Organisationsentwicklung 2*, 49-65.

(1989g): Die reife Führungskraft – geschätzt oder geduldet? In: *Plansee* (Werkszeitung der Metallwerke Plansee) 3, 14.

(1989h): Geschlechtsidentität – eine seelische Perspektive. Studienschrift des Instituts für systemische Beratung; Wiesloch.

(1990a): Professionelle Kompetenz für Transaktionsanalytiker – das Toblerone-Modell. In: *Zeitschrift für Transaktionsanalyse 7*, 1, 32-41.

(1990b) – zus. mit Peter Fauser: Supervision nach dem Toblerone-Modell im Praxisfeld Organisation. In: *Zeitschrift für Transaktionsanalyse 7*, 2, 61-74.

(1990c): Eine neue TA: Leitgedanken zu einem erneuerten Verständnis unseres professionellen Zugangs zur Wirklichkeit. In: *Zeitschrift für Transaktionsanalyse 7*, 4, 156-172.

(1990d): Persönlichkeits-Coaching – Beratung für die Person in ihrer Organisations-, Berufs- und Privatwelt. In: *Hermsteiner 1*, 12-15 (2002 neu in: *Coaching-Magazin. Artikel von und für Coachs* (www.coaching-magazin.de).

(1990e): Management-Training, Personal- und Organisationsentwicklung als Linien- und Projektmanagementaufgabe. In: Hernsteiner 2, 25-29.

(1990f): Der Einfluss von Mannsein und Frausein auf das therapeutische System. Die Therapeuten-Persönlichkeit. In: 2. Weinheimer Symposion 1989 Hrsg. E. J. Brunner, D. Kreitemeyer); Wildberg (auch in: *Themenzentrierte Interaktion/Theme-centered Interaction 8*, 1, 73-80).

(1991a): Kritische Gedanken zu Eric Bernes Aufsätzen über Intuition, klinische Diagnosen, Ich-Zustände und Transaktionen. In: Berne, E.: Transaktionsanalyse der Intuition; Paderborn, 201-220.

(1991b): Kaum Unterschiede, die Unterschiede machen. In: *Zeitschrift für systemische Therapie 9*, 1, 93-99.

(1991c): Die professionelle Begegnung — Nachdenken aus der systemischen Perspektive. In: *Zeitschrift für Transaktionsanalyse* 8, 3, 140-151.

(1991d): Auf der Suche nach der verlorenen Würde – Kritische Argumente zur Ethik und zur Professionalität in Organisationen. In: *Zeitschrift für Organisationsentwicklung* 3, 47-54.

(1991e): Intuition of the possible and transactional creations of reality. In: *Transactional Analysis Journal* 3, 144-154.

(1991f) – zus. mit Peter Fauser: Teamentwicklung im Bildungswesen. Studienschrift des Instituts für systemische Beratung; Wiesloch.

(1992a): Herstellen und Erhalten eines Rapports. In: *Zeitschrift der Deutschen Gesellschaft für Transaktionsanalyse* 1, 3f.

(1992b): Ganzheitlichkeit und Komplexitätssteuerung. In: *Zeitschrift für systemische Therapie* 2, 135-138.

(1992c): Wirklichkeitsverständnisse und die Steuerung professionellen Handelns in der Organisationsberatung. In: *Managerie – Systemisches Denken und Handeln im Management* 1, 116-128.

(1992d): Plagegeister. In: *Ganz. Schön. Einfach. Jahrbuch des Management Center Vorarlberg;* Dornbirn, 1993, 78-79.

(1993a) – zus. mit Peter Boback: Gedanken zur Kulturbegegnung und Wirtschaftszusammenarbeit mit Russland. In: *Außenpolitik – Zeitschrift für internationale Fragen* 44, 1, 88-96.

(1993b): Professionelle Kompetenz und verantwortliches Management. In: *I.I.D.-Innovationsdienst für Unternehmer, Führungskräfte und Trainer;* Hamburg, 2, 63-87.

(1993c): Menschen, Rollen und Systeme – Professionsentwicklung aus systemischer Sicht. In: *Zeitschrift für Organisationsentwicklung* 4, 19-25.

(1993d): Dilemmata, Ökonomie und Ökologie im Umfeld unserer Profession. Studienschrift des Instituts für systemische Beratung; Wiesloch.

(1994a): Die Rolle der Eigentherapie in der Ausbildung zum Transaktionsanalytiker. In: Flühmann, R/Petzold, H. (Hrsg.): Lehrzeit der Seele; Paderborn (zuerst 1986c, 108-120).

(1994b) – zus. mit Peter Fauser: Systemlösungen im Bereich Humanressourcen. Studienschrift des Instituts für systemische Beratung; Wiesloch.

(1994c): Wo ist der Wind, wenn er nicht weht? Professionalität und Transaktionsanalyse aus systemischer Sicht; Paderborn.

(1995): Wege in die Zukunft? – Gedanken zur Situation im Bereich Personal- und Organisationsentwicklung, Training und Beratung. In: *Zeitschrift für Organisationsentwicklung* 1, 44-53.

(1996): Kulturverantwortung. Studienschrift des Instituts für systemische Beratung; Wiesloch.

(1997a): TA – auch eine professionenübergreifende Qualifikation – Stellungnahme zu *Leonhard Schlegels* Aufsatz »Was ist Transaktionsanalyse?« In: *Zeitschrift für Transaktionsanalayse* 14, 1-2, 31-42.

(1997b) – zus. mit Sabine Caspari: Wege zu einer Verantwortungskultur oder symbiotische Beziehungen. Studienschrift des Instituts für systemische Beratung; Wiesloch.

(1997c) – zus. mit Joachim Hipp: Innovationen in Szene setzen – Design und Regie für Management und Beratung am Beispiel integrierter Personalarbeit. Studienschrift des Instituts für systemische Beratung; Wiesloch.

(1997d): Hat die Personalarbeit den Menschen aus den Augen verloren? In: *Zeitschrift für Transaktionsanalyse* 14, 4, 180-193.

(1998a) – zus. mit Joachim Hipp: Macht und Ohnmacht in Dilemmasituationen. Studienschrift des Instituts für systemische Beratung; Wiesloch.

(1998b): Arbeit mit geleiteten Phantasien. Studienschrift des Instituts für systemische Beratung; Wiesloch.

(1998c) – zus. mit Sabine Caspari: Merkmale der Jung'schen Psychologie. Studienschrift des Instituts für systemische Beratung; Wiesloch.

(1998d) – zus. mit Sabine Caspari: Ebenen der Wirklichkeitsbegegnung. Studienschrift des Instituts für systemische Beratung; Wiesloch.

(1998e) – zus. mit Sabine Caspari: Beziehung und Begegnung. Studienschrift des Instituts für systemische Beratung; Wiesloch (2002 neu überarbeitet in: *Coaching-Magazin* www.coaching-magazin.de).

(1998f) – zus. mit Joachim Hipp: Fünf Perspektiven für Organisations- und Personalentwicklung. Studienschrift des Instituts für systemische Beratung; Wiesloch.

(1998g) – zus. mit Wolfram Jokisch: Ich-Du und Ich-Es-Typen. Studienschrift des Instituts für systemische Beratung; Wiesloch.

(1998h) – zus. mit Reiner Hehmann: Vertikale Teamentwicklung als ein Beitrag zur Organisationsentwicklung. Studienschrift des Instituts für systemische Beratung; Wiesloch.

(1998i) – zus. mit Joachim Hipp: Anwesenheit und Kraftfeld. Studienschrift des Instituts für systemische Beratung; Wiesloch (2002 neu überarbeitet in: *Connection spezial* www.connection-medien.de).

(1998j) – zus. mit Stefan Wahlich: Beratung als kulturorientierte und sinnschöpfende Kommunikation. Studienschrift des Instituts für systemische Beratung; Wiesloch (2002 neu überarbeitet in: *Coaching Magazin* www.coaching-magazin.de).

(1998k) – zus. mit Joachim Hipp: Anforderungen an Persönlichkeit und Dienstleistungen in einer komplexen Welt. Studienschrift des Instituts für systemische Beratung; Wiesloch (2002 neu überarbeitet in: *LO – Lernende Organisation 8, 2002*).

(1998m) – zus. mit Joachim Hipp: Gedanken zu Möglichkeiten der Dynamisierung von Wandel in Organisationen. Studienschrift des Instituts für systemische Beratung; Wiesloch.

(1998n) – zus. mit Joachim Hipp: Vertikale und horizontale Fokussierungen. Studienschrift des Instituts für systemische Beratung; Wiesloch.

(1998p): Die Generationenperspektive in der Kulturentwicklung. Manuskript des Instituts für systemische Beratung; Wiesloch.

(1998q) – zus. mit Sabine Caspari: Professionalität im Bereich Humanressourcen. Manuskript des Instituts für systemische Beratung; Wiesloch.

(1998r) – zus. mit Joachim Hipp: Fraktale Beratung. Manuskript des Instituts für systemische Beratung; Wiesloch (2002 u.d.T.: Perspektiven fraktaler Beratung. In: *LO – Lernende Organisation* 10).

(1998s) – zus. mit Sabine Caspari: Zugänge zur Wirklichkeit. Manuskript des Instituts für systemische Beratung; Wiesloch.

(1998u): Umgang mit einschränkenden Identitätsüberzeugungen. Manuskript des Instituts für systemische Beratung; Wiesloch.

(1998v) – zus. mit Joachim Hipp: Antreiber-Dynamiken. Studienschrift des Instituts für systemische Beratung; Wiesloch (2002 u.d.T.: Antreiber-Dynamiken – Persönliche Inszenierungsstile und Coaching. In: *Zeitschrift für systemische Therapie* 2, 82-92)

(1998w): Originalton. Sprüche aus dem Institut für systemische Beratung; Wiesloch (Bezug des Heftes dort möglich).

(1999a) – zus. mit Joachim Hipp: Individuation und Persönlichkeit als Erzählung. In: *Zeitschrift für systemische Therapie* 1, 33-42.

(1999b) – zus. mit Sabine Caspari und Joachim Hipp: Intuition in der professionellen Begegnung. In: *Zeitschrift für systemische Therapie* 2, 1999, 101-111.

(1999c) – zus. mit Joachim Hipp: Metamorphosen der Teamentwicklung. In: *Zeitschrift für Organisationsentwicklung* 3, 66-72 (auch in: *Perspectivas Degestion (span. Ausgabe der ZOE)* 1/2000, 46-52 u.d.T.: Metamorfosis del desarollo de equipos).

(2000a): Der systemische Ansatz in Training und Beratung. In: *Trainer – Kontakt – Brief* Nr. 30, 3.

(2000b) – zus. mit Arnold Messmer: Macht und Autorisierung. Studienschrift des Instituts für systemische Beratung; Wiesloch.

(2001a) – zus. mit Katja Wengel: Die Theatermetapher: Perspektiven für Coaching und Personalentwicklung. In: *Profile – Internationale Zeitschrift für Veränderung, Lernen, Dialog* 1, 81-90.

(2001c) – zus. mit Peter Boback: Wirklichkeitskonstruktive Traumarbeit – der schöpferische Dialog anhand von Träumen. Studienschrift des Instituts für systemische Beratung; Wiesloch (2002 neu überarbeitet in: *Zeitschrift für systemische Therapie* 4).

(2001d): Internet und Begegnung. Erfahrungen in einem Beraternetzwerk. In: *Profile – Internationale Zeitschrift für Veränderung, Lernen, Dialog* 2, 85.

(2001e): Persönlichkeit im Beruf als Erzählung. Vortrag anlässlich des Weltkongresses für systemisches Management (1.-6. Mai, Wien). Studienschrift des Instituts für systemische Beratung; Wiesloch.

(2001f): Professionelle Begegnung und Persönlichkeitsentwicklung im Beruf – eine systemische Sicht. In: *Zeitschrift für systemische Therapie* 4.

(2001g): Coverstory LO: Arbeitstitel: Persönlichkeitsentwicklung, Professionelle Begegnung und Kulturentwicklung. In: *LO – Lernende Organisation. Zeitschrift für systemisches Management und Organisation* 2.

(2001h): Portraitinterview mit Bernd Schmid: »Ich lerne, also bin ich.« In: *LO – Lernende Organisation. Zeitschrift für systemisches Management und Organisation* 4.

(2002a]: Das Eigene finden – Professionelle Begegnung und Persönlichkeitsentwicklung im Beruf – eine systemische Sicht. In: *Coaching-Magazin* (www.coaching-magazin.de) (Auszug aus: 2001f).

(2002b) – zus. mit Joachim Hipp: Fünf Perspektiven für erfolgreiches Coaching. In: *Coaching-Magazin* (www.coaching-magazin.de).

(2002c) – zus. mit Joachim Hipp: Varianten des Coachingbegriffs. In: *Coaching-Magazin* (www.coaching-magazin.de).

(2002d): Organisationskultur und Professionskultur – Überlegungen zu Zeichen am Horizont. In: *Profile – Internationale Zeitschrift für Veränderung, Lernen, Dialog* 4, 58-67.

(2002e) – zus. mit Joachim Hipp: Perspektiven fraktaler Beratung. In: *LO – Lernende Organisation. Zeitschrift für systemisches Management und Organisation* 10.

(2002f) – zus. mit Joachim Hipp: Kontraktgestaltung im Coaching. In: *Organisationsberatung, Supervision, Coaching 1/2003* (erscheint 2003 auch in: *Coaching-Magazin* (www.coaching-magazin.de).

(2002g): Integration ist Trumpf. In: *Coching-Newsletter* 11/12 (in: *Coaching-Magazin*, Artikel von und für Coachs, www.coaching-magazin.de).

(2002h): Stimmungsbalance. Manuskript des Instituts für systemische Beratung; Wiesloch.

(2003a): Ebenen der Begegnung in der Beratung. Studienschrift des Instituts für systemische Beratung; Wiesloch (u.d.T.: Organisationsberatung als Begegnung von Wirklichkeiten und Kulturen. In: *Wirtschaftspsychologie* 1/2003).

(2003b) – zus. mit Arnold Messmer: Perspektiven von Systemlösungen im Bereich OE/PE. In: *LO - Lernende Organisation. Zeitschrift für systemisches Management und Organisation* 12.

INHALT HANDBUCH-BAND:
»Systemisches Coaching und Persönlichkeitsberatung«

I. KONZEPTE UND VORGEHENSWEISEN

III. ENTWICKLUNG DER PROFESSIONALITÄT

William Isaacs

DIALOG ALS KUNST GEMEINSAM ZU DENKEN
Die neue Kommunikationskultur für Organisationen

ISBN 3-89797-011-2 / 336 Seiten

»Wo Mitarbeiter nicht nur anders handeln, sondern anders denken lernen sollen, sind übergreifende Veränderungsprogramme notorisch ineffektiv«

»Der Grundlagentitel zum Dialogbegriff in Beratung und Alltag«
Edgar Schein

»In unserer Arbeit haben wir immer wieder die paradoxe Beobachtung gemacht, dass Durchbrüche in der Entwicklung von Organisationen sowohl fundamentale Veränderungen auf der persönlichen Ebene wie auch auf der organisatorischen Ebene voraussetzen, und ich kann mir kein anderes Buch vorstellen, das dieses Paradox deutlicher, verständlicher und nutzbringender darlegt. Und ich mache mir jetzt keine Sorgen mehr um die praktische Umsetzbarkeit von Dialog: Die Leute, die in den Beispielen dieses Buchs vorgestellt werden, sind praktisch orientierte Manager, Führungskräfte aus einigen der bedeutendsten Unternehmen der Welt.«
Peter Senge

Hans-Werner Franz/ Ralf Kopp

KOLLEGIALE FALLBERATUNG
State of the art und organisationale Praxis

EHP-PRAXIS / 3-89797-023-6 / 220 S., 42 Abb.

Aus dem Inhalt:
Kollegiale Fallberatung – was ist das eigentlich? Grundlagen, Herkunft, Einsatzmöglichkeiten des Verfahrens; Die Methodik der KFB; KFB als Bestandteil überbetrieblicher Beratungs- und Qualifizierungsprozesse; KFB zur Einführung von Qualitätsmanagement und in Seminaren für Führungskräfte und Manager; KFB als Instrument des organisationalen Lernens in einer Beraterorganisation; Reflecting-Team; Workshop zur Einführung; Crashkurs, Rollenbeschreibungen, Regieanweisungen und 10 goldene Regeln

Hoher praktischer Nutzen, vielseitige Anwendbarkeit, leichte Verständlichkeit und die schnelle Verfügbarkeit sind die Qualitäten der Kollegialen Fallberatung, die immer wieder von Managern, Personalentwicklern, Organisationsentwicklern und Prozessbegleitern, von Trainern und Coaches bestätigt worden.

Das sehr gute Abschneiden in neutralen Rankings machte eine systematische Darstellung notwendig, die jetzt endlich vorliegt: Das gesamte Spektrum der verschiedenen Formen, Einsatzmöglichkeiten und Vorgehensweisen wird beschrieben.

Aus dem erfolgreichen Einsatz in der Schulentwicklung (»Bestens geeignet!« Hans-Günter Rolff im Vorwort) hat sich die KFB zu einem neuen, auch in unternehmerischen Zusammenhängen geschätzten Verfahren entwickelt.

James F. T. Bugental

AUS DEM NOTIZBUCH
EINES PSYCHOTHERAPEUTEN
Gemeinsame Reisen ins Innere

ISBN 3-926176-42-3 / 351 S.

Nach den großen Erfolgen von Yaloms Erzählungen aus der Psychotherapie ist dieser Klassiker der Humanistischen Psychologie ein besonderer
Geheimtipp – spannend wie ein Roman beschreibt er nicht nur die Fälle
von fünf Patienten aus seiner Praxis, sondern er macht sich selbst zu seinem sechsten Patienten und lässt uns teilnehmen an seinem eigenen Weg
durch diese Therapien, so dass für den professionellen Leser wie den interessierten Laien deutlich wird, was Psychotherapie mit Therapeut und
Klient macht, wie Psychotherapie funktioniert.